JAN-HEIN STROP EN STEFAN VERMEULEN

SYWERTS MILJOENEN

DE JACHT OP HET MONDKAPJESGOUD

FOLLOW THE MONEY

Eerste druk maart 2022

Redactie: Willemijn Lindhout en Karin Spaink
Omslagontwerp: JanJaap Rypkema
Foto auteurs: Niels Blekemolen
Beeldredactie: Lisa van Casand
Boekverzorging: Sander Pinkse Boekproductie
Druk- en bindwerk: Nørhaven

FSC www.fsc.org MIX Papier van verantwoorde herkomst FSC® C104608

ISBN 9789083196008
NUR 320

www.ftm.nl

'Ik heb het in Nederland echt helemaal om niet gedaan, voor al die zorginstellingen. En daar ben ik best wel trots op.'

– Sywert van Lienden (uitspraak op *GeenStijl*, 19 juni 2020)

INHOUD

PROLOOG

Pompende beats dreunen door het kantoor van de Hulptroepen Alliantie in Driebergen. Omdat iemand het licht razendsnel aan- en uitschakelt, lijkt het of ergens in de ruimte een stroboscoop staat. Sywert van Lienden en Bernd Damme staan in een hoek en zwaaien met hun handen in de lucht, min of meer op de maat van de muziek. Camille van Gestel slaat een paar meter verderop hard met de vlakke hand op een tafel. Bierflesjes en champagneglazen trillen mee.

Van de dertig medewerkers en vrijwilligers die eerder die avond naar het Hulptroepen Zomerfeest kwamen, is een handvol voor de afterparty gebleven. Zij horen de teksten van rappers Jay-Z en Kanye West door de zaal knallen: '*So I ball so hard motherfuckers wanna fine me.*'

Sywert, Bernd en Camille lachen naar de medewerker die hen filmt. Ze zijn euforisch.

Het zomerfeest van 2 juli 2020 begon in de tuin van de kantoorvilla. Onder twee zwarte partytenten spreken Sywert en Bernd het gezelschap toe. Ze benadrukken hoeveel de aanwezigen in de drie maanden daarvoor voor elkaar hebben gekregen. Vanuit het niets hebben ze een organisatie opgebouwd die zich heeft ingezet voor Nederland. Toen het coronavirus het land platlegde en in de zorg een ernstig tekort aan mondkapjes veroorzaakte, zijn de Hulptroepen bijgesprongen.

De aanwezigen op het feest gloeien van trots. Zonder uitzondering vinden ze het gaaf dat ze erbij zijn, dat ze konden meewerken aan een initiatief dat de hemel is ingeprezen. Tientallen miljoenen mondkapjes haalden ze uit China, waarmee ze duizenden zorginstellingen hebben geholpen. Medewerkers in verpleeghuizen en de thuiszorg konden veiliger werken. De Hulptroepen hebben mensenlevens gered.

Ze toonden daadkracht waar de publieke sector faalde. Hun private initiatief, gesteund door miljardenconcerns als Coolblue, Randstad en de KLM, versloeg de stroperige molens van de overheid. Zij wisten de schaarste wél op te lossen. Het kwam Sywert, de opiniemaker die de laatste jaren de luwte had opgezocht, op karrevrachten lof in de media te staan. In talkshows werd hij geïntroduceerd als 'chef mondkapjes'. In de krant en op de radio mocht hij uitleggen hoe hij het onwaarschijnlijke voor elkaar kreeg. Zijn Twittervolgers noemen hem een held.

Zo is hij in drie maanden tijd uitgegroeid tot de bekendste weldoener van Nederland. Bovendien doet hij het allemaal 'om niet'. Stak er eerst zijn eigen spaargeld in, regelde belangeloos een luchtbrug met China, en zegde er zelfs zijn baan bij de gemeente Amsterdam voor op.

'Wat indrukwekkend dat jullie dit met ons van de grond hebben gekregen,' zegt Sywert tegen de feestende groep, 'wat mooi dat we dit samen hebben bereikt.' Wanneer hij met zijn twee compagnons op de foto gaat, volgt een daverend applaus. Terwijl een dj plaatjes draait, storten de aanwezigen zich op de barbecue. Vanwege hun tomeloze inzet voor het goede doel hebben ze dit feest verdiend. Voor hen is het een avond om nooit meer te vergeten: de afsluiting van een krankzinnige achtbaanrit.

Maar de drie oprichters hebben nog een reden om vrolijk te zijn, een reden die geen van de aanwezigen kent. Ze delen een geheim dat nooit naar buiten mag komen.

1 OVERMOED EN PANIEK

'Is Nederland voldoende voorbereid?'

Presentator Rob Trip stelt een van de meest wezenlijke vragen in de speciale live-uitzending van de NOS, *Coronavirus: feiten en fabels.* In de buurlanden van Nederland is het nieuwe virus al gearriveerd, de kaart van Europa kleurt langzaam maar zeker rood. Het is een kwestie van tijd voordat het virus ook Nederland bereikt, zegt Trip omineus.

Het is donderdagavond 27 februari 2020, een dag waarop de natte sneeuw meer aandacht kreeg dan de zorgwekkende situatie in de Italiaanse streek Lombardije. Aan tafel in de Hilversumse studio zit de minister voor Medische Zorg, Bruno Bruins. De 56-jarige VVD'er is geen man die van de camera's houdt. Onder zijn grijze pak geen blauwe schoenen, zoals zijn collega, minister Hugo de Jonge (CDA), graag draagt. Maar nu kan Bruins zich niet langer aan de schijnwerpers onttrekken. Twee dagen eerder heeft hij de Tweede Kamer laten weten dat het risico voor Nederland nog altijd 'klein' is. Daar kwam kritiek op: meerdere Kamerleden vonden dat een 'onderschatting' van de mogelijke impact van een uitbraak hier. Waarom heeft het ministerie van Buitenlandse Zaken pas zo laat een aangescherpt reisadvies uitgevaardigd voor de getroffen gemeenten in Italië?

In dit kader neemt Bruins – binnen het kabinet gebombardeerd tot 'chef corona' – aan tafel bij Rob Trip uitgebreid de tijd om het volk in te lichten. Zijn toon is serieus, maar niet alarmerend. Dat het coronavirus hierheen komt noemt hij een 'reëel risico', alsof er ook een kans bestaat dat onze dijken in staat zijn het oprukkende virus te weren. Strikt genomen moet je het inmiddels wel een 'pandemie' noemen, erkent de minister, 'volgens de definitie'. De grenzen dichtgooien gaat wat hem betreft veel te ver. 'We zoeken naar maatregelen die passend zijn.'

Buiten het zicht van de camera krijgt Bruins een briefje in zijn handen gedrukt. Wat de bewindsman een paar minuten eerder nog een risico noemde, is ineens werkelijkheid geworden: in een Tilburgs ziekenhuis is voor het eerst in Nederland iemand positief getest op corona. Het gaat om een man uit het Brabantse Loon op Zand, die recent in Italië is geweest. Minister Bruins leest het bericht voor en blijft even naar het briefje staren.

'U zit nog naar dat briefje te kijken, er staat toch niet meer op?' vraagt Trip. Bruins kijkt op en zegt dat mensen 'mogelijk geschrokken' zijn. Vervolgens legt hij uit dat de GGD nu het zogeheten bron- en contactonderzoek zal verrichten, wat betekent dat mensen rondom de patiënt worden gebeld en vervolgens geïsoleerd. Zo denkt het kabinet de verspreiding van het het virus effectief te kunnen indammen.

De afwachtende houding van Bruins past in een patroon dat zich sinds begin 2020 bij beleidsmakers aftekent. Op 19 januari meldt de minister voor Medische Zorg dat het virus – dat in december voor het eerst is vastgesteld in het Chinese Wuhan – 'niet makkelijk' van mens op mens overdraagbaar is.

Een week later verstuurt het Rijksinstituut voor Volksgezondheid en Milieu (RIVM), belast met de bestrijding van infectieziekten, een inmiddels historische tweet: 'De ziekte lijkt, met wat er nu bekend is, niet heel besmettelijk.' Half februari is er volgens Aura Timen, sinds 2011 de baas van het RIVM-team dat een uitbraak moet beteugelen, nog altijd geen vuiltje aan de lucht. Om dat te onderstrepen zet het instituut een filmpje online, waarin Timen uitlegt dat we ons 'geen zorgen' hoeven te maken.[1] Voor de niet-medicus Bruins is er geen reden om van deze boodschap van de experts af te wijken.

Het achteraf misplaatste zelfvertrouwen is mede gevoed door het 'fijnmazige' systeem waar de overheid trots op is. Er zijn talrijke regionale GGD'en en laboratoria, wereldtoppers op het gebied van de microbiologie en een goed trackrecord als het gaat om de bestrijding van de Mexicaanse griep in 2009. Als er meer getest moet worden, staan de zogeheten opschalingslabs klaar. De flinke bezuinigingen op de GGD'en van de afgelopen jaren zijn voor virusbestrijders geen beletsel om zichzelf op de borst te slaan.

Hier en daar klinken wel signalen over een dreigend internationaal tekort aan beschermingsmiddelen: mondkapjes, spatbrillen, isolatiejassen, desinfecterende handgel. Door het grote aantal patiënten in andere landen is de vraag geëxplodeerd. Een teken aan de wand is het verbod dat Thailand op 5 februari 2020 instelt op de export van mondkapjes, twee dagen later gevolgd door een waarschuwing van de Wereldgezondheidsorganisatie (WHO) voor een wereldwijd tekort. Gelijktijdig neemt een verontruste Rotterdamse ambtenaar contact op met het ministerie van Volksgezondheid, Welzijn en Sport (VWS). Een rondgang langs zorginstellingen in de regio heeft hem geleerd dat er ook in Nederland tekorten worden verwacht, reconstrueert NRC later.[2] Ze gaan ermee aan de slag, mailt een Haagse ambtenaar terug.

Maar het leidt voorlopig nergens toe. Er komen geen extra mondkapjes naar Nederland, integendeel: ze vliegen er juist uit. Want op dezelfde dag dat de WHO waarschuwt voor dreigende schaarste, krijgt de Nederlandse overheid het verzoek van de Chinese ambassadeur in Den Haag om te assisteren bij een 'humanitaire vlucht' naar coronabrandhaard Wuhan, onthult *de Volkskrant*.

De dagen ervoor zijn Chinese ambassademedewerkers druk bezig geweest mondkapjes in te slaan. Met succes: een Nederlandse handelaar heeft er miljoenen op de kop getikt. Dankzij door Nederland toegekende landingsrechten vertrekt op de avond van 10 februari een Chinese Boeing vol mondkapjes vanaf Schiphol naar Shanghai. 'We waanden ons onkwetsbaar,' herinnert een ambtenaar zich.[3]

Een paar dagen later meldt Bruins in een brief aan de Kamer dat het grootschalig inkopen van mondkapjes en andere persoonlijke beschermingsmiddelen door de Nederlandse overheid niet nodig is.[4] Er is immers 'nog geen sprake van een acuut tekort voor heel Nederland'. Hij houdt de ontwikkelingen in de gaten en speelt signalen van tekorten door aan 'brancheverenigingen en fabrikanten', schrijft hij. 'Met een enkele uitzondering slagen leveranciers erin te kunnen voorzien in de sterk toegenomen vraag.'

In Noord-Brabant en Limburg mag de sluimerende onrust de pret niet drukken. Corona is geen reden om carnavalsoptochten af te gelasten, in tegenstelling tot de windstoten van 90 kilometer per uur die in veel steden de praalwagens transformeren tot moordmachines. In de Stadhuisstraat in Tilburg zijn de overdekte terrassen in de ochtend van 23 februari volgepakt met tientallen feestvierders. Ook de 56-jarige Nederlandse *patient zero*, afkomstig uit Loon op Zand, loopt vrolijk door de straten. Corona is hier hooguit als grap aanwezig. In de hossende menigte bevindt zich een veertiger in een wit asbestpak, getooid met een mondkapje en stickers met de opdruk: 'besmet met pret'. 'Mensen vinden het best grappig,' zegt hij, 'sommigen kuchen dan als ze mij zien.'[5]

Jaap van Dissel, de baas van het RIVM, doet luchtig over het volksfeest. 'Carnaval vier je meestal toch in een vrij kleine groep,' zegt hij tegen RTL *Nieuws*. Veel mensen zal een zieke niet aansteken: 'Het virus verspreidt zich door grote druppeltjes. Dus het risico beperkt zich tot ongeveer anderhalf, twee meter.' Later zal blijken dat het coronavirus dan al zeker twee weken in Nederland rondwaart. Carnaval heeft tot een piek in besmettingen geleid: het is het eerste superspreadingevent.[6] Er zijn in Nederland dan al zo'n drie- tot negenduizend besmette mensen, zal het Imperial College London later berekenen.

Minister Bruins mag het grootschalig inkopen van mondkapjes niet nodig vinden, het volk denkt daar na de eerste vastgestelde coronabesmetting meteen heel anders over. In Zierikzee zijn de stofmaskers in de Praxis eind februari uitverkocht. 'Ze zijn niet meer bij te bestellen,' zegt de winkelmanager tegen BN/*De Stem*. In bouwmarkten, drogisterijen en apotheken overal in het land staren klanten naar lege schappen. 'Er is gewoonweg niet aan te komen,' zegt een medewerker van een Eindhovens filiaal van drogisterij DA tegen het AD. Een enkele klant weet via internet zelf nog een bestelling te plaatsen in China, maar dan wel tegen de hoofdprijs: soms vele euro's per mondkapje.

Ook RIVM-baas Jaap van Dissel slaat plotseling een alarmerende toon aan. Op 28 februari 2020 waarschuwt hij namens het Outbreak Management Team (OMT) – het adviesorgaan van de regering, waarvan hij voorzitter is – voor een 'wereldwijd tekort' aan beschermingsmiddelen, vooral mondkapjes, dat zich ook al in Nederland begint te manifesteren. In de media moet meer aandacht komen voor het belang van 'goed gebruik van de schaarse persoonlijke beschermingsmiddelen' en 'onnodig gebruik moet worden teruggedrongen,' vindt hij.[7]

Veel sneller dan gedacht grijpt het virus om zich heen. Ook de ernst van de ziekteverschijnselen komt als een naargeestige verrassing, hoewel China en Italië al talloze doden hebben gerapporteerd. Er zijn veel patiënten die een ernstige longontsteking ontwikkelen en aan de beademing moeten. Van lang niet iedereen blijkt te achterhalen hoe of waar ze het virus hebben opgelopen. Al een week na de eerste bekende besmetting is de *containment*-strategie – het beperken van besmettingen door bron- en contactonderzoek – daardoor compleet achterhaald. Het is nu zaak de ziekenhuizen te behoeden voor een situatie als in Italië, waar de zorg in een diepe crisis is gestort.

Daarvoor zijn mondkapjes, jassen en handschoenen nodig. Op de doorgaans rustige afdelingen inkoop van ziekenhuizen is het plotseling code rood: de reguliere aanvoerlijnen voor de beschermingsmiddelen kraken in hun voegen, omdat de vraag wereldwijd ontploft is. Onder de gebruikelijke laag van betrouwbare leveranciers komt nu de ene na de andere profiteur vandaan gekropen: ondernemers die geld hopen te verdienen aan deze crisis. Inkopers schrikken van de woekertarieven die sommigen rekenen voor zogeheten FFP2-maskers, betrouwbare modellen die in de zorg veelvuldig worden gebruikt. Zulke strak op het gezicht passende maskers filteren virussen, bacteriën en kleine stofdeeltjes.

Ondertussen groeit de onvrede in de zorg. Waarom wordt het verplegend personeel zo weinig getest? En waarom lopen bijna alle medewerkers in de ouderenzorg nog steeds zonder mondkapje rond? De mededeling van minister Bruins aan de Tweede Kamer op 2 maart, dat er slechts sprake is van een 'eventueel' tekort en dat leveranciers kunnen voldoen aan de toegenomen vraag, leidt tot gefronste wenkbrauwen. Had Jaap van Dissel eind februari niet al veel dreigender taal gebruikt? Bruins probeert de gealarmeerde Kamer gerust te stellen: het kabinet zal een werkgroep oprichten die adviseert over zuiniger gebruik van 'schaarse persoonlijke beschermingsmiddelen in de zorg'.[8]

Een paar dagen later blijkt al dat die aanpak geen standhoudt. Het kabinet moet zich actief met de inkoop van beschermingsmiddelen bemoeien, anders is het tekort in de Nederlandse zorg niet op te lossen. Tijdens een Kamerdebat op 5 maart meldt Bruins dat hij met leveranciers en de GGD'en tot een 'gezamenlijke aanpak' wil komen voor de aanschaf, verdeling en distributie van mondkapjes.

Die aanpak bevat echter een lacune. Die richt zich immers alleen op de acute zorg: huisartsen, de GGD'en, de ziekenhuizen en de ambulances, die al langer samenwerken in het zogeheten Regionaal Overleg Acute Zorgketen (ROAZ). Wat in deze aanpak via het ROAZ ontbreekt, is de bevoorrading van de niet-acute zorg: de verpleeghuizen, de buurtzorg en de gehandicaptenzorg, waar personeel ook dagelijks nauw contact heeft met kwetsbare mensen.

Zorgondernemer Jos de Blok, eigenaar van Buurtzorg, de grootste thuiszorgorganisatie van Nederland, maakt zich daar grote zorgen over. In december 2019 kreeg hij al een verzoek om mondkapjes in te kopen voor enkele Chinese partners, waaruit hij opmaakte dat er iets ernstigs aan de hand was met dit coronavirus. 'Wij dachten: wat zouden wij doen als het hier komt? Zeker als je niet precies weet hoe het virus zich verspreidt, moet je voorzichtig zijn. In de loop van maart begonnen we daarom al onze bronnen aan te boren,' herinnert hij zich. Aankloppen bij het ROAZ had weinig nut. 'Daar kreeg je te horen dat er niets was. Dan kreeg je een tasje mondkapjes mee voor een heel verpleeghuis. Dat werkt niet.' De distributie via het ROAZ vindt hij daarom van meet af aan een 'idioot plan', waaraan andere zorgorganisaties zich tot zijn verbazing wel conformeren.

De Blok besluit dat hij de mondkapjes dan zelf maar moet inkopen. Hij wil een eigen distributieketen voor beschermingsmiddelen opzetten. Bij het ministerie van VWS en het RIVM vinden ze dat maar niks. Mondkapjes zijn namelijk helemaal niet nodig in verpleeghuizen, zo is vastgelegd in de richtlijnen van het RIVM. Een

RIVM-woordvoerder stelt: 'De verwachte bijdrage van presymptomatische besmetting [besmetting door geïnfecteerde mensen zonder symptomen, *red.*] in verpleeghuizen is klein, waarmee altijd verplichte mondkapjes geen waardevolle bijdrage vormen.'[9]

Dit beleid zal gruwelijke gevolgen hebben. Meer dan de helft van de 20 duizend mensen die in 2020 aan een coronabesmetting overlijden, woont in een verpleeghuis.[10]

In de media blijven berichten over het tekort aan beschermingsmiddelen de eerste weken van maart 2020 terugkeren als hardnekkig onkruid. Waar de Nederlandse zorg in heel 2019 nog genoeg had aan 73 duizend FFP2-maskers, gaat het nu om een verwachte 4 miljoen *per week*.[11]

Wat niet helpt, is dat Frankrijk en Duitsland hun in eigen land geproduceerde mondkapjes voor zichzelf houden, terwijl Nederland geen eigen productielijnen heeft. Op de wereldmarkt is het chaos: 'Ladingen worden letterlijk gestolen, er wordt met contant geld betaald aan de poort van het *warehouse*. Wereldwijd gelden er woekerprijzen,' schetst inkoopdirecteur Rob van der Kolk van academisch ziekenhuis Amsterdam UMC de situatie later in een briefing aan de Tweede Kamer.[12]

Op 12 maart meldt minister Bruins, die inmiddels de ernst van het probleem inziet, aan de Kamer dat de inkoop van beschermingsmiddelen verder gecentraliseerd zal worden. Een gezamenlijk team van inkopers van ziekenhuizen neemt deze taak zo snel mogelijk op zich, ondersteund door de minister zelf: 'Ik ondersteun dit inkoopteam, bijvoorbeeld als het gaat om internationale contacten met ambassades in Nederland en het buitenland en voorfinanciering van enkele grote voorraden, om de structuur snel te kunnen laten draaien. Ik zal daar het budget voor inzetten dat hiervoor noodzakelijk is.'[13]

Tijdens het Kamerdebat op die dag voegt de minister eraan toe dat ook het bedrijfsleven onderdeel zal uitmaken van het inkoopteam. Het gaat om bedrijven met inkoopervaring én goede contacten in China. 'Met de hulp van de private partijen, denken we dat we hier een sluitende aanpak voor hebben bedacht,' zegt Bruins in de Tweede Kamer.

Kamerlid Maarten Hijink (SP) wil tijdens het debat weten of het kabinet er bij deze aanpak wel voor zorgt dat de 'boeven' in de 'tussenhandel' geen kans krijgen. In China ruiken producenten grote kansen, er zijn plotseling honderden fabrieken die mondkapjes kunnen maken. Volgens de Hongkongse krant *South China Morning Post* hebben fabrikanten de productie fors opgeschroefd: van 20 miljoen per dag naar 100 miljoen.

Minister Bruins bezweert hem: 'Het aantal partijen dat in deze business werkzaam is, is niet zo groot en men kent elkaar goed. Iedereen is zeer alert op tussenhandelaren en op woekerprijzen. Het antwoord op die vraag luidt dus bevestigend.' Wel erkent hij dat het oppassen geblazen is in het 'verkopersparadijs' op deze markt: 'De afgelopen week hebben we ongeveer twintig verschillende leads gekregen van mensen, partijen en bedrijven her en der – dat kon via allerlei hoeken en gaten – die aanbiedingen doen of suggesties hebben voor extra beschermingsmiddelen.' Voorlopig neemt een 'team' van het ministerie deze leads kritisch onder de loep, zegt de minister.

Maar de 'sluitende aanpak' van dit team blijkt al snel hard te botsen met de rauwe realiteit. Het inkoopteam onder leiding van VWS slaat aanvankelijk de ene na de andere flater. Op een parkeerterrein bij de jeugdgevangenis in Lelystad staan op 19 maart 2020 vier lege vrachtwagens, omringd door leden van de Dienst Speciale Interventies, een elite-eenheid van de politie. De agenten wachten op de levering van vijf miljoen mondkapjes van de Amerikaanse fabrikant 3M. Het gaat om topkwaliteit FFP2-maskers, waar de ziekenhuizen vanwege de opgedroogde aanvoerlijnen om staan te springen. De Turkse verkopers hebben de maskers een paar kilometer verderop in een magazijn liggen. Zeggen ze.

Een Nederlandse consultant, die mondiaal adviseert over veiligheidsbeleid, zette de operatie in gang met hulp van een Amerikaans bedrijfje dat weer zaken doet in Turkije, zo onthult *de Volkskrant* later.[14] Via via heeft de Amerikaanse eigenaar contacten opgedaan in Istanbul. Voor zijn inspanningen bedingt de Amerikaan een forse *fee*, 10 procent van de verkoopprijs: 3,25 miljoen dollar.

Wanneer de Turken niet komen opdagen, verschijnt er een jong stel dat zegt hen te vertegenwoordigen. Zij moeten de cheques innen waarmee de Turken betaald willen worden. Daar blijft het niet bij: de Turken vragen plotseling ook om ruim een miljoen euro voor een Mexicaan uit Californië, die weer gehandeld heeft met het bedrijf in Lelystad waar de voorraad ligt opgeslagen. Het academisch ziekenhuis LUMC, dat de betaling regelt, ruikt onraad en stelt de transactie uit. Later blijkt dat het waarschijnlijk een poging tot oplichting betrof.

Bij VWS hopen de ambtenaren dat een deal voor 1,5 miljoen mondkapjes uit China wél doorgaat. De hoogste baas van het ministerie, secretaris-generaal Erik Gerritsen, heeft op 17 maart per e-mail zijn fiat gegeven aan een offerte van 4,5 miljoen dollar, te betalen aan een Koreaanse agent. Diezelfde nacht blijken er tijdens een inspectie via een *video call* lang geen 1,5 miljoen mondkapjes in het Chinese warenhuis te liggen. Ondanks de tegenvaller besluit VWS de transactie door te zetten, wat eind maart tot hoofdpijn leidt: een deel van de mondkapjes is volgens het ministerie kwalitatief onder de maat, een deel wordt helemaal niet geleverd. Topambtenaar Gerritsen ontkent tegenover *de Volkskrant* elke betrokkenheid, hoewel de krant over zijn e-mail beschikt.

Een andere door VWS geïmporteerde partij levert een al even gênante affaire op.[15] Een partij van 1,3 miljoen mondkapjes uit China is halsoverkop verdeeld onder ziekenhuispersoneel dat met ernstig zieke coronapatiënten werkt. Het ministerie heeft de kapjes niet vooraf getest. Een aantal ziekenhuizen laat de kapjes zelf door het TNO testen, waarna bijna de helft – 600 duizend stuks – als ondeugdelijk wordt bestempeld. De Chinese mondkapjes brengen artsen en verpleegkundigen in gevaar; haastig doet VWS een terugroepactie.

Dat is niet eens het grootste debacle. Op 16 maart gaat het ministerie in zee met Halma Solutions, een verpakkingsbedrijf uit het Gelderse Wijchen, dat geen enkele ervaring heeft met de import van mondkapjes. Volgens VWS is Halma een van de weinige leveranciers die in deze fase serieuze volumes kan leveren, dankzij directe toegang tot de fabriek.

Halma belooft op korte termijn ruim 34 miljoen KN95-maskers – het Chinese equivalent van FFP2 – uit China te leveren en krijgt daarvoor een voorschot van ruim 36 miljoen euro, ongeveer de helft van het totaal benodigde bedrag, zo onthulde *Follow the Money*.[16] Daarnaast neemt het ministerie de kosten voor transport en opslag voor zijn rekening. Maar de eerste 19 miljoen mondkapjes die Halma levert, blijken in meerderheid niet te voldoen aan de kwaliteitseisen van het RIVM. Zo laten de elastieken bij de oren regelmatig los en schiet de pasvorm tekort. Desondanks betaalt VWS het volledige bedrag aan de leverancier, blijkt uit een ambtelijk memo dat in handen komt van *Follow the Money*. De voorwaarden in het contract met Halma zijn zo opgesteld dat het departement voor alle kosten opdraait. Het was 'juridisch slecht verdedigbaar om Halma aan te spreken op wanprestatie voor de levering van niet deugdelijke maskers,' schrijven de ambtenaren in het memo.

In Den Haag dringt zo het besef door dat Nederland in deze doldwaze markt een heel klein land is, buitenspel gezet door Europese partners en zonder eigen productie van mondkapjes. Een poging van de Europese Commissie om gezamenlijk in te kopen mislukt, ondanks een smeekbede van Bruno Bruins in Brussel. In crisistijd is solidariteit onder de lidstaten ver te zoeken. Op hulp uit de Verenigde Staten hoeft Den Haag ook niet te rekenen, want gerenommeerde Amerikaanse fabrikanten als 3M houden de kapjes binnen de landsgrenzen.

Hoe ernstig de coronacrisis is, wordt duidelijk wanneer premier Mark Rutte op 16 maart 2020 vanuit het Torentje het land toespreekt. De laatste keer dat zoiets gebeurde, was tijdens de oliecrisis van 1973. Rutte spreekt van een 'opgave van enorme omvang' en 'een achtbaan die steeds sneller lijkt te gaan rijden'. Hij legt uit dat het kabinetsbeleid er voorlopig op gericht is 'groepsimmuniteit' op te bouwen, door het virus 'gecontroleerd' onder de bevolking te laten rondgaan.

Tijdens een urenlang Kamerdebat op woensdag 18 maart staat de kwestie van de beschermingsmiddelen hoog op de agenda. Politici van links tot rechts maken zich ernstige zorgen over de tekorten. Ze weten dan niets van lege vrachtwagens op een parkeerterrein in Lelystad, van dubieuze Koreaanse tussenhandelaren, of van de afgekeurde mondkapjes van een Wijchense ondernemer. In de gangen van het Binnenhof gonst de vraag: doet minister Bruins

– de bewindsman met de zwaarst denkbare portefeuille – genoeg om zorgpersoneel en kwetsbare patiënten te beschermen? De centrale inkooporganisatie die hij op 12 maart heeft aangekondigd, die met behulp van ervaren bedrijven zaken moet doen in China, lijkt nog niet van de grond te zijn gekomen.

'Onder welke steen leeft deze minister? [...] Er ís een groot tekort aan mondkapjes. Er ís een groot tekort aan beschermingsmiddelen. Dat betekent dat we alles op alles moeten zetten.' GroenLinks-fractievoorzitter Jesse Klaver vuurt zijn verbale munitie af op de chef corona van het kabinet, die anders dan zijn partijgenoot Mark Rutte niet over een kogelvrij vest lijkt te beschikken. Ook Geert Wilders (PVV) herinnert de minister aan zijn statements van enkele weken terug, toen Bruins de kans op een uitbraak hier nog 'klein' noemde. Vragen van het Kamerlid over verdergaande maatregelen die andere Europese landen wel troffen, wimpelde Bruins toen af.

De ambtenaren van VWS hebben overuren gedraaid ter voorbereiding op dit debat over de pandemie.[17] Het dreigt nachtwerk te worden, want vijftien Kamerleden willen spreken, en vijf ministers moeten zich verantwoorden. De knipselmap voor minister Bruins is gevuld met alarmerende berichten. *Trouw* meldt die dag dat de bodem van de mondkapjesvoorraad nu echt in zicht is. Huisartsen zijn genoodzaakt om coronapatiënten te ontvangen op vaste tijden, zodat ze slechts één mondkapje hoeven te gebruiken. Intussen stapelen de meldingen zich op van ziekenhuizen waar maskers uit de klinieken worden gestolen.

Volgens een arts van de Landelijke Huisartsen Vereniging (LHV) is er dagelijks contact met VWS, maar 'er zit weinig schot in de zaak en er is al helemaal geen concrete oplossing'. 'Het is nu echt overleven,' zegt Ella Kalsbeek, voorzitter van de LHV tegen *de Volkskrant*. 'We hebben vandaag gehoord dat er ergens een ladinkje is geleverd. Maar er is behoefte aan meer. [...] Ons is eigenlijk nog steeds niet duidelijk waarom het nu niet lukt om ze binnen te halen.'[18]

Als noodoplossing steriliseren ziekenhuizen gebruikte mondkapjes met waterstofperoxide voor hergebruik. Al even veelzeggend is het initiatief van het ministerie van Justitie om zo'n honderd gedetineerden in vijf gevangenissen achter de naaimachine te zetten om mondkapjes te produceren. In eerste instantie gaat het om katoenen maskers, zo'n 50 duizend stuks per week. Verscheidene media doen er verslag van.

De kritische berichtgeving is uiterst vervelend, want aan het begin van de crisis heeft de regering-Rutte besloten dat de publieke opinie nadrukkelijk onderdeel dient te zijn van de gemaakte keuzes. Zo was het sluiten van de basisscholen op 15 maart volgens de wetenschappelijk adviseurs van het kabinet niet nodig; het gebeurde omdat de meerderheid van de bevolking dat wilde.[19]

Het besturen op basis van de publieke opinie is zelfs expliciet tot kabinetsbeleid gemaakt. 'Het crisisteam [van het kabinet] baseert zich bij het maken van keuzes vooral op openbare bronnen: peilingen van Maurice de Hond, het *EenVandaag* Opiniepanel, de stemming in televisieprogramma's, en op Facebook en Twitter,' schrijft NRC in maart 2020. Oud-minister Uri Rosenthal (VVD), een belangrijk adviseur van premier Rutte, legt in de krant uit waarom dat zo is: 'Vroeger kon je als politicus kiezen tussen een open en een gesloten strategie: of je betrok de bevolking erbij, of je trok je terug in een klein wereldje. Dat laatste is nu uitgesloten.'[20]

Onderzoek van Kristof Jacobs, docent empirische politicologie aan de Radboud Universiteit in Nijmegen, wijst in de zomer van 2020 hetzelfde uit: 'Er is *smoking gun evidence* dat burgers invloed hebben. De regering kijkt naar opiniepeilingen en volgt sociale media waar iedereen zijn of haar mening kan laten horen,' concludeert hij.'[21] Het is een van de redenen waarom OMT-leden, die het lang niet altijd met elkaar eens zijn, veelvuldig hun mening ventileren in talkshows en op sociale media. Het kabinetsbeleid geeft kritische opiniemakers nu eenmaal buitensporig veel invloed.

Minister voor Medische Zorg Bruno Bruins is tijdens het urenlange Kamerdebat op 18 maart eerlijk over de druk die hij voelt: 'Ik kan u verzekeren dat ik hier toch sta met een sneller kloppend hart dan gebruikelijk, want het is superspannend om de Nederlandse zorg te blijven voorzien van voldoende beschermingsmiddelen,' zegt hij. 'Dat is echt een gevecht, omdat je weet dat er een hele hoop andere kapers op de kust zijn [...]. Ook moeten partijen extra beveiligd worden omdat ze anders "wegraken", eufemistisch gezegd. Mensen worden bedreigd en er is sprake van fraude.'

Voor Jesse Klaver is Bruins' verhoogde hartslag geen reden zijn offensief te matigen. De bewindsman moet van het Kamerlid nu 'alles op alles' zetten, onder zijn 'steen' vandaan komen. 'Ik wil dat de minister vanavond nog zegt tegen iedereen in Nederland die mondkapjes heeft, grootbedrijf, kleinbedrijf, particulier, vereniging, iedereen: lever ze in. Als u inderdaad zo'n noodverordening [om mondkapjes van overheidswege te vorderen, *red.*] heeft liggen, waarom is die dan nog niet in werking gesteld? Op dit moment wil ik van de minister horen dat die noodverordening gelijk in werking treedt [...].'

De liberaal Bruins voelt daar niets voor, maar Klaver houdt vol: 'Nu zeggen dat er een vorderingsbesluit is dat u in werking zou kunnen laten treden, maar dat u vrijwilligheid prefereert, is het verkeerde signaal aan al die mensen die hun eigen gezondheid riskeren.' Bruins capituleert. 'Dan neem ik dat terug. Dan neem ik dat terug,' zegt hij. 'Dan zal ik vanavond dat vorderingsbesluit doen ingaan.'

Wilders ruikt bloed. Er mogen dan wat mondkapjes worden binnengevlogen, de minister erkent geen idee te hebben hoeveel er nodig zijn. 'Het is toch totaal onvoorstelbaar,' zegt hij. 'Het kan niet zo zijn dat u alleen maar zegt: "Nou, we hebben er meer nodig, er komt een vliegtuig, er wordt gestolen en het is heel moeilijk om ze te krijgen," terwijl u niet eens weet hoeveel we er nodig hebben.'

Even later zakt Bruins in elkaar. De camera's, de publieke druk, de korte nachten – het is hem te veel geworden. Na zijn dramatische aftocht uit de Kamer twittert hij 'direct weer aan de slag te [willen] gaan'. Maar al snel wordt duidelijk dat hij niet zal terugkeren en aftreedt als minister.

In de verpleeghuizen loopt het personeel dan nog steeds onbeschermd rond. In het debat is daar nauwelijks aandacht voor, terwijl het virus zich onbekommerd onder de allerzwaksten verspreidt.

Op 19 maart besluit het kabinet dat verpleeghuizen de deuren voor bezoekers moeten sluiten – een ingrijpende maatregel, die voor veel commotie zorgt. In de brief aan de Kamer hierover rept minister van Volksgezondheid Hugo de Jonge, de nieuwe 'chef corona' van het kabinet, met geen woord over mondkapjes.[22] Het zal nog tot half april duren voordat ook de verpleeghuizen via het centrale verdeelsysteem worden bevoorraad.

Dit restrictieve beleid zou niet zijn ingegeven door schaarste, maar door de wetenschap dat de kapjes schijnveiligheid bieden, houdt De Jonge vol, tegen beter weten in.[23] Een paar maanden later rapporteert het RIVM dat bijna de helft van de ruim zesduizend vastgestelde coronadoden in verpleeghuizen woonde. Het werkelijke cijfer ligt waarschijnlijk een stuk hoger, omdat veel zieke (en overleden) ouderen niet zijn getest.

De tekorten, de louche deals, de afgekeurde mondkapjes, de afhankelijkheid van het buitenland, de snoeiharde kritiek van de Kamer, de noodkreten uit de zorg, het besmette zorgpersoneel, de vele eenzame sterfgevallen – dit alles laat diepe sporen na. Voor de betrokken bewindslieden van VWS is het een politiek trauma.

Thuis, in zijn woonplaats Hilversum, volgt een 29-jarige gemeenteambtenaar de ontwikkelingen in Den Haag al wekenlang met buitengewone interesse. Hij is al ruim een jaar met ziekteverlof, officieel vanwege een hersenschudding, en heeft daarom tijd te over om debatten te volgen. Zijn tienduizenden volgers op Twitter, veelal verzameld toen hij optrad als politiek commentator bij talkshow *De Wereld Draait Door*, trakteert hij op kritische observaties, die in sommige gevallen profetisch blijken te zijn. Een deel van zijn aanhang bestaat uit actieve CDA'ers, van wie hij er flink wat persoonlijk kent: sinds kort mag hij meeschrijven aan het programma voor de eerstvolgende Tweede Kamerverkiezingen.

Tijdens het debat van 12 maart neemt Sywert van Lienden premier Mark Rutte op de korrel. Hij twittert: 'Oef, Rutte laat zich kennen. Wil Kamer niet eens toelichten waarom beleid NL tov omliggende buurlanden afwijkt. Noemt dat een "nice to have", "geen tijd voor". Als beleid straks toch wijzigt, of als scholen toch infectiehaarden zijn, gaat hij deze uitspraken hard terug krijgen.'

De jonge opiniemaker constateert die dag hoe minister Bruins aan het spartelen is: 'Rutte doet t goed, maar opmerkelijk hoe Bruno Bruins als verantwoordelijk minister overruled wordt in persco. Mocht paar maatregelen noemen, niet eens alle. Rutte gaat vanavond ook de boel stutten in Kamerdebat (ging gisteren niet super). Neemt ook geen vragen aan. Zorgwekkend.'

Op 18 maart is Sywert milder over de bewindspersonen. Hij twittert: 'Moeten we trouwens ook niet ietsje meer ruimte geven aan 't kabinet? Bruins en Rutte voor 3e en 2e keer in ruime week in de Kamer, waarvan ook 1 keer tot diep in de nacht. Van Dissel vanochtend. Nu al debat 7 uur. Geef ze de ruimte en energie om het land te leiden.'

Tien minuten later zakt Bruno Bruins door zijn hoeven.

2 HET GOUDEN WEEKEND

Ook de dagen na het omvallen van minister Bruins is Sywert niet van Twitter weg te slaan. Vaak logt hij voor zeven uur 's ochtends in, om pas rond elf uur 's avonds zijn laatste bericht te posten. Hij verstuurt tientallen berichten per dag. Over de penibele situatie van de KLM, de sluiting van scholen, of de financiële nood van zzp'ers. Alle thema's rond de coronacrisis volgt hij op de voet.

Maar Sywert wil niet aan de zijlijn staan, dat is niets voor hem. In het verleden omschreef hij zichzelf als een 'gelegenheidsactivist': zodra de situatie erom vraagt, wanneer zijn inzet het verschil kan maken, komt hij in actie. Corona is bij uitstek zo'n situatie. Meer in het bijzonder: het schrijnende gebrek aan mondkapjes in de zorg. Zoals wel vaker verstuurt hij via WhatsApp een bericht naar zijn netwerk, ditmaal met een heldere boodschap: ik heb mondkapjes nodig, waar kan ik die vinden?

Ondernemer Bernd Damme (30) krijgt dit bericht op het juiste moment onder ogen. Sywert en hij kennen elkaar al tien jaar; ze behoren tot hetzelfde groepje jonge Amsterdamse ondernemers en mediamakers dat op vrijdagmiddag geregeld een borrel drinkt. Ze zitten ook samen in een appgroep.

Bernd is een serieel ondernemer: hij heeft verscheidene bedrijven opgericht, en zoekt al een tijdje naar een nieuwe uitdaging. Voor hem is de schaarste aan beschermingsmiddelen niet nieuw: familieleden van hem werken in de zorg. 'Het was een beetje vreemd,' vertelt hij later.[1] 'Ik had een aantal weken daarvoor bericht ontvangen van een belangrijke Chinese zakenrelatie: wil je mondmaskers hebben?' De app van Sywert kust zijn ondernemerszin wakker. 'Toen dacht ik: laten we even bellen met elkaar en kijken hoe we dat kunnen organiseren. [...] Dat was een heel makkelijke match.'

Het duo heeft geen enkele ervaring met de handel in mondmaskers, maar ze zijn daarin niet de enigen. De plotselinge schaarste trekt allerlei figuren aan: van filantropen die willen helpen de tekorten op te lossen tot handige ondernemers die een route naar snelle winst ontwaren.

Zo laten de broers Iwan en Dimitri Göbel, eigenaren van Burton Cars Company uit Zutphen, 80 duizend mondkapjes overkomen uit China, meldt *De Stentor*.[2] Ze verkopen die tegen kostprijs aan ziekenhuizen. 'We willen er geen winst op maken,' benadrukken ze. Een textielbedrijf in Dordrecht laat duizenden mondkapjes naar Nederland komen om die aan een lokaal ziekenhuis te doneren. In Zwijndrecht vindt huisarts Helen Breeman een ongebruikt mondkapje in de brievenbus: 'Toen de assistente het telefoonnummer belde op het bijgevoegde kaartje om de afzender te bedanken, kreeg ze te horen: "We hebben er nog veel meer, jullie kunnen ze kopen." Zakelijk slim, maar we zijn er maar niet op ingegaan,' vertelt ze het AD.

De mondkapjesschaarste beheerst het nieuws: NRC publiceert op 20 maart een artikel over de intense werkweek van directeur David Jongen van het Limburgse ziekenhuis Zuyderland, die indringend vertelt dat zijn voorraad mondkapjes elk moment kan opdrogen. Hij geeft ruim baan aan zijn frustratie dat de overheid zo traag is met leveren. *RTL Nieuws* bericht over e-mails van het ministerie van VWS aan handelaren, waaruit blijkt dat het ministerie 6 euro per mondkapje wil betalen, mits ze snel geleverd kunnen worden. Een goudmijn: normaal kosten deze maskers tussen de 1 en 2 euro.[3]

Professionele handelaren snappen niet dat de overheid de tekorten zo heeft laten oplopen. 'In twee tot drie dagen kunnen wij honderdduizenden van dit soort mondkapjes produceren. Inclusief transport moeten ze uiterlijk binnen een dag of twaalf hier kunnen zijn,' zegt ondernemer Hans Poulis half maart tegen het AD.[4] Hij zegt het ministerie van VWS te hebben aangeboden een transportlijn voor de ziekenhuizen op te zetten. Maar steeds kreeg hij te horen dat zijn aanbod op de stapel lag. 'En deze week kwam het bericht dat de mondkapjes echt op dreigen te raken. Daar begrijp ik dan helemaal niets van.'

Het contact met Bernd Damme inspireert Sywert op vrijdagavond 20 maart tot een tweet die grote gevolgen zal hebben. 'Voor aantal zorgorganisaties aan het kijken of we gezamenlijk order uit China voor mondkapjes kunnen bundelen (minimale afname 1000, max 100.000). Kostprijs € 1,50 ps (ongeveer, mss nog wat douane). Levering volgende week via DHL. Interesse? DM. (Type: KN95, CE-gecertificeerd, samples mogelijk per doos van 1000, bij niet al te grote orders betaling na ontvangen van mondkapjes – betrouwbaar kortom).'

Dat bericht valt op. Iemand zonder enige ervaring met zulke producten neemt het initiatief om zelf de boer op te gaan, terwijl de overheid niet aan de vraag van zorginstellingen kan voldoen. 'China is open, mits je contacten hebt. Vreemd toch, dat men dit niet goed zelf heeft kunnen organiseren afgelopen 2 maanden,' benadrukt Sywert diezelfde avond op Twitter.

De 1,50 euro per kapje die hij rekent, staat bovendien in schril contrast met de prijzen van profiteurs, voegt Sywert eraan toe: 'Woekeraars vragen nu 5-8 euro. Ze gaan in China nu voor 1,5 dollar. Beetje verzendkosten, douane en belastingen en je komt tussen 1,5-2 uit. Rest wat je voorbij ziet komen hier is dus marge.'

In werkelijkheid heeft de jonge opiniemaker op dat moment geen mondkapjes in China besteld, noch heeft hij serieuze afnemers in Nederland. Toch is zijn naam meteen gevestigd als bestrijder van het nationale mondkapjestekort. Mede dankzij 43 retweets komen er tal van reacties en *direct messages* bij hem binnen. Die blijken goud waard. Er melden zich mensen die al bezig waren mondkapjes te verzamelen, evenals mensen met bruikbare contacten. Zo geeft prins Constantijn Sywert een contact bij Flexport, dat logistieke diensten in China kan leveren, zoals een pakhuis in Shanghai.

Het meest waardevolle aanbod komt van webshop Coolblue, opgebouwd door selfmade ondernemer Pieter Zwart. Zijn bedrijf heeft een uitgebreid logistiek netwerk, een immens platform en een enorme naamsbekendheid: Coolblue is een van de grootste webshops van Nederland. Topondernemer Zwart – volgens zakenblad *Quote* goed voor een vermogen van 475 miljoen euro – wil graag helpen in deze crisis. Hij biedt Sywert financiering aan, plus het gebruik van zijn platform.

In het Friese Workum ziet ondernemer Camille van Gestel (47) de tweet van Sywert een dag later via de televisie langskomen. Hij is een van de initiatiefnemers van WakaWaka, een lamp op zonne-energie voor Afrika. Sywert zat jarenlang in de raad van toezicht van de WakaWaka Foundation; zo kennen de twee elkaar. 'In dezelfde fase als Bernd was ik ook bezig met iemand uit China die mondkapjes aanbood,' zal Camille later zeggen. 'Mijn partner bij WakaWaka lag [zwaar ziek] thuis, met corona. Er waren best zorgen over of dat allemaal wel goed ging, want hij is 66. Dat spoorde mij ook aan om daar iets mee te doen.'[5]

Zodra Camille de tweet ziet, belt hij Sywert. 'De vraag was: wil je meehelpen op non-profitbasis de zorgsector in Nederland te helpen zichzelf te beschermen? Daar denk je niet heel lang over na, dat was meteen een volle "ja".'

Zo ontstaat binnen 48 uur het driemanschap van Sywert van Lienden, Bernd Damme en Camille van Gestel. Hun achtergronden mogen dan verschillend zijn, ze hebben hun ondernemende houding gemeen: een *can do*-mentaliteit die ze in de coronacrisis willen inzetten.

Net als Bernd heeft Sywert enige affiniteit met de zorg. Sinds 2019 is hij commissaris bij de Lochemse zorgonderneming Professionals in NAH, dat met 350 medewerkers in 180 gemeenten zorg biedt aan mensen met niet-aangeboren hersenletsel. De eigenaar daarvan is Jan Voortman, een boomlange vent. Hij haalde Sywert binnen als toezichthouder vanwege zijn goede contacten in de media en politiek. Ook Voortmans medewerkers lopen nu onbeschermd rond en hebben behoefte aan mondmaskers. Althans, dat vermoedt Sywert.

Zaterdagochtend 21 maart om half elf belt Sywert Jan Voortman op en hoort hem uit over het mondkapjesprobleem in Nederland. 'Ervaar jij dat ook?' wil hij weten. Voortman is nog niet volledig doordrongen van de urgentie van dat probleem, maar een voorraad aanleggen lijkt hem een goed idee. Het personeel van Professionals in NAH komt niet heel dichtbij patiënten, maar wel in de buurt.

Overigens kent Sywert de schaarste van beschermingsmiddelen niet van nabij. Voortman en zijn commissaris hebben elkaar al een tijdje niet gesproken – de laatste keer was tijdens een vergadering eind 2019. Toch zal Sywert later bij mediaoptredens herhalen dat zijn betrokkenheid bij de zorg hem bewust maakte van de tekorten daar. In een interview met *GeenStijl* zegt hij: 'Ik zag het misgaan in al die verpleeghuizen, revalidatiecentra, al eind februari, begin maart. En toen dacht ik: hier moeten we wat aan doen.'[6]

Twee uur later neemt Sywert opnieuw contact op met Voortman. Hij heeft wat rondgebeld en heeft een lijntje in China. Maar er is een probleem: de bestelling moet vrij snel worden afgerekend. Hoe duur is dat spul dan, vraagt Voortman. Zo'n twee dollar per kapje, zegt Sywert: hij heeft snel 25 duizend euro nodig. Voortman gaat akkoord. Hij logt in bij zijn bank en maakt het bedrag van de persoonlijke holding van hem en zijn vrouw over naar Sywerts bankrekening.

Een paar uur later belt Sywert voor de derde keer. Hij heeft nog een partij te pakken; 15 duizend euro extra, zou dat lukken? De zorgondernemer denkt: ik loop nu toch al voor 25 duizend euro risico, dit kan er nog wel bij. Dit bedrag maakt hij over naar de bankrekening van Bernd.

De overboekingen zetten de raderen in gang voor de allereerste levering van de beginnende ondernemers: 20 duizend kapjes van een fabriek in de regio van Guangzhou, die via een tussenhandelaar in Hong Kong snel naar Nederland moeten komen.

Jan Voortman belt die zaterdag ook met Jos de Blok, eigenaar van Buurtzorg, een veel grotere club dan Professionals in NAH. Ook zijn ruim 15 duizend werknemers lopen onbeschermd rond, want De Blok krijgt maar mondjesmaat kapjes van het landelijke verdeelpunt (ROAZ), dat vooral de ziekenhuizen bevoorraadt. De Blok stoort zich mateloos aan de richtlijn van het RIVM, dat mondkapjes in de thuis- en verpleegzorg onnodig noemt. Ze vormen volgens het instituut zelfs een risico, omdat zorgpersoneel ermee een gevoel van 'schijnveiligheid' zou krijgen. De Blok weet dat anderhalve meter afstand houden onmogelijk is wanneer je mensen verzorgt, en dat een mondkapje juist tot voorzichtigheid aanzet. Hij ziet het als zijn verantwoordelijkheid de producten zelf in te kopen, op dat moment een daad van rebellie.

Wanneer Jan Voortman belt dat hij een paar gasten kent die een luchtbrug kunnen regelen, valt dat bij De Blok in vruchtbare aarde: 'Ik zei: als het nodig is, wil ik wel helpen om een luchtbrug op gang te brengen. Die verpleeghuizen hadden niets. Die wilden wel meedoen.' De Blok belt op zijn beurt direct een aantal andere zorginstellingen; een stuk of acht zeggen toe ook mondkapjes te willen afnemen van Sywert en zijn compagnons. 'In hoog tempo kwamen we aan een potentiële bestelling van misschien wel een miljoen kapjes,' zegt De Blok.

Dezelfde zaterdag nog bellen Sywert en De Blok – die elkaar nog niet kennen – over een eerste levering van een half miljoen exemplaren, voor in totaal 725 duizend euro. De zorgondernemer heeft de indruk dat Sywert en zijn partners er zelf niets aan willen verdienen. 'De prijs was 1,45 euro per kapje (FFP2). Dat was op dat moment een heel redelijke prijs.'

Voor Sywert en zijn compagnons verandert deze bestelling het speelveld. Een partij als Buurtzorg, die samen met andere zorginstellingen honderdduizenden kapjes wil afnemen: het is een *launching customer* om van te dromen. Via Twitter meldt Sywert: 'Zicht op nieuwe lading. Nu ruimte tot miljoen gecertificeerde mondkapjes, binnen ongeveer een week. Zorgorganisaties die iets nodig hebben: DM. Nog steeds (ruim) onder de € 2 per masker (kostprijs).'

De drie handelaren willen meteen vooruit kijken. Met zijn compagnons denkt Sywert na over een eigen verkoopkanaal, waarvan meer organisaties kunnen profiteren. Op zaterdagavond tweet hij: 'Stel: we starten webshop voor kleinere zorgaanbieders (denk aan huisartsen, thuiszorg, verpleeghuizen etc) voor mondmaskers. Is daar behoefte aan en zo ja, zijn die bereid voldoende afname te doen (denk aan 500/1000)? Gaat alleen om afnamegarantie, betaling pas bij levering. #dtv.'

De volgende dag werkt het drietal keihard aan de eerste bestellingen. Alle drie zitten ze thuis achter hun computer, voortdurend in calls met het groepje mensen dat Nederland aan mondkapjes wil helpen. Er moet van alles geregeld worden voor de eerste zendingen: van controle van de partij in China tot inklaring op de luchthaven, met al het bijbehorende papierwerk. Via internetondernemer Danny Mekić, een oude bekende van Sywert die zich via Twitter bij hem heeft gemeld, heeft logistiek bedrijf Fracht FWO aangeboden om de zending kosteloos in te klaren op Schiphol.

Met een medewerker van Fracht FWO bespreken ze via e-mail of het mogelijk is onder de betaling van belastingen bij import uit te komen, gezien de noodsituatie. Dat scheelt aanzienlijk in de kosten: 6,3 procent invoerrechten en 21 procent btw. De medewerker weet de weg bij de douane, die bereid is om de situatie snel te beoordelen, zo blijkt uit een e-mail van een douane-ambtenaar die zondagavond: 'Voor de invoerrechten en omzetbelasting is van belang of deze mondkapjes worden geschonken en ter beschikking worden gesteld aan medische instellingen (of niet), zodat eventueel een vrijstelling van toepassing zou kunnen zijn.'

Bernd mailt tegen middernacht terug. Tegenover de douaneambtenaar schermt hij met Sywerts politieke connecties, en stelt dat er zelfs op politiek niveau aandacht is voor hun initiatief. 'Het gaat hier in deze niet om een schenking maar een order van twee zorgorganisaties die wij faciliteren op pro-bono basis. Na inklaring morgen worden ze direct geleverd om ingezet te worden in de zorg. Enkel om snelheid te maken ben ik opgetreden als intermediair om twee zorgorganisaties uit acute nood te helpen. Sywert van Lienden heeft over deze specifieke zending ook contact reeds gehad met staatssecretaris Van Huffelen [van Financiën, *red.*] via Pieter Omtzigt.'

Omtzigt is dan nog Kamerlid voor het CDA en is een goede bekende van Sywert. Hij kan zich niet herinneren dat hij Sywert in contact heeft gebracht met de staatssecretaris, zegt hij later, maar wel dat hij problemen van allerlei importeurs bij Financiën neerlegde. Hoe dan ook, het beroep op politieke autoriteiten heeft succes: de vrijstelling komt enkele dagen later, zo blijkt uit de vergunning van de douane.

Camille is ondertussen druk met een volgend initiatief: hij wil werkkapitaal voor nieuwe grote bestellingen ophalen. De order van Jos de Blok van Buurtzorg krijgt de hoofdrol in een heuse fondsenwervingscampagne. Op zondagmiddag 22 maart mailt Camille een relatie dat 'Sywert van Lienden samen met Jan Voortman en Jos de Blok een ondernemersinitiatief is gestart om op grote schaal mondkapjes naar NL te halen'. Zo ervaart De Blok dat zelf overigens niet. 'Voor mij ging het erom voldoende maskers te hebben. Buurtzorg en ik zijn nergens onderdeel van geweest.'

Er is al flink wat werkkapitaal binnengehaald, schrijft Camille. 'Momenteel ca €800.000, waarvan een aanzienlijk deel via Coolblue. We zoeken nog een paar ton, liefst in bedragen vanaf €100.000 om de snelheid erin te houden.' Volgens hem is er inmiddels een 'goede samenwerking tussen bedrijven' opgezet. 'We hebben kwalitatieve Chinese partners (medische groothandels), samenwerking met KLM (via Pieter Elbers met vrachtopties via Skyteam vanuit Guangzhou) en Coolblue in Nederland. Al deze partijen doen dat om niet, voor de goede zaak.'

De deelname van Coolblue blijkt inmiddels zeker gesteld: Pieter Zwart stort naar eigen zeggen een half miljoen euro werkkapitaal. En dat niet alleen: de webwinkelgigant wil ook helpen met de logistiek, stelt opslagruimte beschikbaar in het distributiecentrum en wil de website gratis openstellen voor het productaanbod van Sywert en zijn partners. Camille meldt in de e-mail aan potentiële nieuwe geldschieters nog een succes: 'Vannacht landt de eerste lading op Schiphol, met dank aan KLM.'

Die zondag vertelt Sywert zijn volgers op Twitter hoe hard het gaat: 'Het zou praktisch mogelijk moeten zijn halverwege deze week massa te gaan leveren, binnen 1 à 2 weken hele zorg te dekken. Zeer dankbaar voor alle moeite van ondernemend NL. Dat zijn de mensen die snel/flexibel in een weekend zaken v/d grond krijgen. Gebeuren hier op achtergrond mooie dingen. Wat in voorbereiding is en eraan komt: Webshop bekend NLs bedrijf voor alle zorginstellingen NL, vliegtuigcapaciteit voor mondmaskers, bulk werkkapitaal zodat geld langer id zorg blijft, fabrieken die nu gaan draaien. #mondmaskers.' In totaal hebben ze ongeveer 1 miljoen euro werkkapitaal opgehaald, meldt hij.

De jonge opiniemaker oogst veel lof met zijn bliksemactie. Het lukt hem, zonder enige commerciële ervaring, in één weekend een organisatie op poten te zetten om de zorg te bevoorraden. Met dank aan ondernemend Nederland, dat in een weekendje de zaken 'snel en flexibel' voor elkaar krijgt. Wat een contrast met de stroperige overheid, die de honderdduizenden zorgmedewerkers aan hun lot overlaat.

'Wij gaan even door terwijl ministerie ons weer verwijst naar de dag van morgen,' antwoordt Sywert een volger op Twitter. Spectaculair oogt ook de medewerking van de KLM, wat het geheel zelfs een chauvinistisch tintje geeft. Op zaterdagmiddag tweet Sywert over de eerste zending: 'Oh man, wat ben ik blij. KLM kan morgennacht ladingen mondkapjes in een vliegtuig in China gooien. Lang leve het feit dat we een nationale carrier hebben én netwerken van mensen die dit mogelijk maken. Nu moet alleen als een dolle iemand uit een fabriek naar Guangzhou gaan rijden.'

In werkelijkheid speelt de KLM dat weekend geen enkele rol. De eerste 20 duizend kapjes worden naar Nederland gevlogen door China Southern Airlines, die geen partner is van de KLM, zo blijkt uit documenten.[7] Ook is er geen 'samenwerking' met de KLM via topman Pieter Elbers tot stand gekomen. Volgens een woordvoerder van de luchtvaartmaatschappij heeft Sywert zelfs nooit een woord met de KLM-baas gewisseld.

Sywert en Bernd dikken het sprookje van het gouden weekend achteraf verder aan. Op 17 april 2020 tweet Sywert: 'Zat 'm wel even te knijpen toen ik drie weken geleden via PayPal m'n spaargeld met een vriend [Bernd Damme, *red.*] overmaakte naar een onbekende Chinees in Hong Kong die het wel even de grens over zou zetten naar een fabriek. Hebben veel geleerd en geschaald afgelopen tijd.' In een podcast in de zomer van 2020 vertelt Bernd: 'Toen hebben we in een weekend 20 duizend mondmaskers naar Nederland gehaald via Hong Kong. Ik heb al mijn geld via Paypal geupload, mijn accountant was er geloof ik niet zo heel blij mee.'[8]

Dit verhaal belandt op 29 mei 2020 ook in *NRC*: de eerste aankoop zou door het trio zelf zijn gefinancierd. 'We betaalden van ons eigen spaargeld, het geld maakten we over via PayPal,' verklaart Sywert. Eén ding is zeker, zo blijkt uit e-mails en afschriften:

die eerste 20 duizend mondmaskers zijn betaald door zorgondernemer Jan Voortman, niet door Bernd en Sywert.

Terwijl het publieke profiel van Sywert een enorme boost krijgt, legt Bernd, wiens twee laatste bedrijven achtereenvolgens in een faillissement en een opheffing eindigden, zich op de achtergrond toe op de financiën. Om de prijs van de half miljoen mondkapjes voor Buurtzorg van Jos de Blok te berekenen, zet hij in een spreadsheet de kosten op een rijtje.[9] Daarin staan twee opvallende posten: een post 'onvoorzien' van 5 procent en invoerrechten à 6,3 procent. Bovenop het totaalbedrag van 725 duizend euro komt 21 procent btw.

De wijze van factureren oogt geïmproviseerd: de factuur van 24 maart 2020 wordt verstuurd uit naam van Mediation Leiden, de eenmanszaak van Camilles echtgenote, die een btw-nummer heeft. Maar Buurtzorg moet het geld volgens dezelfde factuur overmaken naar de bankrekening van Noah Holding bv, een vennootschap van Camille, die juist *niet* btw-plichtig is – en dus geen btw-aangifte hoeft te doen.

Wanneer deze factuur wordt verstuurd, is de vrijstelling van btw en invoerrechten voor de bestelling van Buurtzorg nog niet geregeld. Bernd is daarover nog aan het sparren met de douane, wat op 31 maart tot succes leidt. Hij appt dan aan een collega: 'Shipment aan Buurtzorg kan zonder BTW en invoerrechten worden binnengehaald.' Sywert reageert: 'Opgelet, we hebben ze BTW gefactureerd.' Maar Bernd zegt niet van plan te zijn dat geld terug te betalen: 'Als bij het inklaren de btw / invoerheffing eraf gaat kunnen we de btw crediteren. Maar daarvoor zijn ze zelf verantwoordelijk. Staat ook in de belastingdocumentatie die Jos [de Blok, *red.*] zelf heeft ondertekend.'

Dankzij Kamervragen van Pieter Omtzigt en Joba van den Berg (beiden CDA) vervalt vanaf 25 mei 2020 de btw op mondkapjes, als tijdelijke, generieke noodmaatregel. Dit bericht haalt volop het nieuws. Voor het driemanschap is dat kennelijk aanleiding om de btw uit eigen beweging aan Buurtzorg terug te storten. Op die 25ste mei krijgt Buurtzorg een creditfactuur voor ruim 152 duizend euro.

En de invoerrechten van 6,3 procent? Ook dat is een serieus bedrag: ruim 45 duizend euro. Daarvoor heeft Buurtzorg eveneens een vrijstelling ontvangen, die weliswaar pas is toegekend na het versturen van de factuur, maar voordat op 2 april de eerste vlucht met spullen landt. Deze 45 duizend euro heeft het driemanschap na inklaring op Schiphol nooit hoeven betalen. Toch krijgt Buurtzorg na toekenning van de vrijstelling geen seintje dat de invoerrechten zullen worden teruggestort. Ook de post 'onvoorzien' van 5 procent – 34 duizend euro – blijft achter in Noah Holding, de bv van Camille.

Kortom, de kersverse mondkapjesondernemers ontdekken dat ze met hun 'pro-bono-initiatief' op een uiterst lucratieve business zijn gestuit. Ze hebben een winst van 79 duizend euro gemaakt en tegelijk enorm veel publieke erkenning gescoord. Waar de overheid tot nu toe faalt, zijn zij te hulp geschoten.

Niet slecht voor een weekendje werk.

3 EEN POLITIEK WONDERKIND

Dat Sywert überhaupt tijd heeft om zich in de eerste dagen van de coronacrisis met Bernd en Camille op de mondkapjeshandel te storten, lijkt voor de buitenwereld een wonder. Bij zijn werkgever, de gemeente Amsterdam, adviseert hij het college van burgemeester en wethouders inzake public affairs – zijn specialisme. Daarnaast schrijft hij mee aan het verkiezingsprogramma van het CDA voor de Tweede Kamerverkiezingen in maart 2021. In de programmacommissie werkt hij samen met politieke zwaargewichten als Pieter Omtzigt en voormalig staatssecretaris Ben Knapen.

Zijn vrije tijd brengt hij door met zijn vriendin en hun twee jonge kinderen in een koophuis in Hilversum. Hij leest dagelijks meerdere internationale kranten en vindt tussendoor nog tijd om te twitteren. Zijn dag begint om zes uur en eindigt vaak ruim na middernacht. Veel slaap heeft hij niet nodig.

Er zijn 29-jarigen die hun leven minder goed op orde hebben. Sywert wekt de indruk een zondagskind te zijn bij wie het succes komt aanwaaien. Maar zijn jeugd was ronduit zwaar, traumatisch zelfs. 'De meeste mensen weten dat niet,' zegt een goede bekende over hem. 'Sywert is echt volledig selfmade.'

Sywert Hiryus van Lienden wordt op 18 september 1990 geboren in het Utrechtse stadje Rhenen. Hij is vernoemd naar een dirigent naar wie zijn moeder graag luisterde. Sywert wordt gedoopt, zijn ouders zijn katholiek. Hij heeft een zus die nog geen jaar ouder is, en krijgt later een tweede zusje. Hij is nog jong als het gezin naar Ermelo verhuist, een dorp op de Veluwe. 'Mijn ouders vonden dat een mooi gebied om hun kinderen groot te brengen, je kunt er zeilen en je kunt je uitleven in de bossen, heide en zandverstuivingen,' zei hij daarover in een persoonlijk radio-interview bij de VPRO.[1]

Het woord 'ouders' is een afleidingsmanoeuvre: zijn vader is in zijn jeugd niet of nauwelijks in beeld. Hij mijdt dat onderwerp in interviews. 'Ik heb de achternaam van mijn moeder, dat geeft misschien al iets aan over de verhoudingen in het gezin,' zegt hij in het VPRO-interview.

Ermelo is een Biblebelt-dorp met, zoals Sywert het formuleert, 'dertien kerken voor twintigduizend inwoners'. In die omgeving fungeert het katholieke gezin Van Lienden als een soort vrijplaats, vertelt hij later: 'Wij waren niet heel dogmatisch, alles en iedereen was bij ons thuis welkom. [...] Best vrijzinnig.' Gereformeerde buurtgenootjes zonder televisie mogen bij Sywert thuis *Bassie & Adriaan* komen kijken, ook op zondag. Zijn moeder onderneemt intussen een spirituele zoektocht die 'langs vele huizen voert,' vertelt Sywert later.[2] Zij omschrijft haar gezin als 'non-conformistisch, eigenzinnig'.

Al vroeg is duidelijk dat Sywert uitzonderlijk intelligent is. Hij is pas vier als zijn moeder hem in zijn eentje naar de Albert Heijn stuurt voor een pak vla. 'Sywert wist precies welke hij moest kopen. Achteraf denk ik wel eens: "Lieve God, hij was pas vier." Maar ik vertrouwde hem.'[3] Ook op school gaat hij sneller dan de rest. Vanaf zijn zevende leest hij thuis dagelijks *de Volkskrant*.

In een ander opzicht gaat het moeilijker: het gezin Van Lienden kampt met geldgebrek. Aan mensen in zijn omgeving vertelt hij later dat zijn moeder soms een beroep moest doen op de bijstand. In een gesprek met *Het Parool* zegt hij: 'Ik wil niet zielig doen, maar ik heb een totaal andere achtergrond dan men denkt. Ik ben niet opgegroeid in een gespreid bedje; de eerste tien jaar van mijn leven hadden we het financieel niet makkelijk.' Zijn moeder gaat 'bewonderenswaardig' met de situatie om, vindt Sywert: 'We hadden mooie boeken in huis, we deden leuke dingen, ze maakte geweldige sinterklaascadeaus. [...] Wat ik maar wil zeggen is dat ik het verschil ken tussen financieel comfort en bescherming nodig hebben.'[4]

De financiële krapte valt in het niet bij wat het gezin rond de millenniumwisseling overkomt. Sywert is negen wanneer zijn moeder van de trap valt en daarbij haar nek breekt. Hij ziet het ongeluk gebeuren. 'Door een verkeerde beslissing van een coassistent is ze daarna overeind gezet, met dramatische gevolgen,' vertelt hij later in *Het Parool*. 'Het enige redmiddel was haar met gewichten aan haar hoofd en voeten lange tijd vast te schroeven, zodat haar nek niet kon bewegen. Zo moest ze hele dagen liggen. Als ze een paar millimeter zou verschuiven, zou ze een hoge dwarslaesie krijgen.'

Het duurt lang voordat zijn moeder enigszins herstelt en het ziekenhuis mag verlaten. Ook na haar thuiskomst zijn Sywert en zijn zusjes grotendeels op zichzelf aangewezen; hun moeder is bedlegerig. 'Er kwam een meisje van de thuiszorg. Officieel om te poetsen en mijn moeder te verzorgen, maar in feite kwam ze ons opvoeden,' vertelt hij later. 'Dat heeft ze zo liefdevol gedaan, ook al was ze zelf pas zeventien. Door haar konden wij nog een beetje gelukkig zijn.'[5]

In de praktijk zorgt Sywert vanaf dat moment voor zijn moeder en twee zusjes. 'Ik moest eindeloos boodschappen doen: fietstassen op mijn fiets, die moesten continu gevuld worden. Als jongetje van tien toiletrollen kopen, maandverband kopen... Al die rotzooi waar je eigenlijk nog helemaal niet over wilt nadenken als je tien, elf jaar bent, komt dan ook een beetje op jouw schouders,' zegt hij later. 'Je wordt geconfronteerd met ziekte en dood: een moeder die jou altijd beschermd heeft, kan je op dat moment niet beschermen. De rollen draaien zich om, wat heel gek is om als kind mee te maken.'[6]

De moeilijke situatie duurt zeker anderhalf jaar. De periode vormt hem. 'Je gaat als kind in een bepaalde modus,' zegt hij bij de VPRO-radio. 'De plek voor je eigen emoties, ontwikkeling en boosheid: dat gaat zich op een andere manier uiten dan normaal, omdat je gewoon niet meer de beschermende rol van je ouders hebt.' Klagen doet hij nooit, daar was thuis geen ruimte voor.

Het gevolg is dat hij al jong een harnas ontwikkelt. De buitenwereld krijgt het beeld van een kalme, rationele Sywert voorgeschoteld, zijn emoties houdt hij zoveel mogelijk binnen. 'Weinigen mogen tot de diepste kern komen,' schrijft hij eens over zichzelf in NRC. 'Ik moet een beetje mijn eigen wereld creëren.' Hij leert selectief naar de nare ervaringen uit zijn verleden te kijken: 'De goede en mooie dingen herinner ik me levendig, wat minder fraai is vervaagt. Dat zal vast iets te maken hebben met een kindertijd waar dat mechanisme een, tussen aanhalingstekens, vorm van overleven was.'[7]

Op de middelbare school breekt een vrolijker tijd aan. Hij gaat naar het Johan van Oldenbarnevelt Gymnasium in Amersfoort, dertig kilometer van zijn woonplaats. Hij vindt het er fantastisch. Op de basisschool voelde hij zich vaak een eenling: de leerstof verveelde hem, er waren weinig kinderen met dezelfde interesses als hij. Op het gymnasium vindt hij 'de vriendjes van wie hij droomde', zegt zijn moeder later. Dat hij elke ochtend om half zeven de deur uit moet om met het openbaar vervoer naar Amersfoort te reizen en vaak pas laat in de middag weer thuis is, neemt hij op de koop toe. In de brugklas toont hij zich een mondige leerling, zegt een van zijn klasgenoten uit die tijd: 'Hij had toen al het karakter dat hij nu ook heeft. Vocaal en aanwezig. Een ambitieus iemand, heel eigenwijs. Dat ging met de leraren niet altijd goed samen.'

Ook zijn gevoel voor rechtvaardigheid manifesteert zich op het gymnasium, vertelt hij later. Wanneer een medewerkster van de administratie ten onrechte wordt beschuldigd van diefstal, ontdekt Sywert de actievoerder in zichzelf. 'Dat was de liefste vrouw van de school, zij kreeg dit in de schoenen geschoven. Dat was het eerste moment dat ik een staking organiseerde.'[8]

In deze periode wordt ook zijn politieke interesse gewekt. Opmerkelijk genoeg niet vanwege de aanslagen op de Twin Towers of de moord op Pim Fortuyn, maar vanwege een relatief onbenullige gebeurtenis: een tv-interview van Paul Witteman met politieke kopstukken in de nacht na de gemeenteraadsverkiezingen van maart 2002. De glunderende winnaar Fortuyn (LPF) zit daar tegenover een intens chagrijnige PvdA-leider Ad Melkert, die weigert zijn politieke rivaal aan te kijken.

Sywert logeert die nacht bij een vriendje. 'We lagen stiekem James Bond-films te kijken toen die vader binnenstormde. We dachten dat we straf kregen, maar hij riep: "Jullie moeten beneden komen." Was het debat aan de gang van Fortuyn met Melkert na de gemeenteraadsverkiezingen. De vader van het vriendje riep: "Dit is historie, his-tóóó-rie!".'[9] Het maakt grote indruk.

Hoe leuk hij het op de middelbare school ook vindt, zijn cijfers vallen tegen. In de brugklas blijft hij zitten. Als hij overgaat naar de tweede heeft hij het opnieuw moeilijk, vooral met Grieks en wiskunde. In de herfstvakantie moet hij van het gymnasium af. Hij stapt over naar het Groevenbeek College in Ermelo, een christelijke school op fietsafstand van huis. Het voelt als een nederlaag. Ineens vindt hij zichzelf terug tussen dorpskinderen die hij van de basisschool kent, en met wie hij weinig ophad. Zijn moeder moet haar best doen om hem op het atheneum te krijgen. De schoolleiding wil hem aanvankelijk naar de havo sturen, net als zijn oudere zus.

'Een dieptepunt,' zo ervaart hij het. 'Ik was helemaal alleen, mijn vrienden van de vorige school woonden ineens uren ver weg. Ik werd weggezet als een mislukkeling, kreeg een flinke schop tegen mijn ziel.'[10] Hij besluit een intelligentietest te doen. De uitkomst laat zien waarom hij zoveel moeite heeft om mee te komen op school: Sywert is hoogbegaafd. Hij kan zich moeiteloos dagenlang verliezen in uiterst complexe onderwerpen. Maar elke dag een beetje wiskunde, Franse woordjes stampen, de Duitse naamvallen, de economische basisprincipes – dat houdt zijn aandacht niet vast.

Op het atheneum verveelt hij zich opnieuw, maar hij vindt er ook een nieuwe uitdaging: debatteren. Zijn verbale vermogens, door leraren soms verward met een grote mond of arrogantie, gebruikt hij om op te komen voor zijn belangen en die van zijn schoolgenoten. Hij wordt lid van de Leerlingenraad en de Medezeggenschapsraad van school.

Daar merkt hij dat zijn verbale talent de discussie op school te boven gaat. Hartstikke leuk om te discussiëren over het aanbod van snoepgoed in de kantine, maar echt grote kwesties, zoals het lerarentekort of het verplichte aantal lesuren, kun je er niet beïnvloeden. 'Dat moet je op nationaal niveau doen.'[11] In de vierde klas meldt hij zich aan bij het Landelijk Aktie Komitee Scholieren (LAKS), dat sinds de jaren tachtig opkomt voor de belangen van scholieren in heel Nederland. Het LAKS mag eens per jaar op aandacht van de landelijke media rekenen: rond de eindexamens, wanneer het klachten van leerlingen verzamelt.

Naar eigen zeggen houdt Sywert 'een goed praatje' op de jaarlijkse ledenvergadering in Amsterdam, waarna hij toetreedt tot het LAKS-bestuur. Zijn moeder is trots, maar ook bezorgd dat hij zich aansluit bij zo'n 'activistische club'. Hij laat zich thuis steeds minder de wet voorschrijven en raakt volgens zijn moeder 'los van zijn opvoeding'. Vanaf zijn vijftiende is hij 'niet meer te controleren'. 'De verhouding met mij is heel goed. Maar hij beslist zelf, hij bedenkt alles zelf. Hij drukt door. Ik kan alleen maar ja en amen zeggen.'[12]

Als de 16-jarige Sywert in het voorjaar van 2007 tot voorzitter van het LAKS wordt gekozen, ontdekt hij een nieuw talent bij zichzelf: de media bespelen. Op een vrijdagochtend staat hij bij minister van Onderwijs Ronald Plasterk (PvdA) op de stoep met de uitkomsten van een enquête onder drieduizend scholieren. Boodschap: het onderwijs moet beter. *De Volkskrant* doet er prominent verslag van en tekent op hoe Plasterk de scholier belooft 'zijn best te doen' om extra geld in het kabinet los te peuteren.

Sywert is niet van plan om, zoals zijn voorgangers, alleen in het voorjaar even in de spotlights te staan met klachten over gebrekkige eindexamens. Hij wil méér. Zodra het nieuwe schooljaar van start gaat, presenteert hij de 'hoofdthema's' van zijn bestuursjaar op de voorpagina van *Sp!ts*, de gratis krant die in het openbaar vervoer wordt uitgedeeld en die scholieren massaal lezen.

Een paar weken daarna kondigt hij in *de Volkskrant* aan dat het LAKS zich voorbereidt op landelijke protesten. Die richten zich op wat hij 'ophokuren' noemt. Middelbare scholen zijn verplicht hun leerlingen 1040 uur per jaar les te geven, maar deze urennorm is voor veel scholen in de praktijk onhaalbaar. Ze organiseren volgens Sywert daarom bewust tussenuren in het rooster, waarin de leerlingen zonder docent in een lokaal moeten blijven zitten – opgehokt als dieren in Artis. Als een ervaren lobbyist voert de LAKS-voorzitter via de krant de druk op het kabinet op. 'Staatssecretaris Van Bijsterveldt [Onderwijs, CDA, *red.*] heeft tot halverwege deze week om echt in de kwaliteit van het onderwijs te investeren, anders overwegen we landelijke acties.'[13]

Die acties komen er. In de loop van november 2007 gaan leerlingen op verschillende plekken in Nederland in staking tegen de gehate 1040-urennorm. Op vrijdag 23 november zullen leerlingen op twaalf scholen hun activiteiten tijdelijk neerleggen. Omdat de stakingsoproep zich via het populaire chatprogramma MSN onbedoeld onder scholieren in heel Nederland verspreidt, breidt de staking zich als een inktvlek uit tot tientallen middelbare scholen. Het oproer van die dag blijkt het startschot voor een hete week vol stakende scholieren, een spoeddebat in de Tweede Kamer en dagenlange media-aandacht voor de LAKS-voorzitter.

Binnen zeven dagen groeit de 17-jarige Sywert uit tot een bekendheid, de vlot formulerende spreekbuis van schoolgaand Nederland. Het is een intense week voor hem: hij maakt dagen van soms twintig uur, slaapt elke nacht een paar uur op het LAKS-kantoor in Amsterdam en gaat dan weer door. Met zijn bestuursgenoten organiseert hij demonstraties op het Museumplein in Amsterdam, ondertussen pendelt hij op en neer naar Den Haag voor gesprekken met Kamerleden, topambtenaren en staatssecretaris Van Bijsterveldt. Tussendoor geeft hij interviews. 'Al vijf dagen zijn we het eerste item op het nieuws,' verzucht hij aan het eind van de week tegenover NRC. 'Het is bizar, dat persoonlijke. Ik word een soort poppetje.'

Niet dat hij er veel aan doet om dat te voorkomen. Andere LAKS-bestuurders komen in de media nooit aan het woord. Als hij op dinsdag 27 november naar een afspraak in Amsterdam moet, neemt hij een journalist van de Vlaamse krant *De Morgen* mee in de taxi. Wanneer hij op woensdag naar Den Haag rijdt om een petitie aan te bieden aan de vaste Kamercommissie voor Onderwijs, is er een cameraploeg van actualiteitenrubriek *Netwerk* aan boord. Als hij die avond laat overleg voert met een topambtenaar op het ministerie van Onderwijs, wordt hij 'toevallig' gesnapt door een fotograaf van NRC.

Bij het aanbieden van de petitie aan de Kamercommissie voor Onderwijs, op woensdagmiddag, blijkt hoezeer de gevestigde orde van hem onder de indruk is. Voorzitter Wim van de Camp (CDA) ontvangt hem met alle egards in de hal van het Kamergebouw. 'Meneer de voorzitter van het LAKS, kom even hier staan,' zegt de CDA'er als hij voor de draaiende camera's de usb-stick met 54 duizend handtekeningen van Sywert aanneemt. 'Hartelijk dank, wij zullen deze handtekeningen zorgvuldig bewaren.'

'Heel goed, heel goed,' vindt Kamerlid Ineke Dezentjé Hamming-Bluemink (VVD) de acties van de jonge LAKS-voorzitter. 'Je bent natuurlijk onder de indruk van de welbespraaktheid van deze club. Dat geeft goede hoop voor de toekomst.' Kamerlid Jan de Vries (CDA): 'Ik mag dat wel, leerlingen die weten waar ze voor staan, weten welk doel ze willen bereiken en dat ook nog uitstekend kunnen verwoorden. Daar kunnen politici nog wat van leren!'[14] D66-leider Alexander Pechtold zegt later: 'Hij heeft een politiek probleem een gezicht gegeven, dat is het allerbelangrijkste in deze tijd.'[15]

Tussen de camera's en Kamerleden voelt Sywert zich als een vis in het water, zoveel is duidelijk. Het geeft hem een kick gezien te worden als spreekbuis van alle scholieren, als welbespraakt commentator, als politiek wonderkind – hier en daar zien mensen al een toekomstig premier in hem. 'Een jongensdroom,' noemt hij het achteraf.[16] Bovendien heeft de lobby succes: de 1040-urennorm wordt uiteindelijk versoepeld en er komt 300 miljoen euro extra voor de invulling van lesuren.

Opvallend is hoe goed de 17-jarige LAKS-voorzitter doorheeft dat de media op zoek zijn naar Een Verhaal. Journalisten willen meer dan alleen de kale feiten brengen over een urennorm in het middelbaar onderwijs. In het belang van de beeldvorming mag je je boodschap daarom best iets opleuken; niet alles wat je zegt hoeft waar te zijn. De aanleiding voor de dagenlange scholierenprotesten bijvoorbeeld. In interviews vertelt Sywert dat die voortkomen uit lang opgekropte woede over de 1040-urennorm onder scholieren in het hele land: 'De regering deed echter niks. In september stroomden bij ons de mailtjes binnen: nu gebeuren er echt gekke dingen bij het handhaven van die urennorm. Daarna is de actiebereidheid fors verder gegroeid.'[17]

In werkelijkheid heeft het LAKS-bestuur de urennorm zelf als campagnethema bedacht, tijdens een weekend in Center Parcs in Zeewolde in de zomer van 2007. De actieplannen zijn tot stand gekomen in samenspraak met de ervaren activist en voormalig conrector Jan Jimkes van actiegroep Vergeten Feiten, die al langer protesteert tegen het gebrek aan financiering voor het middelbaar onderwijs. 'Ik zei dat we samen veel meer zouden kunnen bereiken. Sywert begreep dat meteen,' zegt Jimkes later in *NRC*.[18]

Over hoe hij bij het LAKS terecht kwam, vertelt Sywert zelfs drie verschillende verhalen. Tegen NRC zegt de tiener, in een gezamenlijk interview met zijn moeder, dat frustratie en verveling op zijn eigen middelbare school een rol spelen. 'We vroegen de school om verrijkingsstof, maar dat hadden ze niet. De school heeft hem toen aangeraden contact te zoeken met het LAKS,' zegt zijn moeder in de krant.

In gesprek met regionale kranten beweert Sywert dat niet de school, maar hijzelf met dat idee kwam: 'Al googelend kwam ik op het Landelijke Aktie Komitee Scholieren uit.'[19] Op de radio vertelt hij dat een toevallige ontmoeting de aanleiding was: 'Toen kwam ik iemand in de trein tegen, die zat bij de scholierenvakbond. Daar raakte ik mee aan de klets, die zei: Waarom kom je niet een keer langs? [...] Ik ontmoette daar een heel leuk meisje. [...] Zo kwam van het een het ander.'[20]

Ook zijn eigen achtergrond lijkt Sywert aan te passen aan zijn publiek. Bij de vrijzinnige omroep VPRO zegt hij dat zijn vader 'een beetje een oude hippie' is. Op een verkiezingsavond bij de VVD Amsterdam betitelt hij zijn vader als projectontwikkelaar. 'Hij heeft een groot deel van de stadsontwikkeling van Almere gedaan.'[21]

Bij zijn publiek gaan de verhalen erin als koek. Sywert kiest zijn toon bij het medium dat hij te woord staat. 'Het lijkt naturel wat ik doe, toch is het bedacht,' zegt hij begin 2008 in een interview met *Talent*, een tijdschrift over hoogbegaafde kinderen. 'Ik zet ook gewoon mijn camerastem op. [...] De NOS krijgt van ons als eerste een reactie, RTL en SBS daarna een iets andere. In *De Wereld Draait Door* spelen we het iets activistischer, want daar zit een jonger publiek.'[22]

Terwijl de scholierenprotesten in volle gang zijn en Sywert op tv schittert, groeien thuis de zorgen over hem. Het wonderkind vertoont zich vrijwel nooit meer op het Groevenbeek College, hij mist al zijn toetsen. 'Hij belde nog weleens om af te spreken wanneer hij een toets zou inhalen. Maar daar kwam dan nooit iets van,' herinnert zijn voormalige coördinator Jaap Landman zich. Wekenlang slaapt Sywert bijna elke nacht op het LAKS-kantoor in de Amsterdamse binnenstad. Hij heeft er een slaapbank neergezet, leeft er naar eigen zeggen met bestuursgenoten 'op roze koeken en salmiakknotsen'.[23]

Zijn moeder maakt zich daar ernstig zorgen over. 'We zien hem thuis bijna niet meer,' zegt ze in november 2007 voor de camera van actualiteitenrubriek *Netwerk*. Sywert blijkt in een week tijd dusdanig publiek bezit te zijn geworden dat zijn moeder hem niet zelf kan vragen eens thuis te komen eten. Ze doet een wanhopige oproep via de televisie: 'Lieve Sywert, haal alsjeblieft volgend jaar met prachtige cijfers je vwo, want dat is het begin van je toekomst. [...] Je bent gewoon zeventien en er moet nog heel veel gebeuren in het leven. Na het LAKS is er ook nog een leven.'[24]

Haar oproep sorteert weinig effect. Ook nadat de grootste drukte rond de scholierenprotesten voorbij is, vertoeft Sywert meestal in Amsterdam. In de eerste maanden van 2008 gaat hij nog steeds amper naar school. Desondanks eist hij dat voorjaar van coördinator Landman dat hij na de zomer bevorderd wordt naar 6 vwo: het eindexamenjaar. 'Ik had het daarover een beetje aan de stok met hem,' vertelt Landman. 'Hij had intussen de conrector van het Barlaeus Gymnasium in Amsterdam ontmoet, en zei dat hij daar wel naar de zesde mocht.' Nog gedurende het schooljaar besluit Sywert over te stappen naar het Barlaeus. Dat hij sinds de brugklas geen Latijn of Grieks heeft gehad, is in zijn geval geen bezwaar.

Thuis is hij daarna niet meer welkom. Hij wordt in Amsterdam opgevangen door een groepje mensen, onder wie Lennart Booij, televisiemaker, oprichter van campagnebureau BKB en zelf oud-voorzitter van het LAKS. Via zijn netwerk kan Sywert terecht bij UvA-hoogleraar Hugo Röling en zijn vrouw Anita van Ommeren, in hun majestueuze huis bij het Vondelpark. 'Hij had absoluut onderdak nodig. Hij was een mediapersoonlijkheid, had het goed gedaan bij het LAKS, zo'n talent wil je helpen,' vertelt Van Ommeren. 'Achteraf denk ik: waarom heb ik zijn moeder toen niet gebeld met de vraag waarom hij het huis uit moest?'

Sywert blijkt al snel moeilijk handelbaar: hij komt laat thuis en zit tot diep in de nacht met mensen op zijn kamer. Overdag staan zijn nieuwe schoolgenoten in drommen voor de deur, herinnert Van Ommeren zich. Ze komen kijken hoe hun nieuwe klasgenoot, de bekendste scholier van Nederland, al op zichzelf woont, nog wel in een prachtig huis aan het Vondelpark. Als publiek figuur beleeft Sywert een absolute toptijd. Maar het applaus verbergt hoe ontworteld de 17-jarige is geraakt: weg van zijn moeder, zijn school, de omgeving die hij kent. Op weg naar volwassenheid slaat hij een reuzenstap over.

Als Sywerts bestuursjaar bij het LAKS in juni 2008 ten einde loopt, wordt een andere kant van hem zichtbaar. Hij kan dominant zijn. Een straatvechter. Tijdens de ledenvergadering waarin het LAKS een nieuw bestuur wil aanstellen, ontstaat ruzie. De driekoppige sollicitatiecommissie, die nieuwe bestuursleden aandraagt en ook Sywert en zijn medebestuurders beoordeelt, blijkt forse kritiek te hebben op het functioneren van het huidige bestuur – met name op dat van de voorzitter.

'Op kantoor kan niemand met Sywert samenwerken,' zegt een commissielid erover tegen NRC.

'Hij is naast zijn schoenen gaan lopen het afgelopen jaar,' zegt een ander.

'Hij is nota bene klasgenoot van mij geweest. Het is raar om te zien hoe hij is veranderd,' zegt de derde.[25]

Volgens de sollicitatiecommissie heeft Sywert ten eerste de medewerkers van het LAKS-kantoor veel te autoritair behandeld. Het personeel – stuk voor stuk jaren ouder dan hij – voelde zich door hem gecommandeerd. Dat hij een paar weken eerder in NRC heeft geroepen dat hij van een aantal personeelsleden het contract niet verlengde, en één persoon zelfs direct heeft ontslagen, hielp niet. Ten tweede heeft hij zich volgens de commissie schuldig gemaakt aan malversaties. Hij zou op het Amsterdamse kantoor een luxe leventje hebben geleid, op kosten van het LAKS. Hij gaf 'buitensporig veel' uit aan eten, en 'niet bij de goedkoopste opties', zegt commissievoorzitter Mark Brakel over Sywerts declaratiegedrag tegen NRC.

Sywert ontkent deze aantijgingen niet zomaar. Hij slaat tijdens de ledenvergadering hard terug met eigen beschuldigingen. De sollicitatiecommissie zou erop uit zijn 'vriendjes' in het nieuwe LAKS-bestuur te krijgen. Waarom ze dan kritiek zouden uiten op het vorige bestuur, maakt hij niet duidelijk. Tijdens een stemming over de kwestie kiezen de meeste leden Sywerts kant: de sollicitatiecommissie wordt ontbonden, de benoeming van een nieuw bestuur tot nader order uitgesteld.

Daarmee is de kous niet af. Sywert stuurt een ruim 1700 woorden tellende brief[26] aan de hoofdredactie van NRC, dat een nieuwsbericht aan het bestuursconflict had gewijd. Hij betoont zich 'zeer teleurgesteld' over dat artikel, waar 'gigantische onjuistheden' in staan en dat volgens hem 'helaas grenst aan *Telegraaf*-journalistiek'. Dat hij autoritair zou zijn geweest tegen het personeel, is onzin. 'Ik ben juist een teamplayer en heb altijd mensen om mij heen. Zelfs nu, midden in de nacht terwijl ik deze brief schrijf, heb ik twee oud-bestuursmaatjes om me heen.'

Dat hij op kosten van het LAKS zou hebben geleefd, is al helemaal flauwekul. De financiële controle binnen de vereniging is 'bijzonder streng', schrijft hij: 'Wij hebben binnen het LAKS een boekhouder, een financieel directeur, een penningmeester, een extern penningmeester (die ook een grote school bestuurt), een goede accountant, oplettende leden, de financiële controledienst van het ministerie (het CFI) en een duidelijk declaratiereglement waarin duidelijk regels en bedragen zijn gesteld. Door al deze mensen en instanties is de afgelopen jaarrekening goedgekeurd en zijn er geen onregelmatigheden aangetroffen. [...] Het is absoluut van de zotte dat de oud-commissieleden beginnen over eventuele financiële malversaties of het verkeerd aanwenden van verenigingsgeld. Dit is nergens op gebaseerd.'

Het is het type betoog dat hij in 2021, na de ophef over zijn verdiensten in de mondkapjeswereld, veelvuldig zal herhalen.

De 17-jarige scholierenleider besluit zijn relaas met een scherp oordeel over het journalistieke niveau van de krant: 'Als fervent NRC-lezer ben ik erg teleurgesteld in het op deze manier bedrijven van journalistiek. Ik ging er, kennelijk ten onrechte, altijd van uit dat de NRC stond voor objectiviteit, zo waarheidsgetrouw gebracht nieuws en weinig onnodig smeuïge verhalen. Voortaan zal ik de artikelen in de krant maar met een korreltje meer zout lezen.'

Nadat in de zomer van 2008 zijn opvolger alsnog aantreedt, valt Sywert hard terug op aarde. Zijn poging om aan het Barlaeus Gymnasium zijn vwo-diploma te halen mislukt, zijn leerachterstand is te groot. Zijn kamer bij de familie Röling moet hij na een paar maanden weer verlaten. Zonder diploma of onderdak keert hij terug naar Ermelo, waar hij bij zijn moeder thuis de zolderkamer betrekt.[27]

Aan HP/*De Tijd* vertelt hij dat hij in die periode soms doelloos op het Binnenhof rondwandelt, de plek waar hij een jaar eerder zoveel indruk heeft gemaakt. 'Ik had zo'n toegangspasje en kon daar altijd naar binnen. Dan mocht ik graag door de wandelgangen dolen en hier en daar mijn licht opsteken. Maar ja, na verloop van tijd gaan mensen vragen wat je daar eigenlijk nog steeds loopt te doen. Niet zoveel dus.'[28]

Hij moet helemaal opnieuw beginnen. Vanaf zijn zolderkamer behaalt hij, dankzij het staatsexamen, alsnog zijn vwo-diploma. In 2009 verhuist hij weer naar Amsterdam, waar hij een studio betrekt en de BKB Academie gaat volgen, een cursus van één jaar in campagnevoeren en het bespelen van media en politiek. Zijn belezenheid maakt indruk op zijn jaargenoten daar. 'Hij had enorm veel algemene kennis, las wel zes kranten per dag. *The New York Times*, *Le Monde*, de *Süddeutsche Zeitung* – dat was geen pose, dat deed hij echt,' vertelt een jaargenoot. 'In gesprekken met politici of politicologen was hij echt in staat het gesprek te kantelen omdat hij zo goed geïnformeerd was.' Opinietijdschrift HP/*De Tijd* biedt hem die zomer een column aan.

Zijn bevlogenheid slaat soms door, zeggen collega-BKB'ers. 'Hij staat altijd aan, neemt geen tijd voor ontspanning. Ik heb weleens gedacht: hoe houd je dat vol? Ook als je hyperintelligent bent, kan je hersenpan maar zoveel informatie per dag aan.' Volgens een jaargenoot maakt hij zelfs een afspraak met een eetcafé in de buurt van zijn huis. Hij haalt er elke avond een warme maaltijd af. Zo verspilt hij geen tijd aan boodschappen doen, koken of de afwas. BKB-oprichter Alex Klusman vertelt eens in NRC hoe de groep jonge BKB'ers in een Berlijnse discotheek aan het drinken en dansen slaat, op Sywert na. Die zit in een hoekje op zijn telefoon zijn column voor HP/*De Tijd* te tikken.

'Hij was zeker niet altijd een loner,' nuanceert een van zijn medestudenten. 'We gingen in dat jaar regelmatig naar de kroeg, dan was hij er vaak bij en zat hij echt niet de hele tijd op zijn telefoon te kijken.' Maar van een kater is bij hem de volgende ochtend nooit iets te merken. 'Het is niets voor mij om elke dag tot elf uur in mijn nest te liggen,' zegt hij in *Het Parool*. '24 uur is best wel lang, hoor. Als je bijtijds opstaat en niet elke avond tv kijkt, kun je een hoop doen; nuttig en aangenaam.' Hij omschrijft zichzelf als 'een sociaal iemand die houdt van mensen om zich heen. Maar ik ben wel zo iemand met heel veel bekenden, vrienden zijn er een stuk minder. [...] Ik ben niet voor iedereen een open boek.'[29]

Na het BKB-jaar is Sywert nog steeds zoekende. Hij schrijft zich bij de Universiteit van Amsterdam in voor vier studies: politicologie, Europese studies, rechten en bedrijfskunde. Hij organiseert politieke debatten in de hal van de faculteit bedrijfskunde, geeft af en toe commentaar op de radio. 'Hij worstelde een beetje met zijn leven,' vertelt een goede bekende uit die tijd. 'Wat ga ik studeren, hoe verdien ik mijn geld, dat hield hem bezig.'

Een toegangspasje tot het Binnenhof heeft hij niet meer, maar hij ontdekt een nieuwe manier om met politici in contact te komen: Twitter. Nadat hij daar in 2009 een account aanmaakt, verzamelt hij snel veel volgers. Een student communicatiewetenschappen aan de Universiteit Utrecht onderzoekt in 2010 welke twitteraars de meeste toegang tot Kamerleden hebben; Sywert komt als een van de toppers uit de bus. 'Ik merk dat ik in Den Haag gevolgd word,' zegt hij hierover tegen NRC. Hij legt uit dat hij bewust een groot aantal mensen is gaan volgen, bijna drieduizend. Zodoende weet hij voortdurend wat er speelt en dat deelt hij met zijn volgers: 'Snelheid wordt beloond.'[30] Een van zijn vroegste successen boekt hij door een Kamerlid dat in het verleden bij KPN werkte, in een serie tweets weg te zetten als 'KPN-lobbyist': 'Op die manier kun je reuring veroorzaken. Ik werd erop aangesproken door journalisten en medewerkers van Kamerleden.'

Hoe leuk het ook is om via zijn smartphone wat politieke deining te creëren: het is niet te vergelijken met de invloed die Sywert als LAKS-voorzitter had. Hij hongert naar echte publieke erkenning. Die kans doet zich voor op de avond van 29 maart 2012. Het eerste kabinet-Rutte, een gedoogkabinet van VVD en CDA met steun van de PVV, komt in zwaar weer na een tweet van Geert Wilders (PVV), die laat weten dat de kabinetsonderhandelingen in het Catshuis 'in een moeilijke fase' zijn beland. Niet lang daarna zal het kabinet vallen.

'Ik werd geïnterviewd voor Radio 1 en hoorde mezelf zeggen dat het allemaal spel was. Dat Rutte, [CDA-leider Maxime] Verhagen en Wilders er vanzelf weer uit zouden komen. Jezus, dacht ik, wat een cynische, ouwe kerel ben ik geworden,' zegt Sywert in *Het Parool*. Hij besluit de actievoerder in zichzelf tot leven te wekken. Politiek moet weer over de inhoud gaan. Meer in het bijzonder: over de thema's die zijn generatie, de jongeren, aangaan. Hun stem wordt in Den Haag volgens hem nauwelijks gehoord. 'Toen ben ik gaan rondbellen. Gewoon, naar iedereen in mijn telefoonlijst,' zegt hij.[31] Het aanspreken van zijn netwerk om iets voor elkaar te krijgen, zoals hij ook in de coronacrisis van 2020 zal doen, zit er al vroeg in.

Het plan dat hij vervolgens met een aantal vertrouwelingen opstelt, presenteert hij op zondag 8 april 2012 in het tv-programma *Buitenhof*. Het is Eerste Paasdag, Sywert herrijst als publiek figuur op de nationale televisie. Hij heeft een bij *Buitenhof* passende outfit aangetrokken: grijs jasje, wit overhemd, studentikoze bril. Aan tafel legt hij presentator Clairy Polak uit dat de macht in Nederland ernstig aan het vergrijzen is: 'Het gemiddelde CDA-lid is 67 jaar. De gemiddelde stemmer is 50. [...] Politiek wordt voor gepensioneerden.'

Om dat te veranderen, heeft hij een tienpuntenplan geschreven dat de belangen van zijn generatie moet dienen. Zo moet er meer geld naar onderwijs, moet de woningmarkt eerlijker worden door inperking van de hypotheekrenteaftrek, en moet Nederland meer investeren in duurzame energiebronnen.

Hij legt ook meteen uit hoe hij die punten wil realiseren. Met een groep van vijfhonderd jongeren, maximaal 35 jaar, wil hij tegelijkertijd lid worden van de drie grootste centrumpartijen: VVD, CDA en PvdA. Door op partijcongressen moties in stemming te brengen, als een soort activistische aandeelhouder, zal de groep verkiezingsprogramma's kunnen beïnvloeden – en zo uiteindelijk het kabinetsbeleid. Hij heeft berekend dat vijfhonderd partijleden daarvoor genoeg zijn. 'We gaan de klokken van die partijen gelijk zetten,' zegt hij. Het initiatief heeft hij 'G500' gedoopt. De website is al online, geïnteresseerde jongeren kunnen zich meteen na de uitzending melden. Een lidmaatschap kost 49 euro per jaar.

Alle kranten schrijven na het Paasweekend over zijn jongereninitiatief, spreken van een 'strijd tegen de vergrijsde macht' of zelfs een 'revolutionaire coup'. Onder andere NRC, *de Volkskrant* en *Trouw* drukken een interview met hem af. Op woensdagavond 11 april mag Sywert met twee medestanders, onder wie zijn vriendin, aanschuiven bij *De Wereld Draait Door* (DWDD). Ruim 1,1 miljoen kijkers zien hoe hij presentator Matthijs van Nieuwkerk uitlegt dat de benodigde groep van vijfhonderd jongeren al bijna verzameld is. 'Waarschijnlijk meldt de vijfhonderdste zich tijdens deze uitzending. Dus de G500 is er, en die hebben we binnen 48 uur bij elkaar.'

Ook hebben zich al tientallen donateurs gemeld, zegt Sywert. 'Het is echt overweldigend. We hebben tot *Buitenhof* honderd uur gehad om dit te bouwen. [...] Het is een gekkenhuis.'

Na een oproep op LinkedIn biedt het Amsterdamse consultancybureau CBE hem gratis kantoorruimte aan op de Herengracht. In de weken daarna groeit het aantal G500-leden zelfs uit tot 1100. Sywert formeert een 'kernteam' dat de campagne met hem zal vormgeven. De leden worden bij de besluitvorming betrokken via de zogeheten Think Drinks, die op verschillende locaties in het land worden georganiseerd. Op 15 mei krijgen de leden een mail: Sywert zal die avond, opnieuw in *DWDD*, een aankondiging doen 'waarvan politiek Nederland op het puntje van zijn stoel zal zitten'.[32]

Het blijkt een verzoek om geld te zijn. De G500 wil, in de aanloop naar de Tweede Kamerverkiezingen van september 2012, reclamezendtijd inkopen op radio, tv en online. Daarin wil hij politici van VVD, CDA en PvdA 'houden aan de beloftes' die ze in hun verkiezingsprogramma doen. Sywert heeft daarvoor een half miljoen nodig, zegt hij tegen Matthijs van Nieuwkerk. Om zijn verzoek wat meer cachet te geven, zegt hij dat het geld terechtkomt in het zogeheten OrangePAC, een verwijzing naar de *political action committees* die in de Amerikaanse verkiezingscampagnes opereren.

Journalist Jort Kelder, die als tafelheer bij DWDD zit, reageert kritisch. Het commentaar dat Sywert nu al een paar weken volop in de media geeft, is volgens hem geloofwaardiger dan reclames – en bovendien kost dat donateurs geen geld. Ook veel leden zijn teleurgesteld over het gebedel op televisie. 'Ik zat vol idealisme op de bank en dan gaan ze vragen om geld. Wat een anticlimax,' zo citeert *de Volkskrant* een G500-lid. Een groepje leden dat met Sywert mee naar de studio is gekomen, loopt na de uitzending 'een beetje beteuterd' naar buiten.[33]

De teleurstelling blijkt een voorbode van een moeizame campagne. Bij het eerste echte evenement, 'G500 warmt op!' in een school in Utrecht, komen slechts 150 van de 1100 leden opdagen. Het kernteam heeft workshops 'dynamisch argumenteren' en 'speechen als Obama' georganiseerd, maar de aanwezigen zijn teleurgesteld over het gebrek aan inspraak. De G500-campagne draait volledig om het tienpuntenplan dat Sywert heeft geschreven. 'Alles was al bepaald,' zegt een aanwezige. Een ander: 'G500 is niet bepaald democratisch.' *De Volkskrant* beschrijft de G500 als 'de grote Sywert-show'.[34]

Ook de impact op de drie partijcongressen in juni valt tegen. Bij het VVD-congres op 23 juni komen een stuk of honderd leden opdagen. Een motie om een inperking van de hypotheekrenteaftrek in het verkiezingsprogramma op te nemen, sneuvelt ter plekke. Op het CDA-congres, een week later, zijn ongeveer tweehonderd G500-deelnemers aanwezig. Na afloop claimt Sywert een kleine overwinning: volgens hem komt dankzij hen in het CDA-verkiezingsprogramma te staan dat de basisbeurs voor masterstudenten overeind moet blijven.

Volgens zowel de jongerenorganisatie CDJA als de aanwezige Kamerleden klopt dat niet. Het voorstel, ingediend door het CDJA, kreeg steun van 80 procent van de aanwezigen en had het ook zonder de G500 gehaald.[35] Bij het PvdA-congres, dat op dezelfde dag wordt gehouden, zijn maar zestien G500-deelnemers aanwezig.

Alle amendementen die het groepje indient worden volgens een van de deelnemers 'genadeloos van tafel geveegd'.[36]

Bovendien valt het plan voor reclamespotjes in duigen. In plaats van het gehoopte half miljoen haalt de G500 bij donateurs een ton op, te weinig voor een echte campagne. Sywert besluit het geld niet terug te geven, maar aan te wenden voor de ontwikkeling van de 'Stembreker'. Als secretaris kan hij zulke besluiten gezamenlijk nemen met G500-voorzitter Ingeborg Baltussen. De Stembreker is een website waarop kiezers hun gedroomde coalitie kunnen invoeren, waarna ze op de verkiezingsdag een sms'je krijgen op welke partij ze dan het beste kunnen stemmen. Uiteindelijk zullen ruim 42 duizend mensen dat doen.[37]

Op zaterdag 25 augustus trekt Sywert met een kleine vierhonderd deelnemers naar Rotterdam voor het tweede VVD-congres voor de verkiezingen. In een persbericht meldt de G500 die middag dat bij de liberalen een 'pensioendoorbraak' is bereikt: 'Met ruim 400 stemmen [...] is het mogelijk gebleken om de fundamenten van het pensioenstelsel te wijzigen in het VVD-verkiezingsprogramma. De contouren van een nieuw pensioenstelsel worden daarmee zichtbaar.' Minister van Sociale Zaken Henk Kamp heeft zich er zelfs 'persoonlijk garant voor gesteld dat een onderzoek zal volgen naar de doorsneepremie, met als uitgangspunt een einde aan de doorsneepremie'.

Opnieuw wordt de werkelijkheid zo iets mooier ingekleurd. De vier G500-amendementen die de plenaire vergadering hebben gehaald, zijn allemaal weggestemd. Volgens een aanwezige journalist heeft minister Kamp zich niet garant gesteld voor een onderzoek dat het einde van de doorsneepremie beoogt. Hij heeft alleen een algemeen onderzoek toegezegd naar de houdbaarheid van het Nederlandse pensioenstelsel. 'Dat onderzoek is niet afgedwongen door G500, maar dat loopt al.'[38]

Nieuwssite Nu.nl neemt Sywerts persbericht desondanks vrijwel integraal over: 'De G500, die zich eerder roerde op de congressen van de PvdA en het CDA, wist meerdere speerpunten te agenderen en binnen te halen, zo meldt de beweging. Zo wil de VVD nu dat er een einde komt aan de zogeheten doorsneepremie. Minister van Sociale Zaken Henk Kamp (VVD) heeft G500-voorman

Sywert van Lienden laten weten dat hij dit gaat onderzoeken.'

Sywert en zijn team vinden het komisch dat hun schaamteloze bluf werkt: 'Gelukkig zijn die journalisten bij Nu.nl lui, en nemen ze onze berichten bijna geheel over,' zegt penningmeester Hederik de Vries na afloop tegen een van de andere G500-leden. 'Je moet de boel altijd mooier maken dan het is, hè!'[39]

Na de Tweede Kamerverkiezingen van september 2012 is het gedaan met de G500. Sywert belooft in NRC nog een 'zelfonderzoek' en een boekje over het eerste halfjaar. Van beide wordt nooit meer iets vernomen. Het initiatief mag dan politiek niets hebben bereikt, voor Sywerts populariteit doet het wonderen. Hij wordt nu uitgenodigd voor lezingen en dagvoorzitterschappen, gekozen tot voorzitter van de jongerenorganisatie van het Concertgebouw, en wordt vaste tafelgast bij *De Wereld Draait Door*. Hij zal er in totaal 56 keer aanschuiven.[40]

Aanvankelijk bespreekt hij daar vooral de ontwikkelingen aan het Binnenhof, maar al snel wordt hij ook gevraagd om commentaar te geven op de politieke situatie in Duitsland of het Verenigd Koninkrijk. Wanneer *DWDD* in januari 2016 in Amsterdam voor de tweede keer een pop-up museum inricht, is Sywert een van de negen gastconservatoren, naast beroemdheden als Carice van Houten, Paul de Leeuw en Robbert Dijkgraaf.

Intussen is Sywert nog altijd student aan de Universiteit van Amsterdam. Hoeveel studies hij precies volgt, en wanneer hij iets afmaakt, wordt voor de buitenwereld nooit echt duidelijk. Op zijn LinkedIn-pagina vermeldt hij jarenlang dat hij in 2013 vier bachelorstudies afrondt: rechten, politicologie, economie en Europese studies. Wanneer NRC hem er in 2021 naar vraagt, brengt hij dat terug tot twee afgeronde bachelors: politicologie en Europese studies.[41] Twee vrienden uit die tijd hebben geen herinnering aan buluitreikingen of afstudeerfeestjes. In het digitale archief van de UvA is geen scriptie van hem te vinden.

In juli 2016, in het programma *The Friday Move* met Wilfred Genee op radiozender BNR, kondigt hij opnieuw aan dat het zover is: 'Ik ben dit jaar afgestudeerd.' Hij is daarmee op een keerpunt in zijn leven beland, vertelt hij Genee, ook omdat hij inmiddels al 'bijna tien jaar bezig [is] met ondernemen' – in werkelijkheid schreef hij vier jaar eerder een eenmanszaak in. Het is mooi geweest met zijn leven als vrijbuiterige tv-commentator en activist, volgens hem is het tijd om een serieuze baan te zoeken: 'Ik moet nu wel een beetje gaan omschakelen. [...] Ik heb op zich wel behoefte aan meer structuur, werken in een team, dingen leren. Ik zou wel een paar jaar binnen een organisatie willen werken. Ik ben nu aan het solliciteren, hoop dat ergens de jackpot valt.'

Wat bij dat verlangen naar structuur mogelijk een rol speelt, is dat hij dat jaar vader zal worden – Sywert is 25, zijn vriendin zeven jaar ouder. Ook is hij in januari 2016 bij *DWDD* grandioos uit de bocht gevlogen. In een discussie over aanrandingen in Keulen tijdens de jaarwisseling beweerde hij dat 'een op de twintig tot een op de dertig' immigranten verdacht wordt van een zedendelict. De toestroom van vluchtelingen naar Nederland hield volgens hem dus ook een groeiende toestroom van zedendelinquenten in, 'een ongemakkelijke waarheid'.

Het kwam hem op immense kritiek te staan, met name op zijn geliefde Twitter. Volgens kijkers haalde hij cijfers door elkaar, zat hij er met zijn beweringen minstens een factor tien naast en stigmatiseert hij immigranten. In een volgende *DWDD*-uitzending moest hij zijn fout erkennen en excuses aanbieden.

Die affaire heeft grote indruk op hem gemaakt, vertelt hij Wilfred Genee bij BNR. 'Ik ben vrij hard op mijn muil gegaan, een uitglijder. Dan merk je de keerzijde van televisie. Het is een harde les geweest, iets waarvan ik denk: moet ik hier echt verder in willen? Heeft bij mij wel een knop omgezet. Je bent even in het oog van de orkaan en je kunt je niet verweren. Ik denk toch niet dat ik daarvoor gemaakt ben.'

Een nieuwe uitdaging vindt Sywert vanaf januari 2017 bij de gemeente Amsterdam. Hij wordt aangenomen als bestuursadviseur op de afdeling public affairs. Die afdeling fungeert als liaison tussen de gemeente en Den Haag. De bestuursadviseurs houden het college van B&W op de hoogte van de Haagse politieke agenda, en lobbyen daarnaast op het Binnenhof voor de belangen van de gemeente.

'Iedereen dacht: er komt een grote vis in ons kommetje zwemmen,' herinnert een directe collega uit die tijd zich. 'Hij was *the rising star*, de toekomstige premier, zo werd hij althans door iedereen gezien. We waren verbaasd dat hij voor Amsterdam koos, dat was geen logische stap. Met zoveel potentie ga je meestal in Den Haag werken, op het ministerie van Financiën, bij het Centraal Planbureau, zoiets.' Zijn nieuwe collega's vragen zich ook af waarom hij voor een rol achter de schermen koos: 'Prudentie is in ons werk de hoofdmoot, je legt zelfs een eed van geheimhouding af. Wij dachten: hoe gaat hij zich daar als opiniemaker aan houden?'

Zelf lijkt hij zich daar weinig zorgen over te maken. Na zijn entree op het stadhuis van Amsterdam barst Sywert van het zelfvertrouwen. Hij maakt zich de materie die ervaren collega's aandragen razendsnel eigen. Volgens sommigen doet hij dat iets te voortvarend: soms deelt hij analyses van zijn team met anderen alsof hij ze zelf heeft bedacht. In de ambtelijke wereld is het niet gebruikelijk jezelf op die manier in de spotlights te zetten, dus dat wekt hier en daar wrevel.

Ook zijn Twittergedrag is, zoals zijn collega's al vreesden, snel een probleem. Als ambtenaar blijft Sywert vrijelijk zijn mening verkondigen, tot grote ergernis van zijn teamleider. Een half jaar na zijn binnenkomst leidt het tot een conflict, waarna hij zijn Twitteraccount tijdelijk uit de lucht haalt. 'Voor wie mij volgde op Twitter: account @sywert maar even stopgezet. Krijg teveel gedoe op het werk om die paar tweets en quotes her en der (ambtenaren en de vrijheid van meningsuiting – het blijkt helaas een worsteling in de praktijk),' schrijft hij op 24 juli 2017 op Facebook.

Tegen het eind van het jaar – zijn Twitteraccount is inmiddels weer actief – besluit hij ook op tv de stilte te doorbreken. Op 6 december schuift hij weer aan bij *De Wereld Draait Door*, in een gesprek over de multiculturele samenleving. Hij steekt een verontrustend verhaal af over Bos en Lommer, de buurt in Amsterdam-West waar hij woont. Een 'heel verrot stukje' stad: 'veel vechtpartijen, etnische spanningen.' Hij is 'ontgoocheld' over het leven in de hoofdstad, zegt hij. 'Dat is ook reden om er te vertrekken en veiliger grond te zoeken. Je doet heel erg je best om er met je buurt wat van te maken, maar als je merkt dat het onveilig is, of als je een minderheid in je eigen stad wordt... [...] Wij hebben ons jarenlang ingezet om het hier beter te maken, maar het glijdt verder weg.' Zijn collega's op de Stopera zijn er niet blij mee, hij fakkelt voor meer dan een miljoen kijkers de stad af waarvoor ze zich dagelijks inzetten.

Begin 2018 betrekt hij met zijn vriendin en hun eenjarige zoon een jarendertigwoning in Hilversum. Bij de verbouwing gaat het mis: Sywert valt op de zolder in het trapgat en loopt een hersenschudding op. Hij moet rust nemen om te herstellen. Zijn collega's op de Stopera zien hem voorlopig niet terug. In januari 2019 maakt hij opnieuw iets naars mee. Zijn vriend Hederik de Vries (32), ooit penningmeester van de G500, overlijdt vrij plotseling aan kanker.

Ook in 2019 blijft Sywert grotendeels in de ziektewet zitten, zeggen twee bronnen bij de gemeente Amsterdam. Hij komt hooguit af en toe aanwaaien in het kader van zijn reïntegratie.

Opmerkelijk genoeg zit hij buiten zijn vaste baan allerminst stil. Zo treedt hij aan als commissaris bij zorgbedrijf Professionals in NAH en laat hij zich door het AD uitgebreid interviewen over het verduurzamen van zijn huis. In september 2019 begint hij aan het programma Blikverruimers, een eenjarige opleiding tot toezichthouder, met 25 deelnemers. 'Het is een intensief programma met lange dagen, van half negen 's ochtends tot het diner. Ik heb zeker niet geweten dat hij ziek thuis zat,' zegt een andere deelnemer. 'Hij deed juist heel enthousiast mee. Hij viel in de groep ook direct op. Hij is eloquent, dominant, in staat een groep aan te sturen. Hij heeft het hele curriculum doorlopen.'

Volgens drie bronnen in zijn omgeving speelt er iets anders dan een jarenlang aanhoudende hersenschudding: Sywert heeft bij de gemeente een bore-out opgelopen, zoals hij het zelf noemt. Het werk als ambtenaar hangt hem de keel uit. De regeltjes, de bureaucratische organisatie, de eis om zich publiekelijk in te houden – Sywert vindt het maar niets. *Daarom* zit hij thuis. Wanneer een voormalig ambtenaar van de gemeente Rotterdam op Twitter later haar beklag doet over collega's die haar kritische tweets als screenshot naar haar teamleider versturen, reageert Sywert: 'Jakkes. Herkenbare cultuur – was er op gegeven moment ook helemaal klaar mee.'

Hij zoekt een nieuwe uitdaging, liefst zonder zijn salaris in te leveren. Sywert huurt een coach in, met wie hij lange strandwandelingen maakt. Opnieuw worstelt hij met zijn toekomst. Niet alleen wat zijn carrière betreft: ook privé heeft hij het lastig. 'Het leven was toen wel stuk overzichtelijker, plezieriger en avontuurlijker,' tweet hij begin februari 2020 wanneer een volger hem vraagt naar zijn leven in 2016. 'Paar ruige en ingewikkelde jaren achter de rug,' antwoordt hij op de vraag van een ander. 'Blij dat ik die in de luwte heb kunnen leven.' De 29-jarige worstelt met het gezinsleven met twee jonge kinderen in een slaapstad. 'De oudste is nu drie en dat is feest. Als jongste ook iets verder is wordt het leven weer heel anders denk/hoop/verwacht ik,' tweet hij op 3 februari 2020.

In zijn rijtjeswoning denkt hij met enig verlangen terug aan de tijd dat hij een tv-ster was, vertelt hij zijn volgers: 'Doe af en toe wat voor de lol, maar tv is voor mijn werkgever no-go. Eigen keuze kortom die hoort bij baankeuze [...] Maar ergens ook wel jammer hoor, mis het wel. Geen idee of er een paadje terug is (mss in andere rol).'

Hij zoekt zijn geluk in materiële dingen. Vraagt op Twitter tips voor een 'koelkastje in de slaapkamer voor fles wijn en choco in het weekend'. Vrienden zien zijn worsteling met lede ogen aan. 'Hij was echt bezig met *soul searching*, vroeg zich af: wat moet ik met mijn leven?' vertelt een van hen. 'Zijn baan bij de gemeente was het niet. Hij was op zoek naar een nieuwe missie, wilde iets betekenisvols doen.'

Een maand later dient die missie zich aan.

4 EEN KIPPENHOK IN LEUSDEN

Voor de mensen die maandag 23 maart 2020 in alle vroegte landgoed Leusderend oprijden, bij de A28 even ten zuiden van Amersfoort, is het een onwerkelijke dag. Met een stuk of honderd zijn ze. Terwijl Nederland al ruim een week thuis zit, bereiden zij zich voor op een werkdag buitenshuis. Bijna niemand van hen is eerder in Leusden geweest. Ook weet haast niemand wat er precies op het programma staat. Alles voelt nieuw, onwennig.

Het is zonnig maar koud, het kwik komt nauwelijks boven het vriespunt. Wanneer ze langs het oude kasteeltje naar een van de moderne kantoorvilla's lopen, komt hun adem in wolkjes naar buiten. Een voor een nemen ze de trap naar de ingang van het gebouw.

Bij de deur wacht de beveiliging ze op. De meeste bezoekers weten het niet, maar de maatregelen op het landgoed zijn streng: op het dak van het pand is anti-dronebeveiliging aangebracht, de bewakers bij de deur moeten voorkomen dat de verkeerde mensen het kantoor binnenkomen. Iedereen moet de toelatingsprocedure doorlopen: handen wassen, lichaamstemperatuur laten opmeten, naam controleren. Staat je naam op de lijst genodigden die het ministerie van Volksgezondheid heeft opgesteld, dan krijg je een handgeschreven naambordje aan een oranje keycord – gefeliciteerd, u mag erin. Zo druppelen ze iets voor 9 uur 's ochtends de hoge marmeren hal binnen.

Daar wacht Rob van der Kolk ze op. Hij is een begin-vijftiger met een vriendelijk voorkomen, losjes gekleed in overhemd en spijkerbroek. In het dagelijks leven is hij directeur van de hartafdeling van het Amsterdam UMC, maar nu is hij coördinator van het gloednieuwe landelijk inkoopcentrum voor beschermingsmiddelen. Vandaag gaat het officieel van start.

Het inkoopcentrum krijgt al snel de naam Landelijk Consortium Hulpmiddelen (LCH). Minister voor Medische Zorg Bruno Bruins heeft de oprichting van de inkooporganisatie op 12 maart aangekondigd, een aantal dagen voordat hij in de Tweede Kamer in elkaar zakte. Onder leiding van Van der Kolk moet het LCH een eind maken aan het schreeuwende tekort aan beschermingsmiddelen in de zorg. Het LCH moet materialen als spatbrillen, isolatiejassen en mondkapjes naar Nederland halen – liever vandaag dan morgen. Snelheid is niet het enige doel, de inkoop van hulpmiddelen moet ook betrouwbaarder verlopen. Geen ad-hocdeals meer met dubieuze tussenhandelaren tegen woekerprijzen. Het debacle op het parkeerterrein in Lelystad staat de VWS-ambtenaren helder voor de geest.

De mensen die zich deze ochtend in Leusden verzamelen, komen uit alle hoeken van de Nederlandse zorg. Er zijn inkopers van ziekenhuizen bij, vertegenwoordigers van bedrijven die aan de zorg leveren, ambtenaren van het ministerie van VWS, een paar mensen van het RIVM. In een hoek van de hal staan vier kartonnen poppen die zorgmedewerkers moeten voorstellen. Twee ervan hebben een mondkapje op, de andere twee dragen blauwe handschoenen. In zijn introductiepraatje wijst Van der Kolk naar de poppen: 'Kijk: die mensen, daar doen we het voor.'

Dat zoveel verschillende partijen hier gebroederlijk naast elkaar staan, was onder normale omstandigheden nooit mogelijk geweest. De aanwezige leveranciers uit het bedrijfsleven zijn elkaars concurrenten, de ziekenhuizen zijn hun afnemers, de overheid is toezichthouder. Het coronavirus heeft al die uiteenlopende rollen omgesmeed tot één gezamenlijk belang: de Nederlandse zorg helpen. Voorkomen dat het virus nog meer slachtoffers maakt.

De eerste gesprekken voor de totstandkoming van het LCH hebben een paar dagen eerder plaatsgevonden, op woensdagavond 18 maart. Toen minister Bruins de Tweede Kamer tijdens een verhit debat beloofde alle mondkapjes te zullen confisqueren, spraken partijen achter de schermen over een meer realistische oplossing. Een groep ambtenaren van VWS vergaderde die avond urenlang met een aantal bestuurders en inkoopdirecteuren van academische ziekenhuizen en bestuursleden van brancheorganisatie NFU, de Nederlandse Federatie van Universitair Medische Centra.

'Onze normale inkoopfunctie voldeed niet meer in deze marktomstandigheden,' zegt Amsterdam UMC-bestuurslid Frida van den Maagdenberg daar later over, in een door het LCH zelf uitgegeven special.[1] 'Twee zaken waren duidelijk. Dat we tijdelijk afscheid moesten nemen van het traditionele concurrentiemodel en dat gezamenlijke actie noodzakelijk was.'

Tijdens dat eerste gesprek zijn de zorgbestuurders nog van mening dat ze zelf het wiel kunnen uitvinden. Ze willen hun onderlinge concurrentie opzij zetten en voortaan gezamenlijk materialen inkopen.

Maar ze lopen vrijwel meteen tegen een praktisch probleem aan. Anders dan 'gewone' ziekenhuizen hebben de academische ziekenhuizen niet de noodzakelijke kennis in huis. Gewoonlijk bestellen ze bij hun leverancier een 'mandje' met allerlei producten, op basis van een aanbesteding. De echte kennis over het juiste type mondkapje, de meest efficiënte handgel of het beste merk handschoenen zit bij de bedrijven die deze beschermingsmiddelen aanleveren. Dat zijn commerciële partijen als Mediq, OneMed en King Nederland. 'Inkopers van academische ziekenhuizen maken zich normaal niet druk om spatbrillen, handschoenen, mondkapjes, isolatiejassen,' vertelt een betrokkene uit het LCH. 'Het zijn *commodities*, het is niet sexy. Wie wil er op zijn verjaardag vertellen dat-ie vuilniszakken inkoopt? Voor een inkoper is het interessanter om je te verdiepen in een MRI-scanner van een paar miljoen.'

Binnen het consortium zijn het zodoende de commerciële leveranciers die beschikken over contacten met fabrikanten van beschermingsmiddelen, die meestal in China zijn gevestigd. Zou het nieuwe inkoopcentrum van de overheid zich op eigen houtje op die markt wagen, dan moeten ze concurreren met partijen met aanzienlijk betere kennis en contacten, en dat op een markt die totaal ontploft is. De hele wereld jaagt op mondkapjes. Chinese producenten vragen de gekste prijzen, kwaliteit en herkomst van het materiaal zijn vaak nauwelijks te controleren.

Al tijdens die eerste bespreking op 18 maart wordt zo duidelijk dat de belangrijkste commerciële leveranciers in Nederland ook in het consortium thuishoren. Zelf hebben deze bedrijven daar ook wel oren naar: door corona is hun gebruikelijke handel vrijwel stilgevallen. Bovendien zijn ze zich wild geschrokken van de aankondiging van de minister dat de overheid hun producten wil gaan confisqueren.

Die woensdagavond besluiten de aanwezige ambtenaren en zorgbestuurders dat Rob van der Kolk de dagelijkse leiding over het inkoopcentrum zal krijgen. Voor hem begint het werk meteen de volgende ochtend: 'Ik ben gewoon mensen gaan bellen,' zegt hij later.[2] Zo vraagt hij de meest ervaren inkopers van de leveranciers Mediq, OneMed, King Nederland en Brocacef om zich bij het LCH aan te sluiten. Ze gaan allemaal op de uitnodiging in. Zij zullen met hun marktkennis de inkopers van een aantal academische ziekenhuizen bijstaan.

Het ministerie van VWS besluit dat het nieuwe inkoopcentrum ook een stevige Haagse toezichthouder moet krijgen. VWS zal immers voor honderden miljoenen garant staan voor alle aankopen van het LCH. Op donderdagavond krijgt topambtenaar Mark Frequin (66) een telefoontje van secretaris-generaal Erik Gerritsen (VWS). Frequin is actief als 'buitengewoon adviseur' bij de Algemene Bestuursdienst, waar alle Haagse topambtenaren onder vallen. In het verleden was hij directeur-generaal bij verschillende ministeries. Volgens Gerritsen is hij de juiste man voor de rol. Kan hij helpen de inkoopcombinatie op te zetten, met de zorgsector en marktpartijen? 'Ik [was] wat verrast door zijn vraag, want ik ben geen expert op het gebied van inkoop,' zegt Frequin later.[3] Hij besluit het toch te doen.

Op vrijdagmiddag 20 maart 2020 krijgen alle betrokkenen hun eerste briefing.[4] Het lukt niemand in zijn eentje dit probleem te lijf te gaan, legt Frequin uit. 'Grote ziekenhuizen noch leveranciers en producenten kregen het voor elkaar. VWS was ook al gaan inkopen, maar dat bleek lastig. Vandaar dat de krachten gebundeld moeten worden.' Ook uit financieel oogpunt is dat verstandig, stelt

Van der Kolk: 'In plaats van ieder voor zich en daarmee de prijzen op te drijven, heeft een aantal bedrijven dat het best geëquipeerd is om dit te doen gezegd: laten we in het landsbelang samen optrekken.'[5]

'We zijn gewoon begonnen zonder formele structuur,' zegt Erik Gerritsen later. 'We vroegen hulp en we kregen [die].'[6] Maar het ministerie heeft voor de betrokken bedrijven een dringende boodschap: ze mogen *geen* winst maken op de mondkapjes die ze aan de Nederlandse zorg zullen leveren. 'Het basisidee is dat je gebruikmaakt van de expertise van de deelnemende partijen en dat er geen winstoogmerk is, het gaat om het landsbelang,' stelt LCH-betrokkene Alex van der Putten.[7]

Deze eis levert discussie op met de commerciële bedrijven, want wat houdt 'zonder winstoogmerk' precies in? Mediq en OneMed stellen gratis personeel beschikbaar en maken mogelijk ook andere kosten – mogen die wél gedekt worden? De partijen spreken af dat de bedrijven hun kosten bij VWS in rekening mogen brengen, maar geen winst zullen maken. Ze werken pro bono, niet *pro deo*. De leiding van het LCH zal daar een convenant voor opstellen, dat alle betrokken partijen zullen ondertekenen – een soort samenwerkingsovereenkomst. Naast de verplichting om tegen kostprijs te werken, spreken de partijen geheimhouding af. VWS blijft buiten dit convenant.

Nadat Rob van der Kolk op maandagochtend 23 maart zijn welkomstpraatje heeft gehouden, slaat bij de aanwezigen de onzekerheid toe. De uitdaging is voor iedereen helder. Er moeten beschermingsmiddelen komen, zo snel mogelijk, en die moeten aan ziekenhuizen en andere zorginstellingen worden geleverd. Maar waar te beginnen?

De kantoorvilla in Leusden waar ze zich hebben verzameld, is bepaald niet up and running. Voor de lockdown fungeerde het pand als hoofdkantoor van FHI, de Federatie van Technologiebranches. Maar de FHI-medewerkers lijken het pand een week eerder in allerijl te hebben verlaten. Rolien van der Torren, een coassistent van het Amsterdam UMC die in Leusden komt helpen, vertelt achteraf dat ze een bureau krijgt toegewezen 'dat vol staat met kinderfoto's en gezinsportretten, alsof diegene net is gevlucht'.[8]

Een andere aanwezige omschrijft de situatie die maandagochtend als 'een kippenhok': 'Het was heel druk, allemaal mensen, heel veel meetings, iedereen liep door elkaar.' Van der Torren herinnert zich de chaos: 'Ik vraag aan een jongen die zelf druk bezig is, of hij weet wat we moeten doen. Hij blijkt pas een half uur geleden begonnen te zijn en nee, ook hij weet niet echt wat hij aan het doen is. Een uur later wordt ons in een notendop uitgelegd wat de bedoeling is.'[9]

Rob van der Kolk: 'Die honderd mensen moesten natuurlijk wel op de een of andere manier worden georganiseerd. Er was heel snel een callcenter – nou ja, we noemden dat eerst callcenter, maar later werd dat [de afdeling] 'Inbox' – waar alle mailtjes binnenkwamen van mensen met een aanbieding. En dat waren er heel veel: 20.000 mailtjes van mensen "die wel iemand kennen die in China een goede deal kon regelen".'[10]

Daarnaast richt Van der Kolk een afdeling logistiek op, die zich toelegt op de vraag hoe de in het buitenland bestelde producten naar Nederland komen en vanaf een centraal magazijn naar alle zorginstellingen worden verstuurd. De ziekenhuizen willen alles zelf regelen: een loods huren en dan zelf busjes laten rijden.

Dat leidt direct tot kritiek van de commerciële partijen binnen het consortium. Zij menen dat die infrastructuur allang bestaat. 'Wij vonden het een slecht plan. Ze wilden zelf het wiel gaan uitvinden,' herinnert een direct betrokkene uit het bedrijfsleven zich. De kritiek mag niet baten: in de loods die het LCH in Vianen huurt, staan niet veel later overal pallets met mondkapjes zonder bestemming. 'Toen kwamen ze erachter: verrek, je hebt niet alleen een loods nodig. Als je al die producten op een stelling wilt plaatsen, heb je een heftruck nodig. Daarnaast is het ook wel handig als we dat in een computersysteem kunnen inkloppen, zodat we weten wat waar staat. Het niveau was tranentrekkend in het begin.'

Ook de juridische en financiële structuur van het LCH moet nog geregeld worden. Daarvoor is Marc Grasso, financieel directeur van Mediq Nederland, naar Leusden gekomen. Volgens het ministerie van VWS is er geen tijd om voor het nieuwe inkoopcentrum een aparte bedrijfsstructuur op te richten, dus alle bestellingen zullen via de bankrekeningen van Mediq lopen. Het ministerie van VWS zal garant staan en voor financiering zorgen, waarna de financiële afdeling van Mediq de facturen aan leveranciers betaalt. 'Binnen een dag hadden we de overeenkomst klaar,' zegt Grasso achteraf.[11]

Door deze haastige opzet blijft de structuur van het LCH gedurende de hele crisis los zand: het inkoopcentrum wordt geen rechtspersoon, zoals een bv of een stichting. Bovendien worden er geen contractuele afspraken tussen VWS en het LCH over de samenwerking gemaakt. Er ligt wel een overeenkomst klaar, maar die ontstijgt nooit de status van 'concept'. Zodoende zijn er geen formele spelregels voor de besteding van miljarden euro's.

Ook het convenant dat alle consortiumpartners moeten ondertekenen, blinkt niet uit in helderheid, zal de landsadvocaat later in een advies vaststellen.[12] Achteraf is het volgens de landsadvocaat zelfs lastig vast te stellen wie nu precies 'partij' is bij de overeenkomst, omdat niet altijd duidelijk is of het convenant privé is getekend of namens een bedrijf. Indien de bestuurder persoonlijk heeft getekend, is het de vraag of een deelnemend bedrijf gebonden is aan de eis om tegen kostprijs te werken.

Even saillant is de vraag of het convenant ook voor leveranciers geldt: de partijen van wie het LCH beschermingsmiddelen koopt. Dat dit geen academische kwestie is, bewijst de handtekening die Sywert van Lienden een paar weken later onder het document zal zetten. Juridisch is het convenant een net met grote gaten, waarin gewiekste vissen zich niet laten vangen.

De Algemene Rekenkamer zal achteraf zware kritiek op deze constructie leveren. In een onderzoek naar de uitgaven in de coronacrisis concludeert zij dat de overeenkomst met Mediq 'gebrekkig' is: 'Met deze overeenkomst dekt de minister het financieel risico af voor de inkoop van persoonlijke beschermingsmiddelen en testmaterialen door Mediq. [...] Diverse zaken zijn mondeling afgesproken en in 2020 nog niet geformaliseerd. Zo mist de overeenkomst een bepaling over wie eigenaar van de goederen is en hoe het beheer van de goederen is geregeld.'

Dat de Tweede Kamer pas op 29 april 2020 over de overeenkomst wordt geïnformeerd, is volgens de Rekenkamer zelfs onrechtmatig: 'Het te laat informeren van het parlement betekent dat het budgetrecht van het parlement is geschonden en dat er sprake was van een begrotingsonrechtmatigheid.'[13]

De mensen die zich zullen bezighouden met de inkoop van spullen, het zogeheten *trade team*, hebben op dat moment andere zaken aan hun hoofd. Die maandag hebben ze het meteen druk. 'We kregen een laptop, met de boodschap: er is een mailbox, die moet je gaan sorteren. Zeker aan het begin kwamen er vijf à zes mails per minuut binnen. Die mails moesten gesorteerd worden in twee mappen: vraag en aanbod van hulpmiddelen,' zegt co-assistent Van der Torren.[14]

Voor de ervaren inkopers uit het bedrijfsleven is het even slikken: normaal gesproken sluiten ze wereldwijd miljoenendeals, nu moeten ze achter een bureau duizenden mailtjes nabellen, naast collega's die soms twintig jaar jonger zijn. Ze moeten zich er overheen zetten. Peter Prenger, senior inkoper van Mediq en nu lid van het trade team van het LCH, verklaart achteraf: 'Iedereen dook op dezelfde spullen, dus het was noodzakelijk om ook leads op te volgen van bedrijven die zichzelf aanboden. Je zoekt bedrijven die kunnen leveren tegen een acceptabele prijs en die de juiste testrapporten kunnen overleggen.'[15]

Betrouwbare leveranciers selecteren blijkt al snel de grootste uitdaging te zijn. Alles en iedereen heeft ineens mondkapjes in de aanbieding – elke fabriek in China lijkt ze nu te produceren. Prenger: 'We begonnen met een enorme batterij aan potentiële producenten, van een Disney-fabriek tot een fabriek waar normaliter tandpasta wordt gemaakt. Soms was de kwaliteit onacceptabel, maar we zijn ook af en toe blij verrast.'

Aan het eind van die maandagmiddag vieren de *traders* hun eerste succes: de eerste bestelling van ruim zeven miljoen mondkapjes gaat de deur uit. Mediq-directeur Marc Grasso vraagt VWS-ambtenaar Mark Frequin de benodigde 20 miljoen euro over te maken.

In de Leusdense kantoorvilla lopen op 23 maart twee mensen rond met één weekend ervaring met de handel in beschermingsmiddelen: Sywert van Lienden en Camille van Gestel. Net als de rest wandelen ze 's middags door het pand met een oranje keycord om hun nek. Wie het tweetal precies heeft uitgenodigd, is voor de meeste aanwezigen onduidelijk, ook voor LCH-baas Rob van der Kolk.

Wat blijkt: Sywert heeft zijn politieke connecties aangewend om binnen te komen. Hij heeft sms-contact gehad met zijn partijgenoot Bart van den Brink, de politiek adviseur van minister van Volksgezondheid Hugo de Jonge (CDA). Bij hem heeft Sywert zijn plannen voor een eigen import- en distributiekanaal van mondkapjes geïntroduceerd.[16] Na dat contact is Sywert doorverwezen naar een van de inkopers van het LCH. Diens secretaresse heeft hem uitgenodigd op maandagmiddag in Leusden langs te komen.

De aanwezigheid van Sywert en Camille leidt tot wrevel bij de inkopers van het LCH. Vooral dat hij met steun van webwinkelgigant Coolblue een eigen verkoopkanaal wil opzetten, stuit de LCH'ers tegen de borst. Het maakt ze bij de inkoop van de schaarse mondkapjes eerder een concurrent dan een nuttig onderdeel van het inkoopconsortium. 'Hij wilde een webshop openen, maar wij zeiden: we moeten eerst de urgente situatie in de ziekenhuizen oplossen. Daar moet nu alles naartoe, een aanvoerlijntje daarnaast kan alleen als eerst de schaarste is opgelost,' vertelt een van de betrokken LCH-leden. Bovendien ergeren de ervaren inkopers zich eraan dat de jonge opiniemaker zich presenteert alsof hij de markt al jaren kent: 'Hij zei allemaal contacten te hebben, het was een heleboel namedropping.'

Desondanks mag Sywert op maandag in Leusden aanschuiven bij een cruciaal Zoom-gesprek. De meeting gaat over het opzetten van een luchtbrug tussen China en Nederland. Namens het ministerie van VWS schuift Mark Frequin aan, er zijn twee inkopers uit het LCH bij, evenals KLM's vrachtdirecteur Adriaan den Heijer en Tom van Gessel, Chief Information Security Officer bij het Skyteam, de alliantie van zeventien luchtvaartmaatschappijen waartoe de KLM behoort.

De partijen bespreken de luchtbrug die het LCH met hulp van de luchtvaartmaatschappijen wil opzetten. Om dat voor elkaar te krijgen, moet zowel de KLM als het Skyteam onderdeel worden van het LCH, zo wordt tijdens het gesprek duidelijk. 'Wil je zakendoen in China, dan moet je laten zien dat je een aan de overheid gelieerde partij bent,' vertelt topambtenaar Frequin later aan *Follow the Money*. 'Dus maakten we de afspraak om de vervoerders, waaronder KLM, binnen het consortium te halen.'[17]

Voor Sywert van Lienden hebben de aanwezigen in de meeting een heldere boodschap: hij mag meewerken aan het bevoorraden van de Nederlandse zorg, maar dan moet hij zich voegen naar de voorwaarden van het consortium. Alle beschermingsmiddelen die hij aanlevert, zullen onder regie van het LCH naar Nederland worden vervoerd; het LCH zal de distributieketen zeker niet inzetten voor de webshop die Sywert met de hulp van Coolblue wil beginnen.

Dat is een tegenvaller voor Sywert en Camille. Hun plan om een eigen verkoopkanaal te realiseren, wordt gedwarsboomd. Dat al die beschermingsmiddelen alleen naar de ziekenhuizen gaan, kost volgens hen mensenlevens.

Verscheidene mensen binnen het LCH-kantoor krijgen de indruk dat er bij Sywert en Camille nog iets anders speelt. Ze vermoeden dat het duo een verdienmodel ziet in de handel in mondkapjes. Maar verdienen aan de schaarste is binnen het consortium expliciet níet de bedoeling. Het duurt niet lang voordat deze bom tot ontploffing komt.

5 'DE OVERHEID GAAT DIT NIET FIKSEN'

Terwijl Sywert en Camille zich in de drukte van het nationale inkoopcentrum in Leusden storten, legt Bernd zich toe op een andere missie: de eerste lading mondkapjes binnenhalen. Maandagochtend 23 maart landt het toestel van China Southern Airlines dat 20 duizend KN95-mondkapjes aanvoert voor Professionals in NAH, het zorgbedrijf van Jan Voortman uit Lochem. Tot zondagavond laat heeft Bernd doorgewerkt om het papierwerk voor de douane in orde te krijgen. Met succes: de kapjes zijn onderweg en mogen het land in.

Met zijn vader en zus rijdt hij vroeg in de middag in een witte bestelbus het parkeerterrein van Fracht FWO bij Schiphol op. Het afhandelingsbedrijf heeft de lading mondkapjes uit het vliegtuig aangenomen en bij de douane ingeklaard. Het drietal rijdt rechtstreeks naar het oosten, om de kapjes zo snel mogelijk bij Voortman af te leveren. Ze willen geen tijd verliezen, er zijn mensenlevens mee gemoeid.

In alle haast is er nauwelijks tijd om stil te staan bij de portee van het moment: het is ze gelukt om binnen een paar dagen een stapel mondkapjes uit China naar Nederland te krijgen. Kennelijk kán het.

Dat belooft veel voor een aanzienlijk grotere bestelling die Bernd, Sywert en Camille inmiddels hebben gedaan: de eerste 100 duizend mondkapjes voor Buurtzorg, het thuiszorgbedrijf van Jos de Blok. Via een agent in China heeft Camille contact gelegd met een fabriek. Nu is het zaak ook deze kapjes naar Nederland te krijgen. Het moet het begin worden van een uitgebreidere samenwerking met De Blok: met een aantal andere zorgbedrijven heeft hij een half miljoen mondkapjes besteld.

Die maandagavond zitten ze alledrie weer thuis achter een computerscherm, om via Google Meet de stand van zaken te bespreken. Bij de videocall schuiven drie mensen aan die ook in het eerste weekend meehielpen. Jan Voortman is erbij: hij deelt graag zijn kennis over de Nederlandse zorgsector. De Amsterdamse ondernemer Omar Kbiri schuift aan, wiens marketingbureau door corona zo goed als stil ligt. In de dagen ervoor is Kbiri druk geweest mondkapjes in te zamelen met het Rode Kruis; hij heeft een website opgezet waar mensen overtollige mondkapjes kunnen aanmelden en deelt die gegevens met de hulporganisatie. Een gezamenlijke kennis heeft hem met Sywert in contact gebracht. Ook IT-ondernemer Danny Mekić praat mee. Hij kent Sywert al sinds 2012, toen ze samen betrokken waren bij de G500. Bernd heeft voor het zestal een gezamenlijke app-groep aangemaakt.

De sfeer tijdens de digitale bijeenkomst is optimistisch. De eerste kapjes zijn in Nederland aangekomen, de volgende lading is onderweg. Dankzij Coolblue is er een miljoen aan financiering binnen, en ze hebben een voet tussen de deur bij het LCH. Het begint echt ergens op te lijken.

Dat betekent wel dat ze een heldere afspraak moeten maken. Hun initiatief is bedoeld om Nederland in deze crisissituatie te helpen, ze zitten er niet om winst te maken. Omdat ze bij elke bestelling een risico-opslag van een paar procent rekenen, kan er na afloop geld in kas over blijven. Dat moet dus naar een goed doel in de zorg.

Alle aanwezigen lijken het daarmee eens. Ze spreken af een stichting zonder winstoogmerk op te richten en vast te leggen naar welk goed doel een eventueel overgebleven winst zal gaan. Wanneer ze het gesprek afsluiten is het al ruim na middernacht, voor de meesten hoog tijd om te gaan slapen. Sywert stuurt eerst nog een bericht naar de contacten in zijn telefoon:

'Oproepje: met een aantal ondernemers en mensen in de zorg zijn we bezig de overheid te helpen medische spullen naar NL te krijgen. Onderdeel daarvan is een luchtbrug tussen Hong Kong en Amsterdam met toestellen van KLM. We zijn druk bezig die toestellen te vullen met alle spullen die we kunnen vinden en nodig zijn. De eerste grote golf zijn mondkapjes. Vanaf donderdag zijn die bestelbaar voor zorgclubs via Coolblue. Een hoop bedrijven maken dit mogelijk.
Nou zijn we continu aan het opschalen, en beginnen we handjes tekort te krijgen. Zijn er mensen die standby willen staan en inspringen waar nodig om deze operatie mogelijk te maken? Vanaf +- 2/3 uur per dag is nuttig. Grotendeels kan het vanaf huis, maar soms zal deel [van de gevraagde vrijwilligers, red.*] ook gevraagd worden naar landelijk crisisteam te komen of bv naar Schiphol.*
Contact mij als je interesse hebt. Dank!'

Sywert is helemaal niet bezig KLM-vliegtuigen te vullen; de eerste lading kwam met een Chinees toestel en paste achterin een bestelbusje. Maar zijn oproep heeft opnieuw effect. Meerdere mensen uit zijn netwerk laten de volgende ochtend weten dat ze graag willen helpen. Een van hen is freelance journalist en tv-maker Saskia van Huijgevoort, een jaargenoot van hem bij de 'academie' van campagnebureau BKB. Bij de nieuwe stichting zal ze uitgroeien tot een cruciale schakel en lid van het 'kernteam'.

Na een paar uurtjes slaap rijdt Sywert op dinsdagochtend 24 maart opnieuw naar het LCH in Leusden. Ditmaal gaan Bernd en Camille mee. Net als maandag is het er een kippenhok: inkopers van ziekenhuizen, vertegenwoordigers van zorgleveranciers en ambtenaren rennen door elkaar heen.

Sywert, Bernd en Camille wachten in een hoek tot LCH-medewerker Alex van der Putten, in het dagelijks leven inkoopdirecteur van het Radboudumc in Nijmegen, tijd heeft voor een gesprek. Ze betogen hetzelfde als Sywert een dag eerder: met hun initiatief willen ze kleine zorginstellingen helpen die buiten de boot vallen, omdat alle beschermingsmiddelen naar de ziekenhuizen gaan. Met hulp van hun partner Coolblue willen ze de thuiszorg en verpleeg- en verzorgingstehuizen zo snel mogelijk een loket bieden waar zij mondkapjes kunnen bestellen.

Ook Van der Putten zegt hetzelfde als gisteren. Als ze willen meedoen, moeten ze zich naar de aanpak van het LCH voegen: eerst het tekort in de ziekenhuizen oplossen, dan pas de rest van de zorg. 'Het is niet verstandig om daar nu een lijntje naast te zetten.' Op een eigen luchtbrug met de KLM hoeven Sywert, Bernd en Camille al helemaal niet te rekenen: de vorige dag is besloten dat de nationale luchtvervoerder beschermingsmiddelen naar Nederland zal vliegen in opdracht van de overheid. Alleen wanneer er vrachtruimte op de vluchten over is, kunnen andere leveranciers daar gebruik van maken. Voor de tweede call over de luchtbrug, later die dinsdag, wordt Sywert niet uitgenodigd.

Het tempert het enthousiasme van het drietal niet: Sywert, Bernd en Camille blijven in het LCH-pand rondlopen, geïnteresseerd in alles wat bij de import van beschermingsmiddelen komt kijken. Her en der verkondigen ze dat ze samen met Coolblue een eigen verkoopkanaal willen opzetten.

Bij de top van het LCH groeit de ergernis: als ze niet met ons willen meedoen, waarom zijn ze hier dan? Willen ze vooral leren hoe het importeren van mondkapjes werkt? En hoe zit het met die eigen webshop: is dat een integer plan of denken ze daarmee geld te verdienen? Die indruk wordt versterkt wanneer Sywert op een zeker moment naar een doos mondkapjes loopt, die oppakt en tegen Bernd en Camille zegt: 'Kijk, dit is het nieuwe goud.' Twee LCH'ers kijken verbaasd toe.

Die avond wil Rob van der Kolk weten hoe de vlag erbij hangt. Het LCH heeft de vorige dag een provisorisch 'convenant' opgesteld. Iedereen die het pand in Leusden binnenkomt, wordt geacht voor geheimhouding te tekenen en moet beloven zonder winstoogmerk te opereren. Van der Kolk hoort van anderen dat Sywert, Bernd en Camille dat niet hebben gedaan. 'Ik werd verwittigd [...] dat zij die brief niet ondertekend hadden,' vertelt de LCH-baas later op Radio 1. 'Toen ben ik naar ze toe gegaan, 's avonds voordat ik naar huis ging. Ik zei: jongens, jullie hebben toch die brief wel ondertekend? Toen zeiden ze ja. Ik liep naar buiten en dacht: dit is niet pluis. Deze mensen liegen,' aldus Van der Kolk.[1]

Na dat gesprekje betoont Sywert zich verbolgen, al heeft dat een andere oorzaak. Hij begrijpt niet waarom het LCH niet enthousiast is over zijn plan voor een webshop en het bevoorraden van kleine zorginstellingen. 'Het is vechten voor elke centimeter om te mógen helpen (je verzint het niet),' twittert hij die avond. 'Maar goed, dit komt allemaal uit goede harten van mensen die ook gewoon NL willen beschermen.' Ook in een videocall met het groepje vrijwilligers lucht hij die avond zijn hart: dat LCH is wat hem betreft een amateuristisch zooitje. Er is in Leusden niet eens goede wifi.

De volgende ochtend stuurt het LCH zijn eerste nieuwsbrief naar talloze partijen in de Nederlandse zorg. Van der Kolk en zijn collega's roepen de sector op alle inkoop van beschermingsmiddelen voorlopig via het LCH te laten lopen: 'Alle zorgaanbieders worden dringend verzocht mee te werken aan deze landelijke noodaanpak. [...] Zorgaanbieders moeten ALLE aanbiedingen van hulpmiddelen boven de 20.000 stuks uit het binnen- en buitenland doorverwijzen naar het Consortium via middelencorona@nfu.nl.'

Het is een nauwelijks te missen waarschuwing aan Sywert en zijn eerste grote afnemer, Buurtzorg van Jos de Blok. Die ochtend verzoekt Van der Putten Sywert opnieuw zich aan de eisen van het LCH te conformeren: ze mogen gerust meehelpen, maar hun mondkapjes moeten via het LCH naar de zorg en mogen niet in een eigen webshop worden verkocht.

Sywert, Bernd en Camille willen zich daaraan niet committeren. Voor Van der Putten wordt het die woensdagochtend definitief duidelijk: Sywert en zijn partners passen niet binnen het LCH. Van der Kolk heeft die conclusie de avond ervoor al getrokken. Ze verzoeken het drietal het pand te verlaten. Die zijn daar niet blij mee: Sywert heeft net in zijn netwerk lopen pochen hoe hij de overheid aan het helpen is.

Ze lopen naar buiten, maar op de parkeerplaats ontstaat ruzie met de beveiliging. De afspraak was de locatie van het LCH geheim te houden, uit voorzorg, vanwege criminelen die mondkapjes willen kapen of leveranciers die hun waren aan de poort willen slijten. Maar het drietal trekt zich daar niets van aan, zegt Van der Kolk op Radio 1. 'Ze gingen naar buiten en gingen toch foto's maken, twitteren [...]. Toen heeft de bewaking ingegrepen.' Bovendien keren de beveiligers de auto van Bernd binnenstebuiten omdat ze vermoeden dat hij een van de oranje keycords heeft meegenomen die iedereen binnen het LCH moet dragen.

Zorgondernemer Jan Voortman is er niet rouwig om dat de samenwerking met de overheid spaak loopt. Zijn driehonderd medewerkers lopen nu beschermd rond, juist omdat Sywert, Bernd en Camille eigenwijs zijn en buiten het LCH om hebben gewerkt. Wat hem betreft gaan ze op deze weg verder. 'Laat de overheid haar ding doen, dan doen wij het onze,' zegt hij die avond in een videocall met de groep. 'Als we hiermee één iemand van de dood redden of één verpleegkundige zonder stress naar het werk laten gaan, dan hebben we ons doel al bereikt.'

De volgende dag is ook Sywert ervan overtuigd dat het voordelen heeft buiten de overheid om te werken. Zo zijn ze niet langer afhankelijk van ambtenaren die elke dag om half zes naar huis gaan, en hoeven besluiten niet eerst door tien partijen te worden goedgekeurd. Hij voelt zich meer thuis bij de snelheid van het bedrijfsleven: een ondernemer als Coolblue-oprichter Pieter Zwart maakt lange dagen en durft snel besluiten te nemen, ook wanneer ze veel geld kosten.

Had men in Den Haag maar iets meer van die mentaliteit, dan was het mondkapjestekort zo opgelost. 'Het kan. Helaas wil de overheid weinig risico nemen,' schrijft hij die donderdag 26 maart op Twitter. Hij zegt dat hij zijn hulp bij de overheid heeft aangeboden, maar: 'men ging er niet in mee. Private partijen dragen het hoogste risico nu. [...] Bedrijfsleven is bereid risico's te nemen die overheid niet durft te nemen.'

De stichting zonder winstoogmerk is inmiddels geregistreerd bij de Kamer van Koophandel en 'Hulptroepen Alliantie' gedoopt. Daarmee willen ze twee dingen benadrukken: het initiatief is bedoeld om Nederland te helpen, en ze zijn niet zomaar een clubje vrijwilligers, maar een alliantie van serieuze bedrijven.

Waar hun inspanningen toe leiden, zien zijn Twittervolgers die dag ook: Sywert deelt een clipje van een landend KLM-toestel met een juichende boodschap erbij: 'Let's fly! whoopwhoop'. Hij krijgt veel positieve reacties op de clip, die hij uit een filmpje heeft geknipt dat al sinds 2015 op YouTube staat.[2] Eerder heeft hij al getwitterd hoe hard het gaat met zijn Hulptroepen: 'Hele supply chain staat inmiddels.'

Achter de schermen heeft Camille van Gestel dan grote moeite de lading mondkapjes voor Jos de Blok naar Nederland te krijgen. Op donderdagmiddag stuurt hij een e-mail naar zijn Chinese contactpersoon van verpakkingsbedrijf iCreatepack in Dongguan. Camille vraagt hem hoeveel mondkapjes hij per dag kan inpakken, hoe groot die ladingen worden en wat de kosten van het vervoer ongeveer zijn. Ook is het vliegtuig nog niet geregeld. Camille wil proberen om ook deze lading op een vlucht van China Southern naar Schiphol te krijgen, mailt hij de Chinees. Toch heeft hij de hoop niet opgegeven dat de bestelling straks toch op een KLM-vlucht mee kan. 'We zijn ook met KLM in gesprek. Bij wie we het eerst kunnen boeken, die wint. Laten we er een race van maken.'

Zo makkelijk gaat dat niet: op vrijdagochtend is het nog niet gelukt om een vlucht voor de 100 duizend mondkapjes te vinden. Camille begint zenuwachtig te worden. Hij mailt zowel zijn Chinese liaison als zijn contactpersoon bij Fracht FWO – het afhandelingsbedrijf op Schiphol dat bij de eerste zending hielp – en vraagt ze om snel met elkaar in contact te treden. 'We moeten gaan boeken.' Het is al middag als de Chinees reageert. Hij heeft slecht nieuws. 'Zoals besproken in de WeChat-groep met Camille, lijkt het erop dat er geen ruimte is op directe vlucht CZ307 [van China Southern Airlines]. *Please try something magic.*'

Terwijl bij Camille de frustratie toeneemt, is de rest van het team druk bezig de Hulptroepen Alliantie verder vorm te geven. Dankzij Bernds contacten vindt de stichting onderdak in bedrijfsverzamelgebouw Grytte Bloemenheuvel, het voormalige hoofdkantoor van kledingbedrijf McGregor. Het is een 19de-eeuwse kantoorvilla met een grote barokke tuin, fraai gelegen in het groen tussen Driebergen en Zeist.

De eerste vrijwilligers die zich hebben gemeld, helpen met de inrichting en het opzetten van een digitale werkomgeving. De drie oprichters maken afspraken over de functieverdeling. Een 'kernteam' van vier mensen heeft vanaf nu de leiding, leggen ze in een document vast: Sywert ('initiatiefnemer en bruggenbouwer'), Camille ('hoofd inkoop'), Bernd ('financiële en juridische man') en Saskia van Huijgevoort ('chief of staff en hoofd communicatie'). Jan Voortman, Omar Kbiri en Danny Mekić worden als adviseurs op afstand gezet en krijgen steeds minder mee van wat er achter de schermen gebeurt.

Het eerste deel van de bestelling voor Jos de Blok is in het weekend nog steeds niet onderweg, al werkt Camille tot diep in de nacht door, mede vanwege het tijdsverschil met China. 'Ze lopen daar zes uur voor, dus als je om 8 uur wakker wordt is het daar al 2 uur 's middags,' vertelt hij later.[3] 'Dus dat werd meestal pas om twee, drie uur 's nachts naar bed, twee, drie uur slapen, wakker worden, weer bellen, appen, overleg [...] Dan sta je soms wel een beetje te draaien, ja.'

Op het Driebergse kantoor heeft hij een matras en slaapzak neergelegd, zodat hij niet elke nacht terug naar Friesland hoeft. In de nacht van zaterdag op zondag mailt hij een bekende: 'We zijn in een ware rollercoaster beland. Nog nooit zoiets meegemaakt. De telefoon gaat de hele dag. Er komt veel te veel op ons af... leads, logistiek, *quality checks*, problemen met airlines die opeens niet meer vliegen, en alles tegelijk uiteraard.'

De dagen daarna steken Camille en Saskia veel tijd in het zoeken naar nieuwe leveranciers. Verscheidene fabrikanten zijn bereid per post samples van mondkapjes op te sturen, die eerst terdege moeten worden getest voordat ze een grote bestelling kunnen plaatsen. Er is een hoop onbetrouwbaar spul in omloop. Daarom benadert Sywert het kennisinstituut TNO in Den Haag, maar hij krijgt te horen dat hij met zulke vragen bij het LCH moet zijn. Daar is hij net een paar dagen eerder uitgezet.

Dan maar zijn contacten op het ministerie van VWS aanspreken. Op 30 maart stuurt hij een e-mail om zijn Hulptroepen Alliantie te introduceren. Hij vraagt of het ministerie hem opnieuw in contact kan brengen met het LCH. De contactpoging loopt op niets uit: zijn bericht bereikt de top van het inkoopconsortium niet. Hij zal elders op zoek moeten naar testcertificaten voor zijn mondkapjes. Van een nieuwe ingang bij het officiële inkoopcentrum van de overheid kan hij voorlopig alleen maar dromen.

Tegen die tijd hebben de officiële inkopers in Leusden niet te klagen over aanbod van leveranciers. In de mailbox van het LCH komen elke minuut meerdere aanbiedingen binnen. Mondkapjes van bekende fabrieken, maar ook spullen met overduidelijke nepcertificaten; van ervaren leveranciers tot handelaren zonder een greintje kennis. Zelfs bekende Nederlanders hebben zich op de handel gestort. Dat zijn er zoveel dat het LCH een speciaal 'VIP-team' inricht dat deze aanbiedingen afhandelt. Zo krijgen de inkopers aanbiedingen van onder meer zanger Ali B en zakenvrouw Nina Storms op hun bureau (beide worden afgewezen).

Omdat er ruimschoots veelbelovende leads binnenkomen, lukt het de inkopers in Leusden al snel om een stroom mondkapjes uit China naar Nederland op gang te brengen. Op 1 april 2020 zijn er 2 miljoen FFP2-maskers geleverd, meldt het LCH in zijn nieuwsbrief. Op 4 april komen er bijna een miljoen chirurgische mondkapjes binnen. Op 7 april meldt minister Hugo de Jonge de Tweede Kamer dat er inmiddels 30 miljoen mondkapjes zijn besteld. In verpleeghuizen heerst nog tekort, maar de ziekenhuizen worden in razend tempo voorzien.

Het pakhuis van het LCH in Vianen puilt al snel uit, de partijen mondkapjes staan er meters hoog opgetast. Met twaalf Chinese fabrikanten weet het inkoopcentrum afspraken te maken voor grote ladingen kapjes en het LCH kan altijd bijbestellen. Inmiddels loopt de aanvoer zo soepel dat de inkopers in Leusden begin april kunnen stoppen met het nabellen van nieuwe, onbekende leveranciers.

Desondanks heerst zowel bij het LCH als het ministerie van VWS nog diepe angst dat het misschien te weinig is. 'We zijn helemaal niet zuinig. De opdracht is: kopen, kopen, kopen. We gaan die rekening nog wel zien dadelijk,' zegt minister Martin van Rijn, de opvolger van de ingestorte Bruno Bruins, in een interview met NRC.[4] De ervaren PvdA'er is vanwege de crisis tijdelijk op persoonlijke titel toegetreden tot het kabinet.

Omdat meer mensen de krant lezen dan de nieuwsbrieven van het LCH, ontgaat het de buitenwereld hoe goed de operatie inmiddels op stoom is. Zo blijft ten onrechte het beeld bestaan dat de regering bij de inkoop van beschermingsmiddelen weinig voor elkaar krijgt, met doden als gevolg.

Op 3 april buit Sywert op Twitter dat sentiment uit. Dat het hem niet is gelukt via het LCH een instantie te vinden die zijn mondkapjes kan testen, valt hem kennelijk zwaar. 'Manier waarop private partijen stappen naar voren zetten op plekken waar overheid steken laat vallen: tegelijkertijd hartverwarmend (*civil society at work*), maar ook zorgwekkend. Bv rondom testapparatuur certificering van beschermingsmiddelen id zorg. Hangt van toeval aan elkaar.' Hij zegt een private partij te hebben gevonden die 'een half jaarsalaris' neerlegt om testapparatuur voor de Hulptroepen te bestellen.

In reactie op een Twittervolger legt hij uit dat het hele mondkapjestekort makkelijk te verhelpen is, als de overheid het maar voortvarender zou aanpakken. 'Als de doelstelling is: elke NL'er elke dag een nieuw mondkapje van redelijk goede kwaliteit om 1 of 2 keer mee naar buiten te gaan, dan is dit binnen ongeveer 1 a 2 weken te bereiken. Met masker dat 80% bescherming biedt zelfs in enkele dagen. Kwestie van willen. [...] Je hebt er +- 12–18 vliegtuigen voor nodig. Plus miljoen of 125 aan werkkapitaal (lever je ze uit tegen kostprijs). [...] Grootste twee problemen: werkkapitaal en vliegtuigen. Oplosbaar, kortom.'

Hij claimt dat men in Den Haag niet naar hem en zijn Hulptroepen luistert. 'Het aanbod ligt er al enige tijd. Je stuit op de meest absurde argumentatielijnen. O.a. mededingingsvraagstukken (zou marktverstoring zijn). Dan maar in iets kleinere versie met privaat kapitaal.' In het inkoopcentrum van de overheid, dat op hetzelfde moment miljoenen mondkapjes naar Nederland haalt via een luchtbrug met de KLM, heeft Sywert geen enkel vertrouwen. 'De overheid gaat dit gewoon niet fiksen denk ik.'

Aan twaalf tot achttien volgeladen vliegtuigen zit zijn eigen stichting lang niet. Sterker, het is juist de Hulptroepen Alliantie die de grootste moeite heeft de import van mondkapjes te fiksen. Een dag eerder, op donderdagmiddag 2 april, is eindelijk de tweede zending op Schiphol aangekomen. De 100 duizend mondkapjes voor zorgondernemer Jos de Blok konden uiteindelijk toch mee met een cargovlucht van de KLM. Op vrijdag komt het volgende deel van De Bloks bestelling binnen. Ditmaal gaat het om 75 duizend kapjes, binnengevlogen met een lijnvlucht van China Southern Airlines.

Intussen werken alle betrokkenen hard aan de site waarop klanten van de Hulptroepen de mondkapjes straks kunnen bestellen. Omar Kbiri heeft met behulp van een aantal creatieve mensen uit zijn netwerk – gratis – het logo, de slogan en het design ervoor ontworpen. Het logo bestaat uit een oranje doosje met de vlag van het Rode Kruis op de zijkant, met daarnaast de slogan: 'Hulptroepen.nu. Hulp voor de zorghelden.' Intussen overlegt het kernteam uitgebreid met Coolblue over de teksten die op de site moeten komen. Op wie richten ze zich precies, en met welke boodschap?

In deze gesprekken blijkt hoeveel belang Coolblue aan het initiatief hecht: bijna de hele bedrijfstop is erbij betrokken. Oprichter en topman Pieter Zwart schuift zelf aan in calls met Sywert, zijn rechterhand en Coolblues 'merkmoeder' Eva Nooitgedagt bemoeit zich intensief met de inrichting van de website, net als het hoofd persvoorlichting, het hoofd HR en het hoofd '*venture building*' (nieuwe initiatieven). Voor Coolblue is de stichting Hulptroepen een manier om te helpen in een grote crisis, maar het is ook een mooie pr-kans. Heel Nederland zal straks zien dat Coolblue zich belangeloos inzet om de zorg te helpen, en concurrenten als Wehkamp en Bol.com niet.

Op 8 april spreken Sywert en Coolblue-CEO Pieter Zwart elkaar opnieuw via een video-meeting. Het is een opgewekt gesprek: de eerste mondkapjes liggen bij Coolblue in het distributiecentrum. Zwart is zo enthousiast dat hij extra geld in het initiatief wil steken. Na afloop van de call appt Sywert aan de rest van de Hulptroepen:

'Bericht van suikeroom Pieter Zwart: wil werkkapitaal wel vroeger uitbreiden [...]. Maar wil eerst dat we laten zien dat er blije gebruikers zijn.'

Sywert, Bernd en Camille besluiten dat ze snel behoefte hebben aan meer aanbod op de website. Helaas botsen hun claims dat er vliegtuigen vol mondkapjes onderweg zijn met de realiteit: ze hebben nog maar een handvol bestellingen naar Nederland weten te halen. Ze besluiten eerst een bestelling van 200 duizend chirurgische maskers en 100 duizend FFP2-maskers bij Fox Medical te doen, blijkt uit interne stukken. Dat is geen Chinese fabriek, maar een importeur die de producten zelf uit China haalt. Alle grote woorden over een 'luchtbrug' ten spijt: een groot deel van hun aanbod komt kant en klaar uit een loods in Berkel en Rodenrijs.

Over de inrichting van de website is discussie tussen het team van de Hulptroepen en Coolblue. Saskia van Huijgevoort – die zich behalve met het speuren naar Chinese fabrikanten ook met de nieuwe site bezighoudt – wil dat hun webshop zich voorlopig alleen op de acute zorg richt. 'Je dient een beroep uit te oefenen waarbij de zorg niet uitgesteld kan worden en anderhalve meter afstand houden onmogelijk is,' wil zij op de site zetten. Door afnemers slechts om hun AGB-code te vragen,[5] zoals nu het plan is, kunnen ook psychologen en logopedisten een bestelling plaatsen, terwijl die hun werk meestal prima op anderhalve meter afstand kunnen doen. De mensen van Coolblue verzetten zich tegen die inperking; de eis belandt niet op de site.

Een tweede kwestie draait om de vraag hoe ze uitleggen dat de Hulptroepen Alliantie een initiatief zonder winstoogmerk is. Bij de veelgestelde vragen op de site moet een vraag komen in de trant van: 'Maken jullie winst op de mondmaskers?' Saskia heeft een concept klaar: 'De Hulptroepen Alliantie is een stichting. Het is niet ons doel om winst te maken. Om prijsstijgingen en tegenvallers op te kunnen vangen, berekenen we wel een kleine marge. We moeten bijvoorbeeld betalen voor transport en logistiek, inspecties van fabrieken, testapparatuur in ons Nederlandse lab, producten en documenten door officiële instanties, verzekeringen en verpakkingsmaterialen. Het is mogelijk dat we een deel van dit geld overhouden. Als dat gebeurt, dan vloeit dit na de crisis terug naar de zorg.'

De mensen van Coolblue zijn het er volledig mee eens dat het ideële karakter van de stichting wordt toegelicht, maar willen het anders aanpakken. Merkdirecteur Eva Nooitgedagt vindt het niet nodig zo gedetailleerd uit te leggen welke kosten er allemaal in de prijs worden verrekend. Volgens haar volstaat de mededeling dat de mondkapjes 'tegen kostprijs aan zorginstellingen' worden verkocht. Uiteindelijk zal op de site een summiere uitleg verschijnen.

Op de vraag: 'Wie verdient er aan mijn producten?', luidt het antwoord: 'De Hulptroepen Alliantie is een non-profit-initiatief. We maken geen winst; ons doel is om bij te dragen aan het creëren van een betrouwbare non-profitmarkt voor persoonlijke beschermingsmiddelen in Nederland.' De suggestie dat overblijvend geld teruggaat naar de zorg is gesneuveld.

Op 9 april is de site klaar, hij gaat 's morgens online. Wie naar Coolblue.nl/Hulptroepen of Hulptroepen.nu gaat, komt in de webshop terecht. Omdat de site nog getest moet worden en de campagne rond de lancering niet af is, houden alle betrokkenen de geboorte van het platform nog even stil.

Intussen groeit de aandacht voor de zakelijke kant van de activiteiten. Eind maart benadert Bernd een voormalige compagnon van zijn zonnebrillenwebshop Eyewear. Hij heeft een opmerkelijk verzoek. Tijdens een informeel gesprek vraagt hij hoe je een financiële constructie kunt opzetten waarmee je ongezien geld wegsluist. Hij heeft iets gelezen over een investeerder die daarvoor een commanditaire vennootschap oprichtte, zegt Bernd. 'Hoe werkt zoiets? Hoe zou jij dat doen?'

De oud-compagnon legt uit dat dat inderdaad een gebruikelijke manier is, zeker in combinatie met een financiële holding in het buitenland. Hij krijgt de indruk dat Bernd de vraag stelt op verzoek van Camille, die kennelijk interesse heeft in zulke constructies. 'Camille heeft zoiets al vaker gedaan,' zegt Bernd volgens de oud-compagnon tijdens het gesprek.

Het voorval tekent de verhoudingen tussen het drietal. Sywert mag dan de man zijn die publiekelijk op de trom slaat en die in Den Haag zijn politieke connecties aanwendt, van een onderneming runnen heeft hij geen kaas gegeten. Zijn twee partners hebben wel ervaring in het bedrijfsleven.

Nu de stichting Hulptroepen een serieuze operatie begint te worden, dringt de vraag zich op: Bernd Damme en Camille van Gestel, wie zijn dat eigenlijk?

6 BERND EN CAMILLE

Op de Kop van Zuid in Rotterdam landt op 21 oktober 2011 een helikopter, met aan boord journalisten uit de hoofdstad. Ze zijn uitgenodigd door de 22-jarige ondernemer Bernd Damme en zijn drie partners. Vandaag starten ze aan de Coolsingel een nieuw modemerk, dat de Nederlandse man moet bewegen weer stropdassen te dragen, gehaakte dassen welteverstaan.

'Iedereen zei dat we absoluut in Amsterdam moesten gaan zitten, anders komen de media niet,' zegt Bernd tegen ondernemersblad *Sprout*. 'Tuurlijk wel, dachten wij. We halen gewoon iedereen op met een helikopter.' Zo'n stunt – die aan het brein van Bernd is ontsproten – is normaal gesproken te duur voor een start-up, maar Bernd denkt dat ze het makkelijk terugverdienen. Het is een kleine sensatie, die zelfs het *Achtuurjournaal* haalt. Cravatta Pelliano is gelanceerd.

Innovatieve start-ups willen vaker opvallen, maar tamtam creeren rond gehaakte dassen vergt een speciaal talent. En daarover beschikt Damme al op jonge leeftijd. Wie verzint het om op een zebra – onderdeel van het beeldmerk – door de straten van Rotterdam te rijden, en workshops te organiseren met kasjmiergeiten? Dat Nederlandse mannen, gezien de modetrend, misschien weinig behoefte hebben aan dure dassen, schrikt de entrepreneur niet af. Daarvoor heeft hij te veel bravoure: '*Nobody wears a tie anymore*' is het credo met een knipoog.

Bernd bestiert dan al zes jaar zijn eigen webshop voor zonnebrillen, Eyewear.nl. Dankzij zijn vader, een succesvol opticien in het Gelderse Kesteren, weet hij hoe de inkoop werkt. Zijn vader helpt hem op weg met de financiering. Omdat hij te jong is om een bedrijf te mogen runnen, verzoekt hij de kantonrechter op zijn zestiende om 'handlichting', waarna hij allerlei bevoegdheden van meerderjarigen kan uitoefenen, zoals een zakelijke bankrekening aanvragen. Het zijn de *early days* van de e-commerce, en er is veel ruimte voor digitaal ondernemerschap: veel gevestigde ondernemers laten deze markt links liggen.

Bernd is geen doorsnee jongetje. Al op de basisschool onderscheidt hij zich door snel te leren en als zevenjarige te praten over de Nasdaq, de Amerikaanse beurs voor aandelen van technologiebedrijven. Op zijn elfde gaat hij naar de middelbare school, waar hij zich op zijn dertiende verdiept in de problemen van autofabrikant Nedcar. Hij stuurt het bedrijf ideeën voor een nieuwe strategie die bij de raad van commissarissen belanden, vertelt zijn vader.[1]

Een voormalige zakenpartner beschrijft Bernd zo: 'Hij vindt veel dingen leuk, het is een gigantisch ambitieuze jongen. Een heel intelligente vent ook.' Omdat hij zich er verveelt, hoeft Bernd nog maar drie dagen per week naar school, mits hij voor alles boven de 7,5 scoort. De tijd die hij overhoudt steekt hij niet alleen in zonnebrillen: hij richt op zijn zestiende het lokale CDJA op, de jongerenafdeling in de regio Rivierenland. Premier Jan Peter Balkenende en CDA-fractievoorzitter Maxime Verhagen zetten in oktober 2006 hun handtekening onder de oprichting. Het levert Damme – de voorzitter – een artikel op in *De Gelderlander*, waarin een partijgenoot hem 'heel wijs' voor zijn jaren noemt.[2] In datzelfde stramien past dat Bernd een brief schrijft aan de Erasmus Universiteit om twee jaar eerder te mogen beginnen aan zijn opleiding – met succes.

Vanaf zijn puberteit gaat Bernd gekleed als een ouderwetse *gentleman*: zeer gesoigneerd, het liefst in maatpak. 'Hij heeft altijd een *good looking face* willen hebben. Een *good looking outfit*. Alles moest perfect zijn. Hij stond uren voor de spiegel, tot elk haartje goed zat,' zegt zijn vader.

Mensen die met hem hebben gewerkt, omschrijven hem als een anachronistische verschijning. 'Hij had honderd jaar geleden geboren moeten worden qua kleding, echt zo'n dandy, met een pochet, driedelig pak, nog net geen giletje eronder, haar strak, geschoren, welbespraakt, intelligent, aardig in de omgang. Hij heeft zijn *branding* goed op orde.' Een ander: 'Hij gaat altijd gekleed alsof-ie naar de koningin moet.'

Zijn leeftijd weerhoudt Bernd niet om zich als volleerd lobbyist in Den Haag te bewegen. Na de voltooiing van zijn afsluitende werkstuk voor de middelbare school belt hij Balkenendes rechterhand Jack de Vries op: hij wil de premier een exemplaar aanbieden. Hij mag met klasgenoot Casimir Hammerstein langskomen in het Torentje, om de premier hun 'superscriptie' aan te bieden, zoals *De Gelderlander* het omschrijft.[3] Het 82 pagina's tellende werkstuk heet *The New Deal: Nederland op weg naar een gouden toekomst*, verwijzend naar de Gouden Eeuw. Die groeiperiode in de zeventiende eeuw kan Nederland weer doen herleven, tenminste als het kabinet naar de adviezen van de twee scholieren luistert. In een videopresentatie doen ze onder meer een voorstel voor de bouw van Schiphol in zee. Na afloop vraagt Bernd aan de premier wat hij met het voorstel gaat doen.

Ziet Balkenende misschien al een toekomstig minister in Bernd?, vraagt *De Gelderlander* aan de scholier. 'Nou, al heb ik meegedaan aan de Statencampagne voor het CDA en werd ik in het nationale schoolblad *Pauze* premier in spe genoemd, ik ga niet te vroeg de politiek in,' lacht Bernd. 'Kijk naar Wouter Bos. Die zou wel even premier worden… Nee, ik ga *international business administration* in Rotterdam studeren. En Eyewear, mijn zonnebrillenbedrijf op internet, uitbreiden. Daarna zie ik wel verder.'

De zeventiende eeuw zal Bernd niet meer loslaten. Al in zijn jeugd ontwikkelt hij een fascinatie voor de historische suprematie van Nederland als handelsnatie, die gepaard ging met nietsontziend winstbejag en brute onderdrukking. Hij raakt doordrongen van de 'VOC-mentaliteit', een verwijzing naar de Vereenigde Oostindische Compagnie; Balkenende liet de term in 2006 in de Kamer vallen, wat hem op forse kritiek kwam te staan vanwege zijn geëtaleerde gebrek aan historisch bewustzijn.

Voor zijn opleiding verhuist Bernd naar het Rotterdamse Kralingen. Een studiebeurs heeft hij niet nodig, zegt hij; de omzet uit de zonnebrillenbusiness levert genoeg op. Ondanks zijn zakelijke succes laat hij in 2008 aan *De Gelderlander* weten dat ondernemen niet zijn grootste ambitie is, in een artikel met als titel: 'Bernd Damme, toekomstig staatssecretaris'.[4] 'Ik zou wethouder kunnen worden,' zegt hij, 'maar mik op Den Haag. Minister? Nou, staatssecretaris op mijn 35ste zou al schitterend zijn, en dan bij voorkeur van Economische Zaken.' Op dat departement is hij vaker geweest: na zijn ontmoeting met Balkenende in het Torentje is hij ook daar gevraagd zijn verhaal te doen.

In hetzelfde artikel laat Bernd weten dat hij voorlopig nog wel doorgaat met ondernemen. Want, zo noteert de krant: 'Wat Damme aanraakt, verandert in goud.' Er zijn grootse plannen in de maak. 'Zo probeer ik de Rabowielerploeg voor de Ronde van Frankrijk van zonnebrillen te voorzien. Ook de militairen in Uruzgan. In Afghanistan is het zonlicht feller dan bij ons; dan heb je glazen nodig die de hele dag meekleuren. Verder ben ik in onderhandeling met Idolsfinalist Jim Bakkum en hoop ik iets te kunnen betekenen voor DJ Tiësto. Hij is een echte Ray-Ban-fan. Tja, laat dat merk nou in mijn assortiment zitten...'

Studeren schiet er weleens bij in. Bernd werkt keihard, naar eigen zeggen regelmatig tot diep in de nacht. Soms moet hij naar Milaan om nieuwe zonnebrillen in te kopen, maar dan plakt hij er een paar dagen 'privé' achteraan. Hij zit zelden met vrienden in het café, daarvoor is de student-ondernemer te serieus. Als dagblad *Metro* hem begin 2009 vraagt of hij op zijn 25ste met pensioen wil, antwoordt Bernd: 'Nee, nooit. Het lijkt me leuk als het allemaal niet meer hoeft, dat je binnen bent, maar ik zal altijd bezig blijven. Als ik nu weleens een dagje niks doe, voel ik me al nutteloos.'[5]

Elsevier neemt hem in 2009 op in de lijst van vijftig jonge beloftes. Volgens het tijdschrift is Eyewear de Nederlandse online marktleider in zonnebrillen, met vier medewerkers en een omzet van 450 duizend euro. Binnen vijf jaar wil Bernd ook Europees marktleider zijn, zegt hij, mede geïnspireerd door de Vereenigde Oostindische Compagnie. 'Voor mij een voorbeeld van hoe je compleet innovatief kunt zijn. De VOC ging handelen met landen waar nog nooit iemand was geweest.'[6]

Twee jaar later richt Bernd met drie anderen zijn tweede bedrijf op, het herenmodemerk Cravatta Pelliano. Na de publicitair succesvolle lancering in oktober 2011 blijft Damme met zijn stropdassen in de media opduiken, onder meer in RTL *Boulevard* en *Hart van Nederland*. De jonge honden weten Matthijs van Nieuwkerk zover te krijgen een gehaakte das te dragen tijdens de uitzending van *De Wereld Draait Door*. Het lijstje *celebrities* is naar eigen zeggen veel langer: ook Twan Huys, Halbe Zijlstra, Jan Kooijman en Tom Egbers tooien zich met de exclusieve stropdas.

De bekendheid van de twintiger neemt intussen toe. Hij wordt gevraagd voor lezingen over ondernemen, bijvoorbeeld in de Sint-Janskerk in Maastricht, waar hij in november 2011 op het programma staat naast bekende mensen als Albert Verlinde en Annemarie van Gaal. Dagblad *De Limburger* vindt vooral het verhaal van '*wonderboy* Damme' inspirerend.[7] Hij vertelt de krant dat hij stopt met studeren, omdat het niet valt te combineren met zijn werk. 'Klanten bellen tijdens colleges.' Met een omzet van 1,8 miljoen euro claimt hij met Eyewear marktleider te zijn in de Benelux.

Die claim werpt licht op een andere kant van Bernd. Hij is een geboren verkoper, zeggen mensen die hem kennen, maar vooral een die een *verhaal* weet te slijten. De echte cijfers van Eyewear zijn veel bescheidener. Uit het jaarverslag van Eyewear Europe bv over 2011 blijkt dat de onderneming dan over een vermogen van 13 duizend euro beschikt. De domeinnaam is volgens de boeken 1417 euro waard en er zit welgeteld 244 euro in kas. Net als voor scholierenleider Sywert van Lienden geldt voor succesondernemer Bernd dat jarenlang niemand zijn claims controleert. In de media leiden die een geheel eigen leven.

Zo ook bij zijn stropdassenbedrijf Pelliano. Van de eerste collectie Italiaanse dassen zou 60 procent al binnen drie weken verkocht zijn.[8] Jort Kelder roept hem in zakenblad Quote uit tot 'draufgänger van de maand', hij geeft interviews aan onder meer NRC, *Sp!ts*, *Metro*, *De Limburger* en *De Gelderlander*. 'Mannenmodemerk Pelliano is een hit,' ronkt *De Telegraaf*.

Dankzij het ogenschijnlijke succes winnen Bernd en zijn partner Steijn Pelle in 2012 de prijs voor beste ondernemers onder de 25 van ondernemersmagazine *Sprout*. Wat het blad niet weet, is dat

Pelliano dat jaar op weg is naar een omzet van 179 duizend euro – en een verlies van 120 duizend euro.[9] Op zich niet vreemd voor een onderneming die pas begonnen is, maar deze start-up is bepaald geen veelbelovende *disruptor*. Behalve een handjevol BN'ers op televisie en wat bankiers op de Zuidas zijn er maar weinig mensen die de gehaakte dassen dragen.

Desondanks verstrekt de Rabobank het bedrijf eind 2012 een lening van 360 duizend euro. Gezien de boekhouding een ongebruikelijk riskant krediet voor de bank. Banken doen nauwelijks aan start-upfinanciering en vlak na de kredietcrisis zijn ze al helemaal wars van risico. In ruil voor de lening komt Pelliano met de Rabobank een opmerkelijke deal overeen: Bernd en zijn zakenpartner Steijn Pelle zullen in ruil voor het geld reclame maken voor de bank, die zich kennelijk graag wil afficheren als jong en innovatief. Bernd duikt onder meer op in magazines van de Rabobank en promoot de bank bij 7 Ditches, een tv-kanaal op internet. Ook wordt hij jurylid en spreker tijdens *The Next Entrepreneur*, een door MKB-Nederland en de Rabobank gesponsord ondernemersevenement.

Terwijl zijn stropdassenonderneming forse verliezen noteert, blijft Bernd zijn hang naar luxe etaleren. Ondanks de zakelijke tegenvallers gedraagt hij zich alsof hij het heeft gemaakt, vertellen oud-collega's uit die tijd. Wanneer een verslaggever van *7 Ditches* een dag met hem op pad gaat, blijkt hij een auto met chauffeur te hebben gehuurd. 'Hij gaf altijd te veel geld uit, hij leefde echt die lifestyle,' zegt een betrokkene. 'Bernd zag eruit als iemand die veel te besteden heeft. Hij spéélde de rol van succesvolle ondernemer.'

In het stijlvolle Florence voelt Bernd zich thuis. Pelliano strijkt er in 2012 neer voor mannenmodebeurs Pitti Uomo, maar ze kunnen zich geen plek op de beurs veroorloven. Dus huren ze voor een fractie van de kosten een suite in een vijfsterrenhotel om klanten te ontvangen, vertelt een aanwezige. 'Bernd liet alleen voor zichzelf een cappuccino brengen voor twaalf euro. En hij liet voor zichzelf een kleermaker komen.'

Bij andere gelegenheden, zoals de Amsterdam Fashion Week, boekt Bernd een kamer in het peperdure Conservatorium Hotel. Tot verbazing van zijn collega's, die bij vrienden op de bank slapen.

'Toen belde hij op en vroeg: 'Waar zitten jullie eigenlijk?' Veel lol beleven ze niet met Bernd. 'Een biertje drinken deed hij nauwelijks. Het is moeilijk om te *connecten* met hem. Hij was altijd aan het werk.'

Naast zijn twee bedrijven heeft Bernd allerlei andere activiteiten. Hij houdt vaak betaalde lezingen en geeft veelvuldig interviews, waarin hij voortdurend de hoofdrol opeist. Dat leidt tot irritatie bij zijn collega's, zegt een betrokkene. 'Wij zagen de interviews verschijnen, altijd zonder ons, hij vertelde ons niets. Voor Bernd was Cravatta Pelliano een vehikel om zichzelf te promoten, niet andersom.' Een ander noemt het de 'grote Bernd Dammeshow'.

Media-uitingen worden op zijn verzoek door een medewerker verzameld en bewaard in een mapje. 'Daar kickte-ie het meest op: dat zijn naam genoemd werd. Daar was hij veel blijer mee dan met de omzet.' Een ondernemer die hem al jaren kent, onderschrijft dat: 'Hij heeft unieke marketingskills, maar zijn droom is: gezien worden als succesvol ondernemer, het gaat hem primair om uiterlijke verschijning.' Zijn vader zegt over Bernd: 'Ik denk dat status best veel voor hem betekent. Maar die status zal hij eerst moeten verdienen.'[10]

In het voorjaar van 2013 behaalt Bernd een zakelijk succes met de verkoop van Eyewear. 'Bernd Damme: "Reserveer vast een plekje op de selfmade lijst"', kopt zakenblad *Quote* in maart, nadat de redactie lucht krijgt van de transactie. Om op die lijst van Nederlands honderd rijkste jonge ondernemers te komen, is een vermogen van 4 miljoen euro vereist. Voor hoeveel nullen de 'zonnebrillengigant' over de toonbank gaat, wil de ondernemer niet tegen het blad zeggen. 'Op de vier miljoen zit ik nog niet,' meldt Bernd, 'Maar ik kom wel in de buurt. Wie weet na de zomer, bel dan nog maar eens.'

Een van zijn toenmalige compagnons moet lachen om die claim. Hij weet precies wat de opbrengst was van de zelfverklaarde 'marktleider in de Benelux'. 'Hoeveel hij heeft verdiend mag ik niet zeggen, daar heb ik voor getekend. Maar drie of vier miljoen? Dat is niet zo. Zeggen dat dat bedrag overdreven is, is een *understatement*.'

Quote hoeft na de zomer niet nog eens te bellen. Zijn andere bedrijf, Cravatta Pelliano, koerst in de loop van 2013 naar de afgrond. Het genereert in de eerste helft van dat jaar maar 84 duizend euro omzet, de verliezen nemen verder toe. Terwijl zijn collega's in *Quote* lezen over zijn grandioze prestaties en Bernd weer eens afreist voor een goedbetaalde lezing, proberen zij leveranciers over te halen om betaaltermijnen te verlengen. Een conflict is niet meer te vermijden: in mei 2013 vertrekt de oprichter bij Pelliano. Een paar maanden later valt het doek voor het bedrijf, wanneer de Rabobank weigert verdere financiering te verstrekken. De voormalige medialieveling is wekenlang niet bereikbaar voor interviews.

Ten tijde van het faillissement is Bernd alweer aan een nieuwe uitdaging begonnen. Hij heeft een adviesbureau opgericht dat start-ups helpt met hun financiering, marketing en strategie. In de zakenwereld zingt zijn naam nog rond als talentvol ondernemer, wat hem in 2014 in contact brengt met een oud familiebedrijf met een fonkelnieuw product: synthetische diamanten.

Royal Asscher in Amsterdam is al enige jaren bezig met een nieuw productieproces, waarbij koolstof onder grote druk tot edelsteen wordt opgewerkt. Zulke diamanten zouden duurzamer zijn dan de 'echte', waarvan de winning een slechte reputatie heeft. Waar het Royal Asscher aan ontbreekt, is een ondernemer die het nieuwe product in de markt kan zetten. Dat laatste is nogal een uitdaging: leg een consument maar eens uit dat een duurdere *lab grown* diamant dezelfde kwaliteit heeft als een echte. Bovendien zal de gevestigde industrie agressief reageren: die kan met haar diepe zakken kleine uitdagers vermorzelen.

Bestuursvoorzitter Mike Asscher kent Bernd al een tijdje en is danig van hem onder de indruk. Een paar dagen na een lunch besluiten de twee met elkaar in zee te gaan. Bernd krijgt in oktober 2014 de leiding over House of Eléonore, zoals hun onderneming in synthetische diamanten gaat heten. Na de zonnebrillen en de dassen kiest de ondernemer opnieuw voor een blingbling-project, waarvoor hij een nieuw verkoopconcept mag ontwikkelen.

Op de achtergrond blijft Mike Asscher aanwezig als investeerder. Hij raakt betoverd door Bernds presentatie over het nieuwe merk: 'Zoiets heb ik nog nooit eerder gezien, zo goed vond ik het.

En ik zie echt gigantische hoeveelheden *pitches* langskomen. Hij is waanzinnig goed in verkopen en hij weet heel goed hoe je de juiste mensen op de juiste positie krijgt.'

De merknaam House of Eléonore moet ook op de gevel prijken van een conceptstore waar klanten met een 3D-printer zelf hun ontwerp kunnen verzinnen – *bespoke diamonds*, diamanten op maat. Asscher stopt aanvankelijk 225 duizend euro in het project, Bernd 75 duizend, blijkt uit een document voor geldschieters uit 2015. Met een crowdfundingcampagne halen ze in mei van dat jaar nog eens enkele tienduizenden euro's op.

Maar dat is niet genoeg, blijkt al snel. In 2016 moet er volgens de documentatie alweer 500 duizend euro bij. Een door de wol geverfde investeerder krijgt het businessplan onder ogen en oordeelt: 'Voor een leek ziet het er fantastisch uit. Maar het was het plan van een junior. Er stonden weinig slides in die ertoe deden. De doelgroep was niet goed uitgewerkt, het ontbrak aan degelijk marktonderzoek en analyse. Het was heel veel buitenkant. Leuk geprobeerd, maar het sloeg eigenlijk nergens op.'

Net als bij Cravatta Pelliano gaat er al snel meer geld uit dan er binnenkomt, met op het hoogtepunt tien medewerkers en veel andere kosten. Asscher stopt er noodgedwongen meer kapitaal in; hoeveel wil hij niet zeggen. Wanneer blijkt dat hij niet langer bereid is om bij te springen, doet Bernd halverwege 2017 een ultieme poging het zinkende schip te redden: hij investeert zelf tweeënhalve ton, zegt Asscher. 'Dat je er in die fase zoveel eigen geld in steekt, daar heb ik wel respect voor.' Anderen suggereren dat Bernds vader hem heeft geholpen, omdat de bodem van Bernds eigen spaarpot al is bereikt.

Terwijl het einde nadert, geeft Bernd in mei 2017 een optimistisch interview over House of Eléonore voor een documentaire die hij wil laten produceren.[11] De locatie: het Scheepvaartmuseum in Amsterdam, dat een ode brengt aan Bernds geliefde VOC-tijd. Op 28-jarige leeftijd lijkt Bernd wat zelfinzicht te hebben gekregen. 'Ik zag een arrogante kerel van begin twintig die start-up speelt,' zegt hij over zijn Pelliano-tijd. 'Die meer bezig is met media en publieke optredens en mooie pakken dan het werkelijk bouwen aan een business. [...] Het ging vooral om een extravagant leven.'

Hij acht zichzelf niet erg geschikt voor de dagelijkse leiding van een bedrijf. 'Omdat ik daar geen energie van krijg. [...] Ik ben meer van het verkennen, pionieren, het creëren van concepten en een ambassadeur zijn van het bedrijf: een architect. Dus de bonnetjes doen iedere maand is voor mij echt een gedoe. Ik ben niet de operationele man.' Tijdens de opnames zegt Bernd tegen de filmcrew dat hij door zijn geld heen is – iets dat door meerdere mensen uit zijn omgeving wordt bevestigd. Hij moet minimaal 'tienduizend euro per maand' verdienen om het hoofd boven water te houden.

Wanneer nieuwe investeerders uitblijven, gaat het project halverwege 2018 roemloos ten onder. Nadat *Quote* in de zomer van 2018 ontdekt dat House of Eléonore in stilte is geliquideerd, meldt het blad fijntjes dat Bernd inmiddels 'loonslaaf' is bij een 'homestylezaak', Essenza Home. Kortom, een plek op de selfmade-lijst zal Bernd voorlopig niet halen.

Sinds 2018 verdient Bernd zijn geld met lezingen geven en startende bedrijven helpen met zijn adviesbureau Sativus Consulting. Hij staat start-ups bij in hun zoektocht naar kapitaal: talloze geldschieters kennen zijn zorgvuldig geschreven e-mails waarin hij ze vraagt te investeren. Maar in zijn hart blijft hij een ondernemer. Op zijn werkplek in Driebergen wacht hij zijn volgende kans af.

Net als Sywert en Bernd heeft Camille van Gestel als kind al grote ambities. Hij groeit op in Haarlem en droomt ervan astronaut te worden. Wubbo Ockels is zijn held: Camille is net dertien wanneer de Groningse wetenschapper in 1985 als eerste Nederlander de ruimte in wordt gestuurd. Hij stuurt Ockels een brief en krijgt tot zijn verbazing een reactie. 'Op een middag zei [mijn] moeder: "Wubbo Ockels heeft gebeld,"' vertelt hij in de *Leeuwarder Courant*.[12] Camille denkt dat ze een grap maakt, maar een kwartier later belt de astronaut opnieuw. Nu neemt Camille zelf op. Hij vraagt zijn held hoe de aarde er vanuit de ruimte uitziet. Als een planeet met een dun, fragiel schilletje, vertelt Ockels hem. Een plek waar de mensen goed op moeten passen. Naar eigen zeggen kweekt die boodschap bij de jonge Camille het gevoel dat hij later, als hij groot is, de aarde wil 'fiksen'.

Sywert van Lienden spreekt eind 2007 als voorzitter van scholierenvakbond LAKS *tijdens het scholierenprotest tegen de 'urennorm' op het Amsterdamse Museumplein.* (Herman Wouters / ANP)

Sywert van Lienden op zijn zeventiende, in mei 2008, in het kantoor van scholierenvakbond LAKS, *strijdend tegen de 'ophokplicht'.* (Maurice Boyer)

Sywert van Lienden in mei 2012 bij het kantoor van de politieke beweging G500, die hij mede oprichtte. (Toussaint Kluiters / ANP)

Camille van Gestel in het Haarlemse kantoor van zonnelampfabrikant WakaWaka (april 2014). (Maartje Geels / ANP)

Bernd Damme tekende in juni 2017 namens het Amsterdamse bedrijf House of Eléonore het goudconvenant, waarin partijen toezeggen eerlijk te handelen. (Dirk Hol / ANP)

Van links naar rechts: Camille van Gestel, Sywert van Lienden en Bernd Damme poseren in de tuin van het kantoor, ten behoeve van een interview. (TwentieFour, promotiefilm Hulptroepen / screenshot)

Kantoorpand in Driebergen, waar de Hulptroepen neerstrijken. (Daniel Niessen)

Pieter Omtzigt
@PieterOmtzigt

Vandaag op bezoek bij hulptroepen.nl en @Sywert

Indrukwekkend hoe er binnen weken miljoenen mondkapjes geïmporteerd worden

Translate Tweet

2:49 PM · Apr 24, 2020 from Utrechtse Heuvelrug, Nederland · Twitter for iPhone

7 Retweets **11** Quote Tweets **74** Likes

Sywert van Lienden met Pieter Omtzigt – indertijd nog Kamerlid voor het CDA – op het kantoor van de Hulptroepen in april 2020. (Pieter Omtzigt / via Twitter)

*Minister Martin van Rijn voor Medische Zorg (tweede van links) tijdens een persconferentie op 3 juni 2020 in een distributiecentrum van het Landelijk Consortium Hulpmiddelen (*LCH*). Links van hem staat topambtenaar Mark Frequin (*VWS*), rechts staat Rob van der Kolk, baas van het *LCH*. (Robin van Lonkhuijsen /* ANP*)*

Rob van der Kolk geeft op 30 april 2020 in de Tweede Kamer een 'technische briefing' over de inkoop van beschermingsmiddelen. (Sem van der Wal / ANP*)*

Voorpagina van het voorstel van de Hulptroepen om 120 miljoen mondkapjes te leveren aan de overheid. Het voorstel werd besproken met Martin van Rijn, minister voor Medische Zorg. (Screenshot / Follow the Money)

Deel van het voorstel van de Hulptroepen van mei 2020 voor de levering van 1 miljard mondkapjes, opgesteld voor premier Mark Rutte. Opvallend detail: de claim van de luchtbrug met de KLM. (Screenshot / Follow the Money)

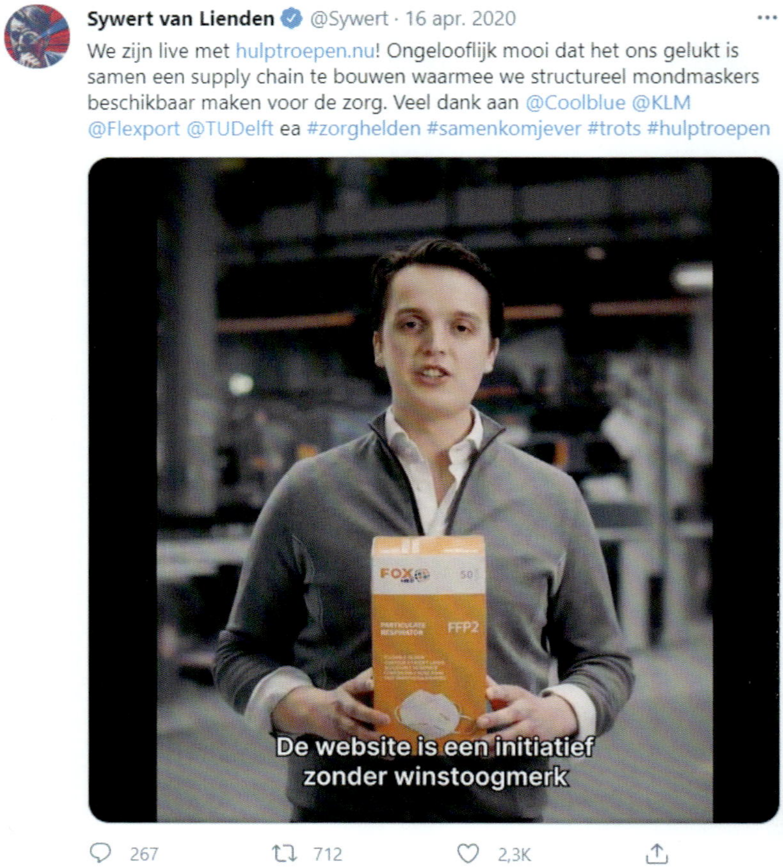

Sywert van Lienden @Sywert · 16 apr. 2020

We zijn live met hulptroepen.nu! Ongelooflijk mooi dat het ons gelukt is samen een supply chain te bouwen waarmee we structureel mondmaskers beschikbaar maken voor de zorg. Veel dank aan @Coolblue @KLM @Flexport @TUDelft ea #zorghelden #samenkomjever #trots #hulptroepen

Sywert van Lienden tweet trots over de lancering van de website van de Hulptroepen. Het bijbehorende filmpje trekt veel aandacht. (Tweet Sywert van Lienden)

合同Contract

合同编号Contract No：SQ20200428HL

供方：山东圣泉新材料股份有限公司
Seller: SHANDONG SHENGQUAN NEW MATERIALS CO.,LTD
地址：山东省济南市章丘区刁镇工业开发区
Address: Diaozhen Industrial Development Zone, Zhangqiu, Ji'Nan, ShangDong, China

需方(Buyer)：Relief Goods Alliance B.V.
地址Address: Hoofdstraat 25, 3971 KA Driebergen, The Netherlands

第1条 标的、数量、价款及交（提）货时
Article 1: Item/Subject, Quantity and Price

订单批次 Batch	标的名称 ITEM	款号 MODEL	数量(只) QUANTITY	单价(USD) UNIT PRICE	总金额 TOTAL AMOUNT
第一期订单 First order	山东圣泉新材料股份有限公司生物质石墨烯防护口罩（非医用KN95）	SNN70370B(柳叶形) SNN70369B(C型) SNN200647(心型)	300万 (3million)	USD2.5/pcs	7,500,000USD (柒佰伍拾万美元)
第二期订单 Second order	山东圣泉新材料股份有限公司生物质石墨烯防护口罩（非医用KN95）	SNN70370B(柳叶形) SNN70369B(C型) SNN200647(心型)	1700万 (17million)	USD2.05/pcs	34,850,000USD (叁仟四佰捌拾伍万美元)

Het contract tussen Relief Goods Allliance en de Chinese fabrikant van mondkapjes Shandong Shengquan New Materials voor de levering van 20 miljoen mondkapjes, met prijzen per kapje in dollars. (Screenshot / Follow the Money)

Bernd Damme geeft in de zomer van 2020 in de tuin bij het kantoor een interview voor een promofilmpje over de Hulptroepen. Zijn compagnon Camille van Gestel bespringt hem vrolijk van achteren. (Daniel Niessen)

HULPTROEPEN.NU

Hulptroepen Alliantie B.V.
Hoge Naarderweg 8
1217 AE Hilversum
Nederland
support@hulptroepen.nu
T: +31 (0)85-1304060

FACTUUR

[redacted]

Factuurnummer:	2021 0523047
Factuurdatum:	08/05/2021
Bestelnummer:	98039
Besteldatum:	08/05/2021
Betaalmethode:	iDEAL

Product	Hoeveelheid	Totaal
3M™ Aura Ademhalingsmaskers FFP3 zonder ventiel, 1863+ (20 stuks) SKU: 04046719563814	1	€99,00

Subtotaal	€99,00
Verzendkosten	€0,00
Totaal	**€99,00**
0% BTW	€0,00

Rabobank NL50RABO0352738006 (t.n.v. Hulptroepen Alliantie B.V.)
SWIFT: RABONL2U
KVK: 77714806
BTW: NL861105503B01

De facturen van de Hulptroepen en Relief Goods Alliance vertonen veel gelijkenis, waaronder het logo. Klanten hadden niet in de gaten dat ze aan een commerciële bv betaalden. (Screenhots / Follow the Money)

RELIEF GOODS ALLIANCE
GLOBAL RAPID RESPONSE SUPPLY NETWORK

Relief Goods Alliance B.V.
Hoge Naarderweg 8
1217 AE Hilversum

Btw-nummer: NL861164398B01
KVK-nummer: 77836464
Tel.: +31 (0) 85 130 4060
E-mail: finance@hulptroepen.nu
Website: https://hulptroepen.nu
IBAN: NL43 RABO 0353 4325 55
BIC: RABONL2U

Nederland

Factuurdatum: 13/04/2021
Vervaldatum: 20/04/2021

Factuur: 2021.04.I0023
Betreft: Factuur bij offerte 2021.04.0020

Aantal	Beschrijving	Bedrag excl. btw	Bedrag incl. btw
30000	Mondkapjes Type IIR Zogear Stuksprijs: € 0,17	€ 5.100,00	€ 5.100,00 0% Btw
		Totaalbedrag excl. btw	€ 5.100,00
		Btw 0% (0.0%)	€ 0,00
		Totaalbedrag incl. btw	**€ 5.100,00**

Mondmaskers zijn uitgesloten van BTW door gelding nultarief.

Gelieve dit bedrag van € 5.100,00 over te maken voor: 20/04/2021 op rekeningnummer: NL43 RABO 0353 4325 55 t.n.v. Relief Goods Alliance B.V. o.v.v. "Factuur 2021.04.I0023".

Sywert van Lienden zit op 6 juni 2021 in tv-programma Buitenhof. *Hij noemt zijn miljoenenwinst 'excessief'. (Screenshot Buitenhof)*

Sywert van Lienden @Sywert · 20 m
laster vanuit ministeries in schimmige 1-2'tjes. Je schrijft in ene stuk wat haaks staat op de volgende. En blijft maar suggesties wekken. Maakt allemaal niks uit, want alles qua journalistieke basisregels moet wijken voor dat ene beeld: die jongens zijn oplichters. Bedankt Frank
9 3 3

Sywert van Lienden @Sywert · 12 m
Geldt overigens net zo voor Stefan Vermeulen en Jan-Hein Strop van FTM. Grotendeels bespeeld door dezelfde bronnen, en stapelen onzin op onzin. Waarop andere personen weer fijn willen doorstampen (hoi @debroervanroos). Het is een keer genoeg, met al die loze beschuldigingen.
15 4 2

Sywert van Lienden @Sywert · 9 m
Resultaat ervan is desinformatie naar lezers, beschuldigingen die maar voortduren, anderen die zich opfokken obv die verkeerde informatie, vriendschappen die stuk gaan, werknemers in de ellende, bedreigingen en een paar mensen/organisaties moedwillig de vernieling in helpen.
3 2

Sywert van Lienden @Sywert · 6 m
Vriendelijke waarschuwing voor iedereen die al maanden meedoet aan deze laster: het is een keer genoeg. Doe je mee aan deze onzin, dan loop je het risico een keer aangesproken te worden. Elk mens heeft z'n grens. Die van mij is bereikt.
20 8 3

Sywert van Lienden haalt op 10 oktober 2021 op Twitter flink uit naar journalisten en anderen die 'laster' zouden verspreiden. Kort na plaatsing verwijdert hij de tweets. (Tweet Sywert van Lienden)

Toch zijn z'n eerste stappen in het volwassen leven daar niet echt op gericht. Na de middelbare school volgt hij een bachelor bedrijfskunde aan de Nyenrode Business Universiteit. Na zijn afstuderen begint hij een bedrijf in plastic speeltjes. In die tijd, midden jaren negentig, zijn Flippo's extreem populair: plastic schijfjes met tekenfilmfiguren erop, die gratis in zakken Smiths-chips zitten. Ze leveren de chipsfabrikant een recordomzet op. Allerlei bedrijven proberen dat succes te kopiëren. Zo ook de start-up van Camille, die hij Blangy International Trading heeft genoemd. 'Meesurfend op de golf van de nationale hype "Flippo's" of "Pogs" (internationale naam), startte ik een onderneming om meer mogelijkheden [...] te creëren rond deze verzamelobjecten voor kinderen,' schrijft hij op zijn LinkedIn-profiel.[13]

Als hij het verhaal jaren later aan de *Leeuwarder Courant* vertelt, maakt Camille de werkelijkheid iets mooier: 'Als tiener probeerde Van Gestel de Flippo [...] te importeren vanuit de Verenigde Staten,' noteert de krant.[14] 'Voor de onderhandelingstafel nam hij zijn vader mee "voor het beetje grijs en oud en wijs". Hij stopte al zijn spaargeld erin en werkte zestien uur per dag.' Maar Camille richtte het bedrijf pas in 1995 op; hij was toen 22 en had zijn bachelor al binnen. Wat hij wel naar waarheid meldt: de onderneming werd geen succes. In de jaren daarna werkt Camille als manager voor bedrijven die in promotieartikelen handelen.

In 2003 begint hij voor zichzelf in die sector. Zijn nieuwe bedrijf, dat hij Share Networking doopt, richt zich op de productie en import van goedkope promotieartikelen. Zo leert hij de weg in China kennen, waar de producten worden gefabriceerd; Camille vliegt er met enige regelmaat naartoe voor kwaliteitscontroles. Dat hij een nieuwe poging doet om het als ondernemer te maken, tekent hem, zeggen mensen die later met hem werken. Hij is een echte entrepreneur, niet iemand die in vaste dienst floreert. Hij zit vol energie, wordt snel enthousiast en is goed in het promoten van zichzelf en zijn bedrijf. Hij is meer iemand van de grootse ideeën dan van de praktische uitvoering. Kennissen omschrijven hem als een flapuit, soms wat naïef. Net als Sywert en Bernd heeft hij weinig slaap nodig.

Als ondernemer maakt hij kennis met Maurits Groen, die als duurzaamheids-evangelist al decennia overheden, bedrijven en ngo's over milieubeleid adviseert. In 2012 richten ze een bedrijf op dat duurzame zonnelampen op de markt brengt: WakaWaka. Voor Camille, die dat jaar veertig wordt, moet het zijn magnum opus als ondernemer worden.

De kiem voor het bedrijf wordt gelegd wanneer het duo meedoet met een prijsvraag van wereldvoetbalbond FIFA voor het beste idee om de CO_2-uitstoot van het WK voetbal van 2010 te compenseren. Camille en Maurits Groen zien de oplossing in de uitrol van energiezuinige led-verlichting. Ze winnen de pitch en begin dat jaar vliegen de mannen naar Johannesburg met een concreet aanbod voor de Zuid-Afrikaanse overheid. Ze hebben een aantal Nederlandse banken bereid gevonden om de kosten van de led-verlichting – enkele tientallen miljoenen euro – te financieren. Dankzij hun initiatief vinden miljoenen energiezuinige lampen hun weg naar talloze gebouwen.

In Zuid-Afrika rijden Camille met zijn compagnon langs de townships. Die maken indruk en motiveren hem het groter aan te pakken. 'Daar kwamen we dan, met onze beste bedoelingen [...] en de mensen die het meest behoefte hadden aan duurzame oplossingen, konden wij niet helpen. Zij waren afhankelijk van zeer vervuilende kerosinelampen,' schrijft Camille op de website van WakaWaka. 'Maurits en ik keken elkaar aan en zeiden: "Hier moeten we iets mee!"'[15]

Camille gaat in die tijd een samenwerking aan met de Invention Group, die aandeelhouder is van Intivation, een bedrijfje dat een manier heeft ontwikkeld om het rendement van kleine zonnecellen te verbeteren. Hij raakt bevriend met de directeur van Intivation, met wie hij het lampje op zonne-energie bedenkt, mogelijk gemaakt dankzij Intivations efficiënte technologie, waarop een patent rust.

'Dit was voor mij het "eureka!" moment,' schrijft Camille. Hij belt onmiddellijk met Maurits Groen: 'Zou jij dit nog niet bestaande product voor willen stellen aan jouw vriend Al Gore en vragen of hij ambassadeur wil worden?' Groen had de voormalige Amerikaanse vicepresident – wereldwijd bekend als klimaatactivist dankzij zijn film *An Inconvenient Truth* (2006) – al aantal keer naar Nederland gehaald. Groen heeft toegang tot groten der aarde: ook de Amerikaanse oud-president Bill Clinton kent hij persoonlijk.

Intivation is vanaf de start betrokken bij onder meer het ontwerp en de productie van de WakaWaka-lamp. Daarmee is naar hun zeggen een investering van 300 duizend dollar gemoeid. Camille is verantwoordelijk voor de technische ontwikkeling en de productie in China.

Met zijn kenmerkende enthousiasme (aanhef: 'WakaWaka! Allemaal!') mailt Camille in mei 2011 de betrokken technische partijen dat ze nu echt haast moeten maken met een prototype.[16] Groen is namelijk in gesprek geweest met de bestuursvoorzitter van de ASN Bank en die heeft een potje van ruim 1 miljoen euro voor schone energie. Eerder heeft Groen een 'gesprekje' in Den Haag gehad met een topambtenaar van het ministerie van Economische Zaken, onder meer over een campagne om scholen te enthousiasmeren voor verduurzaming, schrijft Camille. 'Maurits suggereerde dat het een aardig idee zou kunnen zijn wanneer Nederlandse schoolkinderen aan het verduurzamen zijn, zij ook geld ophalen om scholen in Afrika te helpen verduurzamen. Van de opbrengsten worden dan WakaWaka's gekocht waarmee kinderen hun schoolprestaties kunnen verbeteren.'

In het voorjaar van 2012 wordt WakaWaka officieel gelanceerd. Er is geld opgehaald via crowdfunding en bij investeerders. In Nederlandse winkels is de ledlamp te koop voor rond de 30 euro, in het kader van een sympathieke *buy one give one*-strategie: per verkochte lamp geeft WakaWaka er gratis eentje weg in Afrika. Groen is een 'beetje overdonderd' over de vlucht die WakaWaka neemt, schrijft *De Telegraaf* twee weken later. 'We hebben inmiddels contacten in 69 landen. Van Amerika tot Zuid-Soedan, van Kenia tot Noorwegen, van Indonesië tot Zimbabwe. En iedereen is enthousiast.'

Van elk verkocht exemplaar van 30 euro gaat een deel naar de WakaWaka Foundation, die de lamp voor de armsten beschikbaar moet maken. Groen: 'Onze ambitie is om iedereen die niet de beschikking heeft over elektriciteit vroeg of laat te bereiken.' Nog dat jaar krijgt het bedrijf een order voor 1 miljoen lampjes uit Oeganda.

Niemand minder dan Bill Clinton is, op verzoek van Groen, ambassadeur van WakaWaka geworden. Camille gaat trots met de voormalige Amerikaanse president op de foto. Nog meer goede pers volgt als de onderneming aan het eind van het eerste jaar de prestigieuze Innovation Awards van adviesbureau Accenture wint.

In de nazomer van 2014 ontdekken de mensen van Intivation iets vreemds wanneer ze als technische partner defecte exemplaren van de WakaWaka Power (een externe, oplaadbare accu) opgestuurd krijgen. Tot hun verbazing zit daarin niet hun eigen circuit, maar dat van een andere leverancier. Het product lijkt gekopieerd te zijn – een schending van hun patent, denken ze. Het komt tot een confrontatie met Camille, die de productie in China regelt. Maar die ontkent dat hij de fabrikant van de accu opdracht heeft gegeven een ander, goedkoper circuit te gebruiken. De fabrikant, met wie Camille al jaren bevriend is, zou dat op eigen houtje hebben gedaan.

De aandeelhouders van Intivation zijn niet overtuigd. 'Als partners zul je altijd eerlijk naar elkaar moeten zijn, leugens komen altijd uit en dat schaadt de samenwerking,' mailt een van hen half september aan Camille.[17] 'Ik hoop dat jij [...] openheid van zaken kunt geven omtrent de kopieën van zowel de WakaWaka Power als de WakaWaka Light welke je hebt laten maken.' Er volgt een gesprek. Camille blijft ontkennen dat hij opdracht heeft gegeven om een goedkoper circuit te gebruiken.

Omdat het conflict blijft dooretteren, volgt er een paar weken later een tweede gesprek. Dan komt het hoge woord eruit: Camille geeft toe dat hij inderdaad heimelijk een wisseltruc heeft gedaan om de marge van WakaWaka te verbeteren, vertelt een direct betrokkene. Kort daarna mailt Camille de persoon in kwestie: 'Bij deze ook de schriftelijke bevestiging dat Bill [de Chinese fabrikant] niet verder zal gaan met het ontwikkelen van een eigen IC [*integrated circuit*], zeker nu blijkt dat er mogelijk sprake is van patentinbreuk.'

Intivation vindt daarnaast dat de producten van WakaWaka te duur zijn. Het lampje kost ongeveer acht euro om te maken, weten ze, maar WakaWaka verkoopt ze internationaal voor 39 dollar. De productieprijs van de powerbank is circa twaalf euro, maar klanten rekenen 79 dollar af. Er zit dus een flinke marge op; volgens grootaandeelhouders Camille en Groen is dat nodig om in Afrika lampjes te kunnen weggeven. Bij Intivation hebben ze moeite met deze strategie, omdat de hoge marge niet strookt met het ideële karakter van het bedrijf. Meermaals stellen ze voor om een 'eerlijk lampje voor een eerlijke prijs' te maken en de kostbare strategie om lampen weg te geven, los te laten. Op die manier kan WakaWaka veel meer lampen verkopen, ook dat verbetert de wereld. Maar de twee aandeelhouders zien er niets in.

Ondertussen zit de concurrentie niet stil: er komen goedkopere zonnelampjes op de markt. Een oud-manager van WakaWaka, die beide ondernemers van dichtbij meemaakt, heeft geen goede herinneringen aan het bedrijf: 'De belofte om lampjes weg te geven was niet het belangrijkste doel, dat was windowdressing. Het was allemaal erg opportunistisch.' Camille wil nergens op reageren, Maurits Groen wel. Hij werpt de kritiek verre van zich: 'Het dure *buy one give one*-model heeft ons financieel flink in de problemen gebracht, waardoor het moest worden bijgesteld – en dat hebben we ook gedaan. Ik kan mij dus in het geheel niet vinden in deze opmerking.'

Camille en zijn compagnon wilden ook winst maken met hun bedrijf, suggereert de oud-manager. Op de website meldt WakaWaka niet helder of het nu wel of geen winstoogmerk heeft. Bij de veelgestelde vragen staat 'Is WakaWaka een non-profit of profit organisatie?'; het antwoord luidt: 'Geen van beide en allebei. WakaWaka is een "sociale onderneming". Dat betekent dat we iets willen bereiken. WakaWaka is een sociaal consumentenmerk dat zich inzet voor een gelijke verdeling van energie over de wereld. Wij zijn gepositioneerd tussen de traditionele private en publieke sectoren. In juridische zin is WakaWaka zowel een goed doel als een bedrijf.'

Het is een opmerkelijke parallel met wat Camille, Bernd en Sywert later op de website van hun stichting Hulptroepen zullen melden: dat ze 'begonnen als non-profitleverancier van mondkapjes', maar zijn 'uitgegroeid tot betrouwbare en snelle leverancier van producten'. Met het vermengen van ideële en commerciële doelstellingen was Camille dus al vertrouwd.

WakaWaka wil de eerste jaren maar niet winstgevend worden. In 2012, 2013 en 2014 schrijft het bedrijf rode cijfers, vooral vanwege de hoge kosten. Zo is het bedrijf een tak begonnen in Rwanda, waar in 2015 veertien mensen werken. De lampjes kosten daar rond de 20 dollar, maar dat kan een gemiddelde Rwandees niet opbrengen. Dus worden de producten op afbetaling verkocht, wat volgens oud-medewerkers een recept voor ellende bleek. Veel verkochte lampen worden nooit betaald. 'Het businessmodel klopte niet,' zegt een oud-medewerker. 'Maurits en Camille zagen nooit problemen. Ze waren altijd enorm positief. Maar ze brachten ons in problemen, want ze deden beloftes die wij niet konden nakomen.' Volgens Groen was het probleem niet zozeer het businessmodel, maar de uitvoering. 'De code die mensen moesten invoeren [...] was veel te lang, de afbetalingstermijn van de WakaWaka via hun mobiel was te lang, en het managen van een team op zo'n grote afstand bleek voor ons ook een te grote opgave.'

Camille gaat dat jaar langs in Rwanda om polshoogte te nemen. Hij laat hij zichzelf breed lachend fotograferen met lokale klanten. Zulke foto's mag hij graag op sociale media delen. Ondanks de slechte prestaties is Camille in een opperbest humeur. Hij hangt in Afrika de *big spender* uit, zegt de oud-medewerker. 'Opeens kon alles. Hij zwaaide met de creditcard van het bedrijf. Dat botste met de missie.' Ook in Nederland klagen medewerkers over zijn gedrag. 'Mensen werden onrustig als hij op kantoor was. Hij heeft honderd ideeën per dag, 98 ervan waren idioot. Nogal vermoeiend.'

WakaWaka investeert fors in distributie in de Verenigde Staten. Maar ook dat plan komt niet van de grond. Ondertussen rijzen de kosten de pan uit: in 2015 staan er tientallen mensen op de payroll, wat het bedrijf ruim 8 ton kost, zo blijkt uit de jaarcijfers. Daarnaast betaalt de vennootschap een jaarlijks management fee van in totaal 200 duizend euro aan de twee oprichters. De totale kosten lopen op tot 2,4 miljoen euro – veel te veel voor een bedrijf met een operationeel resultaat van 1,6 miljoen euro. In 2015 lijdt WakaWaka voor het vierde jaar op rij een flink verlies.

Camille laat zich daardoor niet uit het veld slaan. Tegen zijn omgeving roept hij dat hij bezig is met het bouwen van een *brand*, een bedrijf dat plaats biedt voor talloze andere producten. Hij maakt er geen geheim van dat hij als grootaandeelhouder droomt van een 'exit': een verkoop waarmee hij financieel binnenloopt. Op zijn lijstje staat multinational Unilever als een van de mogelijk kopers, roept hij, omdat Groen daar goede contacten mee heeft.

In mei 2015 wordt de financiële nood bij WakaWaka iets verlicht: durfinvesteerder Eneco Ventures komt aan boord als nieuwe geldschieter en steekt 1,2 miljoen euro in de lampjesverkoper. Het bestuur van het energiebedrijf is onder de indruk van het verhaal van Camille en zijn partner. 'Je gelooft echt dat ze iets voor de wereld willen doen,' zegt iemand die bij de pitch aanwezig was. 'Ze waren alleen niet erg van de analyse en de achterliggende data. Dat zwabberde nogal.'

Het duurt niet lang voordat het enthousiasme bij Eneco plaatsmaakt voor zorgen. Camille laat het energiebedrijf binnen enkele maanden na de financiering weten dat er snel meer cash bij moet. Dat geld is nodig voor de rente en aflossing van eerder gemaakte schulden, zo staat in WakaWaka's jaarrekening van 2015. Maar met nieuw geld oude schulden aflossen is voor elke serieuze investeerder een rode vlag: Eneco houdt de hand op de knip. Dus gaan Camille en zijn partner in 2016 opnieuw doen waar ze eerder opvallend goed in bleken: crowdfunding. Met hun wervende verhaal over Afrikanen die 's avonds veilig in hun hutje zitten met een zonnelamp, weten ze in totaal liefst acht keer geld op te halen, samen meer dan 1,5 miljoen euro.[18]

Eind 2016, wanneer het geldtekort nijpend is geworden, weten de mannen via het platform Oneplanetcrowd 1,1 miljoen euro te genereren. In het *Investment Sheet* voor belangstellenden wordt de omzet dat jaar geraamd op 4,5 miljoen euro. In de jaren erna zal de omzet volgens de hemelbestormers hard doorgroeien, tot wel 25 miljoen in 2020. De verliezen van WakaWaka zijn niet zichtbaar in het document, want het laat alleen de zogenoemde ebitda (*Earnings Before Interest, Taxes, Depreciation and Amortization*) zien: het resultaat voor afschrijvingen, belasting en rentebetalingen. Die laat een geschat verlies zien van slechts 255 duizend euro in 2016.

In werkelijkheid noteert het bedrijf dat jaar een recordverlies van ruim 1 miljoen euro, zo blijkt uit de niet-gepubliceerde jaarrekening van 2016.[19] De omzet van 4,5 miljoen, die Camille en zijn compagnon eind 2016 aan geldschieters presenteren, is meer dan een miljoen euro te hoog geraamd. Doordat ze verhullen dat de omzet ten opzichte van 2015 zelfs is gedaald, kunnen ze ook voor de komende jaren een stijgende lijn suggereren. Aan het eind van het boekjaar 2016 zijn de schulden vijf miljoen euro hoger dan de bezittingen, waarschuwt accountant EY in de jaarrekening. Mede daarom meent EY dat er 'twijfel' kan ontstaan over het voortbestaan van het bedrijf. Camille en Groen merken in de jaarrekening op dat ze deze conclusie niet delen.

Nadat eind 2016 met 1,1 miljoen euro vers kapitaal een nieuwe pleister is geplakt, stroomt het bloed al snel weer langs de randen. Er is 1 à 2 miljoen extra nodig, schrijft het bestuur vlak na de succesvolle crowdfunding van eind 2016.[20] Een order van de Nationale Postcodeloterij in 2017 voor 2,2 miljoen euro lampjes via de WakaWaka Foundation – mede te danken aan de goede relatie tussen Groen en Postcodeloterij-baas Boudewijn Poelmann – geeft even lucht, maar is niet genoeg om het bloeden te stoppen.

WakaWaka wil vervolgens aandelen uitgeven op de Npex, de effectenbeurs voor het MKB, waarmee het tussen de 2 en 2,5 miljoen euro uit de markt wil halen. Om potentiële beleggers te informeren, brengt het in april 2018 een zogeheten prospectus uit.[21] Daarin staat dat het geld onder meer gebruikt zal worden voor 'voorraden en werkkapitaal', nieuwe producten, marketing, rente en het 'opbouwen van reserves'. De toekomstprognoses zijn opnieuw prachtig: in 2018 groeit de omzet sterk en rest een bescheiden verlies, de omzet en winst schieten in de jaren erna snel omhoog. Vanaf 11 april start de inschrijving op de aandelen, aanvankelijk met succes.

Wat de potentiële beleggers niet onder ogen krijgen, is een intern memo van 4 mei 2018 van Camille en zijn partner voor bestaande aandeelhouders, getiteld 'Continuïteit WakaWaka'.[22] In dat memo is de toon totaal anders dan in het prospectus. 'Er is met spoed een kapitaalinjectie nodig van circa € 1 miljoen.' 'Op de zeer korte termijn (eind mei) komt WakaWaka ca. € 130.000 te kort om salarissen/zzp'ers (incl vakantiegelden), release van *ready products* uit China, nieuwe inkooporders [...] en minimale operationele kosten te betalen.' 'De situatie waar WakaWaka momenteel voor staat is uitermate spannend en de continuïteit is op dit moment niet gewaarborgd. Dat was feitelijk al sinds zomer 2015 niet het geval.'

Met andere woorden: de waarschuwing van accountant EY in 2016 over de continuïteit was meer dan terecht. Dat het toch telkens lukte om nieuw kapitaal los te weken, komt volgens het memo 'mede dankzij een netwerk dat WakaWaka niet alleen een warm hart toedraagt, maar ook sterk de missie ondersteunt en het maatschappelijk belang dat hiermee gediend wordt'.

De fiscus doet niet aan liefdadigheid en heeft nog zes ton tegoed. Daarnaast staat er bijna een miljoen euro open bij twee fabrikanten in China en een logistieke partner. Als die rekeningen niet worden betaald, is het snel einde oefening, want dan stoppen de leveringen. Maar dat staat niet in het prospectus. Aan beleggers op de Npex-beurs is niet uitgelegd dat hun geld onontbeerlijk is om leveranciers en personeel te betalen; dat de bodem van de kas in zicht is; en dat zonder emissie het licht op het kantoor in Haarlem binnen enkele weken uitgaat. Nergens staat, met andere woorden, dat de emissie een faillissement moet afwenden. Groen reageert: 'Dat document [prospectus, *red.*] geeft een weergave van de stand van zaken en de verwachtingen die er op dat moment waren.'

Dat Camille en zijn partner hun bestaande aandeelhouders wel een noodkreet sturen, is het gevolg van een hoogoplopend conflict met de accountant. Na de start van de emissie eist EY dat WakaWaka elke verwijzing naar hen in het prospectus verwijdert. 'De reden daarvoor,' schrijft EY op 16 april 2018 aan Camille, 'is dat met de verwijzing naar de werkzaamheden die EY zou hebben en/of heeft verricht de indruk kan worden gewekt dat potentiële investeerders of anderen daar een bepaalde mate van vertrouwen aan kunnen ontlenen. Dat is niet het geval.'[23]

Omdat Camille niet direct aan de eis voldoet, stuurt EY een paar dagen later een tweede brief waarin het dreigt een landelijke advertentie plaatsen om zich publiekelijk van het bedrijf te distantiëren. Begin mei heeft Groen nog een gesprek met de ceo van EY, maar zijn smeekbede is kansloos.

Nadat de accountant de effectenbeurs een brief stuurt over de onwenselijke verwijzing naar EY, staakt Npex de emissie. Dat luidt het einde in: op 12 juni 2018 gaat WakaWaka failliet. Van de belofte om lampjes weg te geven is weinig terechtgekomen, meldt RTL *Nieuws*. 93 duizend Afrikanen wachten nog altijd op licht in de duisternis.

Voor Camille is het een bittere pil. Zijn gedroomde exit is als sneeuw voor de zon verdwenen. 'Ik heb nog nooit zoveel gehuild. Het leek wel een rouwproces. Ik was zo teleurgesteld in mezelf,' zegt hij in een interview met de *Leeuwarder Courant*.[24] Dat hun concept te duur was, zag hij naar eigen zeggen te laat in.

WakaWaka maakt een doorstart uit faillissement. Een Groningse ondernemer neemt de boedel over. Omdat Camille als uithangbord naar de buitenwereld geldt, mag hij aanblijven – maar niet meer als bestuurder van het bedrijf. Hij treedt in dienst bij de nieuwe eigenaren en behoudt een klein aandelenpakket. In het najaar van 2019 verhuist hij naar het Friese Workum, waar hij met zijn vrouw in een verbouwde kerk een bed and breakfast begint. Ook wordt hij er lid van de vrijwillige brandweer. Onderweg naar het nieuwe kantoor in Groningen luistert hij in zijn auto naar Omrop Fryslân, om een beetje Fries te leren. Erg gemotiveerd om van WakaWaka een wereldspeler te maken, is hij niet meer. Net als Bernd heeft Camille nu twee mislukte ondernemingen op zijn naam staan.

Wanneer Camille in maart 2020 een tweet van Sywert ziet langskomen op televisie, houdt hij het vrijwel meteen voor gezien bij WakaWaka. Hij ziet een herkansing gloren.

7 DE DEAL

Na een paar weken hard werken bij de Hulptroepen wordt het Saskia van Huijgevoort te veel. De *chief of staff* raakt langzaam maar zeker uitgeput. Speuren naar Chinese fabrikanten, de spanning om het spul allemaal in een vliegtuig te krijgen – ze trekt het even niet meer. Dat ze voor haar lange dagen geen vergoeding krijgt, terwijl het de vraag is wanneer ze haar normale werk als freelance communicatieadviseur weer kan oppakken, helpt niet.

Ze besluit een paar dagen rust te nemen. In de dagelijkse calls tussen Sywert, Bernd en Camille en hun adviseurs leidt dat tot discussie: moeten ze niet beter voor hun vrijwilligers zorgen? Zorgondernemer Jan Voortman oppert dat ze misschien wat meer financiële slagkracht kunnen creëren met hun non-profit-initiatief: wat als ze de mondkapjes zonder winstoogmerk blijven importeren, maar een aantal minder essentiële producten *for profit* gaan verkopen? Geen klant zal klagen als er een kleine winstmarge op de verkoop van een doosje handgel zit. Dat kan ruimte opleveren om de vrijwilligers – en de drie oprichters zelf – een vergoeding te betalen.

Dan wordt Saskia in de nacht van 14 op 15 april 2020 gebeld door Camille. Hij is euforisch, vertelt ze achteraf in haar omgeving. *Saskia, het gaat helemaal goedkomen*, schreeuwt hij bijna door de telefoon. Ze is verrast dat hij haar op zo'n ongebruikelijk tijdstip belt. Maar wat Camille dan zegt, verbaast haar nog meer. *We gaan miljonair worden. En jij krijgt ook een deel van het geld.*

Saskia is boos en verbijsterd. Ze kreeg al een tijdje de indruk dat het drietal buiten haar om een plan bekokstoofde, nu weet ze het zeker. Ze wist al dat er een nieuwe vennootschap in oprichting is, Relief Goods Alliance, maar het fijne wist ze er niet van. *Miljonair worden?* Waar heeft Camille het over? Ze zijn toch bezig met een initiatief zonder winstoogmerk? Om de zorg te helpen? Een paar dagen eerder heeft ze nog uitgebreid met Coolblue besproken hoe ze het ideële karakter van de stichting Hulptroepen precies op de site zullen verwoorden. Saskia vraagt Camille, Bernd en Sywert om uitleg. Ze geeft het drietal een dag de tijd om te reageren.

Een paar dagen eerder is er nog geen sprake van feestvreugde bij de drie oprichters. De stichting Hulptroepen mag dan een paar grote zendingen mondkapjes naar Nederland hebben gehaald, de grootste klant ontbreekt nog: de overheid.

Op Goede Vrijdag, 10 april, heeft Sywert zich voorgenomen daar verandering in te brengen. Om kwart voor zes 's ochtends verstuurt hij zijn eerste tweet van de dag. Zoals altijd volgt hij de media op de voet. Zijn oog is gevallen op een bericht in NRC waaruit blijkt dat het tekort aan mondkapjes op groeiend verzet bij de verpleeghuizen stuit. Hulpverleners staan met een spandoek voor verzorgingstehuis De Leeuwenhoek op de Rotterdamse Kruiskade: *Helden zonder hulpmiddelen? Beschermingsmiddelen nu!* Voor demonstrant Petra van Ham, verpleeghuismedewerker in Delft, is de maat vol: 'Die richtlijnen [van het RIVM] gaan uit van schaarste. Dat is de verkeerde weg. We hadden veel eerder moeten zeggen: dit kan echt niet. De verzorgenden vragen al weken om goede bescherming, vooral om professionele mondkapjes.'[1]

Iets na zevenen tweet Sywert: 'Bij NRC meer achtergrondinformatie. Wat een toestand. [...] te weinig spullen, wachten op protocollen, overleg en nog eens overleg [...] Pfff.' Het nieuws past precies in zijn straatje: er is een schrijnend tekort, de overheid regelt het niet, de stroperige bureaucratie kost mensenlevens, dit kan zo niet langer. Terwijl *hij* al die verpleeghuizen aan mondkapjes kan helpen, tegen kostprijs nog wel.

Sywert broedt op een plan. Iets na vijf uur 's middags volgt een Twittertirade die zijn uitwerking niet zal missen. Hij schrijft:

> *'Waar verhaal: we geven grote thuiszorgorganisatie beschermende mondkapjes van niveau (je kan er duizenden werknemers wekenlang mee beschermen). Belletje van inspectie: of ze daarmee willen stoppen qua inkopen en spullen van lagere kwaliteit willen gebruiken.'*
> *'Ben echt stil van wat we tegenkomen afgelopen drie weken.'*
> *'Voor mensen het weer beter weten: privaat gefinancierd, aangeboden aan overheid (nooit gereageerd), werkgever die om z'n mensen geeft en toonaangevend is in de sector.'*
> *'Geloof mij: binnen 1–2 weken kan iedereen in Nederland goed beschermd werken in de zorg. Alles is getest en in kaart gebracht. Met mondmaskers, schorten, handschoenen, gels, brillen etc.'*
> *'En als dat gebeurt, dan zal ik met plezier de afgelopen weken vergeten. Als het niet gebeurt, dan ben ik benieuwd naar de parlementaire nabeschouwing van de afgelopen periode.'*

Dat 'ware verhaal' gaat over thuiszorgorganisatie Buurtzorg van Jos de Blok, de eerste grote klant van Sywert en zijn compagnons. De Blok heeft inderdaad in maart een telefoontje gehad van de Inspectie dat hij goede 'spullen' aan het landelijke verdeelcentrum (ROAZ) moet geven voor de acute zorg. Volgens de richtlijnen zijn mondkapjes voor de thuiszorg nog altijd niet nodig, wat De Blok ernstig tegen de borst stuit. Dat de zorgondernemer uit Twente zijn inkoopkanalen heeft aangeboden aan VWS klopt ook, maar daarvoor was 'geen interesse'.

Sywerts claim dat 'iedereen' in de Nederlandse zorg binnen een tot twee weken beschermd kan worden met zijn aanbod, is echter uitzonderlijk. Het impliceert dat zijn stichting Hulptroepen op zeer korte termijn vele tientallen miljoenen mondkapjes kan leveren, terwijl het regelen van luchtvracht duur en onzeker is. Zoals Sywert eind maart zelf al tweette: 'Gegarandeerde cargoruimte in vliegtuigen – dat is op dit moment het nieuwe goud.' Als de overheid het wel regelt – liefst met zijn hulp – dan wist hij de vervelende herinnering aan zijn ervaringen bij het LCH uit zijn geheugen. Zo niet, dan zullen de verantwoordelijke bewindslieden de politieke gevolgen van hun apathie ondervinden. *Bam.*

Nog diezelfde avond ontvangt Sywert een WhatsApp-bericht van Bart van den Brink (CDA), de politiek adviseur van minister Hugo de Jonge (CDA); dezelfde Van den Brink die Sywert in maart op de allereerste dag bij het LCH binnen hielp. Directe aanleiding voor het hernieuwde contact is de reeks kritische tweets, erkennen bronnen binnen VWS later tegenover *Follow the Money*.[2] Sywert verzekert zijn partijgenoot dat hij inderdaad kan leveren wat hij op Twitter beloofde.

Kort daarna stuurt Sywert blij een WhatsApp-bericht aan betrokkenen: 'Heb even een noodkreet op Twitter geslingerd om politiek deurtje te openen. Assistent minister is inmiddels in de app.' De tweets waren dus niet bedoeld voor zijn 60 duizend volgers, maar voor een select groepje beleidsmakers dat zich door zijn dreigende boodschap tot een snelle respons gedwongen voelt. Zijn vooropgezette plan om alsnog bij het ministerie binnen te komen, lijkt te werken.

Het kabinetsbeleid om bij de besluitvorming ernstig rekening te houden met de publieke opinie, werkt nu in zijn voordeel. Door zijn aanhoudende kritiek ziet de top van VWS hem inmiddels als een bedreiging, verklaart een bron uit die kringen. 'Hij was zeer aanwezig in het publieke debat hierover, zowel online als op tv.' Volgens deze bron is het departement in deze fase van de crisis 'zeer beducht' voor verwijten over tekortschietende inkoop van persoonlijke beschermingsmiddelen, waaronder mondkapjes. 'Aanbiedingen die niet opgepakt werden, zouden potentieel terug kunnen komen in debatten.'

De kwaliteit van zijn mondkapjes en zijn status als ondernemer zijn dus niet de primaire reden om alsnog met hem in gesprek te gaan – zijn rol als luidruchtige criticaster van het kabinetsbeleid is dat wel. Of CDA'er Bart van den Brink op eigen houtje contact zoekt of in opdracht van zijn baas Hugo de Jonge, wil hij in oktober 2021 niet tegen *Follow the Money* zeggen (de woordvoering van VWS evenmin).

De politiek adviseur van De Jonge stuurt de gegevens van Sywert door naar minister Martin van Rijn. Op zaterdag 11 april gaat Sywerts telefoon: de secretaris-generaal van het ministerie van

Financiën heeft goed nieuws. Bas van den Dungen, een CDA'er die jarenlang op het ministerie van Volksgezondheid werkte en vanwege de crisis tijdelijk op zijn oude post bij VWS is teruggekeerd, laat hem weten dat de Hulptroepen Alliantie een aanbod mag doen voor samenwerking met het LCH.

Het 'politieke deurtje' staat alsnog wagenwijd open: Sywert mag zijn aanbod eerst bij VWS indienen, zegt Van den Dungen hem, en het daarna direct met de verantwoordelijke minister Martin van Rijn bespreken. Het LCH heeft geen idee dat de top van VWS de opiniemaker op eigen initiatief aan boord haalt.

Na dit telefoontje is het voor Sywert, Bernd en Camille alle hens aan dek. Ze krijgen een unieke kans om op het hoogste niveau zaken te doen. Dat betekent dat ze een voorstel moeten indienen waar de top van VWS niet omheen kan. Ze werken er de hele zaterdag koortsachtig aan.

Het loopt tegen tweeën in de ochtend van zondag 12 april als Sywert een e-mail aan Van den Dungen stuurt, met als onderwerp: 'Stukken voor overleg minister/VWS/MinFin.' In de cc staan onder meer: Pieter Zwart, de baas van Coolblue, Adriaan den Heijer, vrachtdirecteur van KLM, de Europees directeur van logistiek bedrijf Flexport, een expert in medische hulpmiddelen van de TU Delft, Barbara Baarsma, directeur van Rabobank Amsterdam, en prins Constantijn. De hele rij prominenten is die dag betrokken geweest bij het opstellen van het plan, mailt hij:

Beste Bas,

N.a.v. ons prettige telefoongesprek gisteravond hierbij een link naar een Google Drive omgeving met een presentatie van het voorstel dat de Hulptroepen Alliantie doet aan de overheid. We zijn blij dat de vraag gesteld is, en we hebben met alle partijen vandaag hard gewerkt om alles in concept op papier te zetten. In essentie is het hetzelfde plan dat eerder bij het Landelijk Consortium Hulpmiddelen is gepitcht. Het probleem met de tekorten aan PBM's [persoonlijke beschermingsmiddelen, red.] *is oplosbaar. Zeker in de bejaardenzorg en thuiszorg is dit hard nodig. Na de afwijzing bij het LCH*

hebben we de afgelopen weken een onderbouwd plan verder ontwikkelt [sic], getest en in de praktijk gebracht. Met een samenwerking tussen overheid en vertrouwde Nederlandse kampioenen uit het bedrijfsleven kunnen we dit snel opschalen. Dat doen we met hart voor de mensen in de zorg, zonder winstoogmerk, vrij van belangen en zonder direct geld te vragen aan de Rijksoverheid. We horen graag wie bij de call met minister Van Rijn en/of een eventueel vervolggesprek aanwezig kunnen zijn. Als er vragen zijn in de voorbereiding, bel vooral. [...]
Tot slot: we kunnen alleen deze aantallen gaan halen als we snel operationeel gaan beginnen. Dat gaat met name om PO's [purchase orders, red.] bij fabrieken, financiering regelen en cargo. Speed is of the essence.

Een zalig paasfeest gewenst.
Sywert van Lienden

Via de link naar Google Drive in de mail komen de ambtenaren van VWS terecht bij een presentatie van meer dan honderd pagina's. De stichting Hulptroepen kan naar eigen zeggen in één klap een einde maken aan het tekort aan mondkapjes in Nederland. Bij twaalf Chinese fabrieken kunnen ze tot wel 120 miljoen maskers inkopen en naar Nederland vervoeren. Op het lijstje fabrieken staat ook Fox Medical, die geen producent is maar een Nederlandse importeur van mondkapjes. Het aanbod gaat bovendien verder dan alleen mondmaskers: Sywert kan ook handschoenen, schorten en spatbrillen leveren.

De Hulptroepen zeggen te beschikken over een 'volledig gecontroleerde supply chain' van fabrieken in China tot aan de deur in Nederland. Onderdeel van hun vervoersketen is een 'directe luchtbrug' met de KLM vanuit Shanghai, zo lezen de betrokken ambtenaren. De luchtvaartmaatschappij is door de Hulptroepen uitgekozen op grond van 'kwaliteit, snelheid, flexibiliteit, betrouwbaarheid en dienstbaarheid'. Bovendien is vrachtdirecteur Adriaan den Heijer van de KLM volgens het document 'adviseur' van de Hulptroepen.

Wat zo mogelijk nog meer indruk maakt, is dat de stichting voor het benodigde werkkapitaal een beroep kan doen op 115 miljoen euro financiering van de Rabobank. Daarvoor heeft de bank een vijf man sterk 'dealteam' klaarstaan.

De Rabobank is intensief betrokken, blijkt ook uit een mail die Rabobank Amsterdam-directeur Barbara Baarsma op 13 april 2020 doorstuurt aan Sywert. Ze schrijft: 'Hi Sywert, Zie hier de detailvragen die [naam bankier, *red.*][3] namens het dealteam van Rabo heeft. Hij zou dat graag morgen – uitgaande van een goede uitkomst van het gesprek straks met [minister, *red.*] Van Rijn – met jou en anderen verbonden aan de Hulptroepen Alliantie bespreken. [...]'

Hoe indrukwekkend de steun van twee grootmachten uit het bedrijfsleven ook is, de manier waarop de kostprijs van de mondkapjes is berekend, oogt minder professioneel. Een van de sheets bevat een gedetailleerd overzicht van de elementen die de prijs bepalen.[4] Hierin wordt de btw twee keer gerekend. Ten eerste staat de invoer-btw van 21 procent bij de kosten, terwijl zakelijke partijen deze btw kunnen terugvragen van de fiscus. Ten tweede rekenen ze bovenop de prijs van 2,88 euro ('exclusief btw') per mondkapje nogmaals btw, waardoor de prijs *inclusief* btw uitkomt op 3,48 euro.

In het voorstel is ook een 'post onvoorzien' opgenomen van 20 procent, ofwel 38 eurocent per mondkapje. Een tamelijk hoog percentage: bij eerdere bestellingen voor onder andere Buurtzorg hanteerden de Hulptroepen een post onvoorzien van 5 procent. Mocht de overheid inderdaad 120 miljoen mondkapjes afnemen en onvoorziene problemen blijven achterwege, dan houdt de stichting Hulptroepen een bedrag van 45 miljoen euro over. Om de transactie mogelijk te maken willen de Hulptroepen een afnamegarantie van de overheid, wat ook een voorwaarde is voor de Rabobank om de deal te financieren.

Het voorstel ambitieus noemen is een understatement. Of de Hulptroepen daadwerkelijk 120 miljoen mondkapjes kunnen importeren, is allerminst zeker. De ondernemers hebben offertes opgevraagd bij alle fabrieken die ze kennen, bij de meeste hebben ze nooit eerder besteld. Sywert en zijn partners hebben tot nu toe slechts 325 duizend mondkapjes uit China gehaald, blijkt uit een interne briefing.

De KLM is in werkelijkheid niet betrokken bij de totstandkoming, laat de luchtvaartmaatschappij nadien weten. 'Er zijn geen afspraken gemaakt tussen KLM en Hulptroepen Alliantie. Wij handelden vracht niet rechtstreeks af met Hulptroepen maar met het LCH,' zegt een woordvoerder van de KLM. Cargo-directeur Adriaan den Heijer is volgens de KLM nooit adviseur van de Hulptroepen geweest.

De Rijksvoorlichtingsdienst laat weten dat prins Constantijn Sywert in maart 2020 'in contact heeft gebracht met de charitatieve stichting van Flexport, een logistiek bedrijf in de VS.' Maar 'prins Constantijn is verder op geen andere wijze betrokken geweest bij de stichting en ook niet bij de overeenkomst met het ministerie van VWS. Als die suggestie is gewekt is dat geheel voor rekening van Hulptroepen.'

De Rabobank is na bemiddeling door Barbara Baarsma wel nauw betrokken. Baarsma en Sywert kennen elkaar al jaren; de econoom zat in 2012 al in de raad van advies van Sywerts politieke initiatief, de G500. Net als Sywert was ze jarenlang vaste tafelgast bij *De Wereld Draait Door*. Gevraagd naar haar betrokkenheid zegt ze in eerste instantie: 'Ik heb geen persoonlijke betrokkenheid gehad bij het conceptplan of de deal met het ministerie van VWS.'

Wanneer ze op een later moment wordt geconfronteerd met het e-mailverkeer, reageert ze: 'De informatie die ik verschafte is niet onjuist. Ik gaf aan dat ik als privépersoon niet betrokken ben geweest en dat ik geen mededelingen kan doen over eventuele betrokkenheid van Rabobank.'

Zondagavond rond negen uur reageert topambtenaar Bas van den Dungen:

Beste Sywert,

Dank voor het delen van je plan en de onderliggende informatie. Mooi dat jullie op deze wijze meedenken over de wijze hoe we de schaarste aan persoonlijke beschermingsmiddelen

in Nederland op korte termijn kunnen oplossen. Wij delen de analyse die jullie maken op een groot aantal punten. In de situatie van een wereldwijde vraag en daarmee schaarste zijn alle partijen in de zorg (VWS, Zorgaanbieders en ervaren leveranciers in deze markt) tot de conclusie gekomen dat samenwerking en prioritering van cruciaal belang zijn. We willen op de wereldmarkt onze inkoopmacht bundelen en voorkomen dat we onnodig met elkaar concurreren vanuit Nederland. Wij vinden het mooi om te zien dat organisaties en bedrijven die in 'normale tijden' elkaars concurrent zijn nu de handen in elkaar hebben geslagen en hun verschillen opzij hebben gezet voor het grotere doel: zorgen voor voldoende persoonlijke beschermingsmiddelen voor medewerkers in de zorg in Nederland. Wat we ook merken is dat landen als China op zoek zijn naar een gouvernement to gouvernement relatie, zij zitten dus niet te wachten op meerdere partijen uit 1 land. Dat zijn juist ook de belangrijkste redenen waarom de overheid heeft besloten te komen tot samenwerking in één gezamenlijk inkoopkanaal voor schaarse middelen en één model om ervoor te zorgen dat de schaarse middelen die er zijn op de plekken terecht komen in de zorg waar die het meest nodig zijn.
Het ministerie van Volksgezondheid, Welzijn en Sport heeft daarom met een team van professionals uit ziekenhuizen, academische centra, en leveranciers die al jaren een bestand netwerk op orde hebben om dergelijke spullen te sourcen en te leveren een open consortium opgericht met de mogelijkheid voor nieuwe spelers om toe te treden: het LCH.
Wij zijn altijd op zoek naar de manier waarop we de samenwerking in Nederland verder kunnen versterken. Tegen deze achtergrond hebben we aantal preliminaire vragen die voor ons wezenlijk zijn om jullie voorstel goed te kunnen duiden.

– In welke mate kunnen jullie garanderen dat jullie supply lines niet concurrerend zijn ten opzichte van de nu lopende NL inkoop van het LCH?
– In het plan worden grote volumes aan vrachtvluchten genoemd, meer dan er thans tussen China en NL mogelijk

zijn. In hoeverre zijn jullie in staat om het aantal vrachtvluchten te laten toenemen zonder dat dit ten koste gaat van de huidige en toekomstige goederenstroom van het LCH?
– Om een eerlijke verdeling van middelen naar de zorg te garanderen willen we de verdeling via één kanaal laten lopen. Wat is ervoor nodig om jullie initiatief hierop te laten aansluiten? Dit in plaats van eigen distributiekanalen te openen?
– Wat hebben jullie nodig om in het samenwerkingsmodel van het LCH te kunnen participeren op een manier waarbij de volumes die jullie in staat zijn naar Nederland te halen kunnen worden afgenomen? En is er ook een bereidheid aan jullie kant om te participeren in het LCH, dan wel jullie expertise beschikbaar te stellen aan het LCH.

Daarnaast leven er nog diverse detailvragen n.a.v. het lezen van jullie voorstel, echter ons inziens is het essentieel tot een eensluidende visie te komen op bovenstaande vragen alvorens we verder de diepte in kunnen gaan.
Morgen spreken we om 14.00 met minister van Rijn. Het zou fijn zijn als je in dat gesprek bovenstaande vragen van een antwoord kan voorzien.

Groet Bas van den Dungen

Het is duidelijk dat de topambtenaar een situatie wil voorkomen waarin de Hulptroepen Alliantie concurreert met de inkooporganisatie van de overheid, een uitvloeisel van de eerder ingezette beleidslijn van VWS om alles centraal te houden.

LCH-baas Rob van der Kolk krijgt het ambitieuze plan van de Hulptroepen diezelfde zondag doorgestuurd door topambtenaar Mark Frequin, namens het ministerie van VWS de hoogst betrokkene bij het inkoopconsortium. Van der Kolk is verbaasd dat Sywert van Lienden en zijn partners weer een ingang bij de overheid hebben weten te vinden. Van hun plannen is hij niet onder de indruk. Een luchtbrug met de KLM waarmee tientallen miljoenen mondkapjes naar Nederland komen, bestaat al – die heeft het LCH de afgelopen weken onder zijn leiding opgezet. Hij beschouwt het als een van de vele voorstellen die het LCH elke minuut binnenkrijgt en laat Frequin weten dat hij het voorstel afwijst: 'Liever opnieuw bestellen bij een betrouwbare leverancier dan een nieuwe toevoegen.'

Niettemin zit Sywert de volgende dag, maandag 13 april, 's middags in een call met minister voor Medische Zorg Martin van Rijn, die wordt gesouffleerd door topambtenaar Bas van den Dungen. Van Rijn geldt als een zeer ervaren bestuurder. Hij was topambtenaar bij meerdere ministeries, bestuursvoorzitter van pensioenuitvoerder PGGM en staatssecretaris van VWS in het kabinet-Rutte II (2012-2017). Vervolgens was hij voorzitter van de raad van bestuur van ziekenhuis Reinier Haga. Zulke topfuncties zijn in de regel niet verenigbaar met naïviteit – of met ontzag voor praatjesmakers.

Toch lijken de minister en zijn ambtenaar geen idee te hebben dat de Hulptroepen Alliantie zich veel groter voordoet dan zij in werkelijkheid is. Ter tafel ligt een compacte versie van het omvangrijke voorstel, met als aanhef: 'Voorwaarden om met LCH samen te kunnen werken.' Alle sheets bevatten het logo van de Hulptroepen, de laatste pagina vermeldt de contactgegevens van de stichting. In het twaalf pagina's lange stuk maakt de voorman van de stichting Hulptroepen duidelijk dat hij een aantal eisen aan een eventuele samenwerking stelt. Zo wil Sywert 'de quality control' van de mondkapjes in eigen hand houden, eist hij 'een duidelijk afnameschema' zonder al te veel inmenging van het LCH en bedingt hij 'vrijheid voor ondernemerschap'.

Van Rijn noemt direct zijn drie belangrijkste uitgangspunten, zo blijkt uit een vertrouwelijk gespreksverslag: voorkomen dat dezelfde fabrieken benaderd worden, elkaar niet in de weg zitten met 'vrachtcapaciteit' en afspraken over distributie, zodat de mondkapjes op de juiste plek terecht komen. 'Als aan die voorwaarden wordt voldaan, lijkt me dat het lukt.' Sywert zegt dat de oplossing simpel is: over en weer open zijn over relaties met leveranciers. Er zijn volgens hem wel 'twee- tot drieduizend' fabrieken die mondkapjes produceren, dus de kans op doublures is niet groot.

Cruciaal, zegt Sywert, is 'voorfinancieren tot China'. Want dat is het 'meest risicovolle gedeelte'. 'Anders belanden alle risico's aan de private kant. Dan loop je vast.' Als ze moeten leveren 'volgens de LCH-methode', moet de overheid werkkapitaal 'op de plank' leggen. Van Rijn is niet enthousiast en werpt tegen: 'Als iemand bij ons binnenkomt met 40 miljoen mondkapjes, zeggen wij: fijn, we nemen [die] gegarandeerd af. Maar daar zit geen werkkapitaalfinanciering in. Op die manier werkt het.'

Van den Dungen merkt in dit kader op dat de Hulptroepen een 'risicomarge' en een 'post onvoorzien' zouden mogen verdisconteren in de verkoopprijs. Deze opmerking zal Sywert later veelvuldig aangrijpen om te claimen dat de overheid aandrong op gebruik van een commerciële bv.

Dan komt het transport ter sprake, een heikel punt voor zowel Sywert als VWS. De ondernemer beweert dat hij al 'zes extra charters' heeft ingehuurd en dat de KLM klaarstaat met 'zeven vluchten per week' – in één klap een 'enorme cargohoeveelheid'. Dat hoeft niet te concurreren met de bestaande leveringen, stelt hij: als er ruimte over is in de vliegtuigen van de Hulptroepen kan het LCH die gebruiken. Maar: 'Eerst onze spullen.'

Sywert benadrukt dat er wel sprake is van enige tijdsdruk: 'De opties op de fabrieken verlopen vannacht.' Maar Van Rijn wil niets garanderen: 'vervelend' als ze de leads [Sywerts bestelopties] verliezen, 'maar ik wil wel mensen heel houden. Bel Mark [Frequin]. Hoe eerder de deal rond is hoe beter.'

Staan er werkelijk zeven KLM-vluchten per week klaar voor de Hulptroepen? Kan Sywert concurreren op het gebied van cargoruimte? Uit interne stukken van de Hulptroepen blijkt dat het bluf is. Ter voorbereiding op het gesprek met de minister hebben Camille, Sywert en Bernd mogelijke antwoorden geformuleerd op de vragen van Van den Dungen, waaronder die naar hun luchtbrug. De 'gecontroleerde supply chain' mist een essentieel onderdeel, erkent Camille: de route Shanghai-Amsterdam. Om dit 'capaciteitsprobleem' op te lossen hebben de Hulptroepen meer informatie van de overheid nodig, zoals de hoeveelheid landingsrechten die de KLM heeft. Zelf charters boeken op de vrije markt is 'zonde van het geld'. Kortom, de Hulptroepen willen dat Vadertje Staat de luchtvracht regelt. De KLM ontkent desgevraagd dat er vrachtvluchten klaarstonden voor de Hulptroepen. Ook de 'zes extra charters' zijn niet geregeld: hiervoor hebben de Hulptroepen een offerte opgevraagd bij logistiek bedrijf Flexport.

Eén element uit het verkorte voorstel voor Van Rijn komt tijdens de call niet ter sprake, blijkt uit het gespreksverslag: 'Inkoop voor LCH vindt plaats via nieuw op te richten entiteit: Relief Goods Alliance bv, welke separaat gefinancierd zal worden.' Achterin het voorstel van de stichting Hulptroepen staat dit veelbetekende zinnetje verscholen. De naam van de vennootschap heeft veel weg van de Engelse vertaling van Hulptroepen Alliantie, en suggereert zo een samenhang met de stichting. Maar die is er niet.

Bernd zit niet bij de gesprekken met de overheid. Hij is bezig met het oprichten van Relief Goods Alliance bv. Op 9 april, vier dagen eerder, heeft Bernd de domeinnamen al geregistreerd. Dezelfde dag stuurt Bernd een notaris van het chique Amsterdamse Zuidaskantoor CMS Derks Busmann een e-mail, waarin hij aankondigt dat ze de 'structuur' wat gaan 'aanpassen', vanwege 'grote bestellingen'. 'Dat is nu lastig omdat we het werkkapitaal nodig hebben voor de leveringen aan de kleine instellingen. Inmiddels hebben we daar een oplossing voor bedacht. Het opzetten van een nieuwe BV die wel deze koers kan varen met additioneel kapitaal uit andere bronnen.' Hij vraagt de notaris Sywert van Lienden de enig bestuurder van de nieuwe bv te maken: In een tweede mail die dag vraagt Bernd: 'Wat betreft de kosten is het nog mogelijk om een speciale prijs te krijgen gezien we dit voor de zorg doen [...]?'.

Zaterdagavond 11 april, de dag dat Bas van den Dungen de Hulptroepen om een voorstel heeft gevraagd, mailt Bernd de notaris opnieuw met het verzoek er vaart achter te zetten. 'Hier helaas het hele weekend met het team aan het doorwerken om tot een voorstel te komen om een soort tweede LCH op te zetten [voor 120 miljoen mondkapjes] welke zich gaat richten op de non ziekenhuis zorg. Dus de noodzaak voor de extra BV is een stuk urgenter geworden.'

De oprichters van de Hulptroepen hebben dus al op 11 april de intentie de commerciële RGA bv te gebruiken voor de overheidsdeal. Sywert mailt Van den Dungen echter een dag later een voorstel van de stichting Hulptroepen Alliantie. 'Zonder winstoogmerk, vrij van belangen.' In de ochtend van 13 april, vlak voor de call met minister Van Rijn, vraagt Bernd de notaris om een gesprek: 'Gezien we bezig zijn met onderhandelingen met de overheid en het contract daarmee einde van de dag / woensdag gesloten gaat worden is het goed om morgen snel met elkaar te schakelen.'

Sywert zal later verklaren dat de nieuwe bv is opgericht omdat het ministerie dat eiste. Later zal hij beweren dat 'in samenspraak' met de overheid voor deze koers is gekozen, dus tijdens de gesprekken vanaf 13 april. Maar de bv is dan al vier dagen in oprichting. Zowel VWS als Bas van den Dungen ontkennen dat er in samenspraak voor is gekozen. Mark Frequin zegt dat hij nooit heeft voorgesteld om buiten de stichting om zaken te doen. 'Het was voor ons geen voorwaarde dat ze een ander juridisch construct zouden kiezen. Geen sprake van.'

Wisten Bas van den Dungen en Martin Van Rijn dat ze niet spraken met de voorman van de stichting Hulptroepen, maar met de enig bestuurder van een commerciële bv in oprichting? Het ministerie van Financiën laat weten dat Van den Dungen niet wist dat RGA los stond van de stichting Hulptroepen Alliantie; hij veronderstelde dat ook RGA zonder winstoogmerk opereerde. Van Rijn zegt later tegen *de Volkskrant* dat 'Van Lienden hem nooit geïnformeerd heeft over zijn zakelijke belangen in Relief Goods Alliance'.[5] Van den Dungen bevestigt deze lezing desgevraagd: 'Over een bv is nooit gesproken.'[6]

Op dinsdagmiddag 14 april bereidt het kernteam van de Hulptroepen zich in Driebergen voor op een digitale kennismaking met een paar nieuwe vrijwilligers. Saskia heeft een groepje studenten van de universiteit Nyenrode gevraagd om mee te helpen met het schiften van aanbiedingen. De website in samenwerking met Coolblue staat op het punt om echt live te gaan, iedereen verwacht dat veel potentiële leveranciers zich straks zullen melden. De studenten moeten het kaf van het koren scheiden.

De Nyenrode-studenten hebben daar wel oren naar: het klinkt als een spannend project, en ze hebben in coronatijd toch weinig omhanden. Maar om 17.50 uur, tien minuten voordat het gesprek via Google Hangouts zal beginnen, appt Saskia de studenten: 'Helaas moeten we het gesprek verzetten. Om 18.00 staat namelijk (vrij onverwacht, we weten het 15 min.) een team van de overheid op de stoep.'

Ze doelt op LCH-baas Rob van der Kolk, die inderdaad aan het eind van de middag met een collega op weg is naar de kantoorvilla in Driebergen. Mark Frequin van VWS heeft hem eerder die dag gevraagd toch nog eens met Sywert en zijn partners te gaan praten. Van der Kolk heeft voor de tweede keer gezegd dat zo'n deal niet nodig is: het LCH heeft voldoende betrouwbare leveranciers gestrikt en heeft al tientallen miljoenen kapjes besteld. Mocht dat niet genoeg zijn, dan kunnen ze altijd bijbestellen. Waarom zouden ze in zee gaan met een extra leverancier zonder bewezen trackrecord, die bovendien eerder dreigde met een eigen webshop een rechtstreekse concurrent van het LCH te worden? Maar Frequin blijft aandringen: ga nou maar praten. 'Het is een politieke opdracht meer te kopen.'[7]

Van der Kolk is er de man niet naar om stampij te maken en geeft gehoor aan het verzoek. In Driebergen luistert hij naar het plan dat Sywert, Bernd en Camille hem presenteren. Het is het voorstel dat ze een dag eerder ook aan de minister hebben voorgelegd: de Hulptroepen willen bij twaalf fabrieken in totaal 120 miljoen mondkapjes inkopen en naar Nederland vervoeren. Dat de deadline van een deel van de offertes bij fabrieken verlopen is, vertelt het drietal er niet bij. De inkoopprijzen liggen volgens het plan tussen de 1,37 en 2,88 euro per stuk. Ze stellen voor een soort competitie tussen de fabrieken te organiseren: die aanpak moet het scherpste tarief opleveren. Veel vertrouwen boezemen de plannen van de onervaren inkopers Van der Kolk niet in.

Maar in het achterhoofd van de LCH-baas zingt de opdracht rond die topambtenaar Frequin hem heeft meegegeven. *We moeten blijven kopen.* Hij vraagt Sywert wat het minimale aantal is dat ze kunnen leveren. Het antwoord: 40 miljoen mondkapjes van twee fabrieken. Realistisch gezien is dit eerder het *maximum* dat ze kunnen leveren. Na het verlopen van de de meeste offertes, worden ze gered door twee betrokkenen bij de Hulptroepen die wél over serieuze contacten beschikken bij Chinese fabrikanten met beschikbare productiecapaciteit.

Van der Kolk rekent snel uit dat die 40 miljoen stuks volgens de prognoses zou uitkomen op een extra voorraad van minstens tien weken. Hij vraagt het drietal de volgende dag een nieuw voorstel bij vws in te dienen voor het leveren van 40 miljoen mondkapjes. Sywert, Bernd en Camille beschouwen dat als een *'go'*: ze zijn nu echt op weg naar een grote deal met de overheid. Dat de drie handelaren van plan zijn de overeenkomst uit te voeren met een bv die buiten de stichting Hulptroepen valt, is Van der Kolk niet duidelijk.

De sfeer tijdens de bespreking is vriendelijk. Wanneer de drie mannen van de Hulptroepen in de loop van de avond honger krijgen, vragen ze of Van der Kolk en zijn collega ook iets willen eten. Van der Kolk slaat het aanbod af, hij eet straks thuis. Voor de anderen laat Sywert pizza's hawaï aanrukken. De hilariteit bij het drietal is groot als de collega van Van der Kolk na afloop vraagt of ze hem een tikkie willen sturen voor zijn pizza. Voor die paar euro? Wat een kruideniersmentaliteit. Die pizza krijgt hij van de Hulptroepen.

De Hulptroepen-oprichters werken die avond lang door. Camille belt Saskia met de mededeling dat ze 'miljonair worden'. Midden in de nacht beantwoordt Bernd nog een e-mail van de Rabobank, die allerlei vragen heeft over de voorgenomen transactie. Hoe zit het bijvoorbeeld met de 'post onvoorzien' van 20 procent, die is opgenomen in de kostencalculatie voor de overheid? Diezelfde vraag had een betrokken bankier op 13 april ook al aan Barbara Baarsma gemaild: 'Als onvoorzien zich niet voordoet, verlaag je dan de prijs? Of is er dan sprake van winst? In laatste geval mogelijk lastig voor de overheid.'

'Er kunnen zaken fout gaan in het proces,' legt Bernd per mail uit. 'Daarom accepteert de overheid ook een risico-opslag "waar we jullie ondernemersrisico in verdisconteren", zoals de secretaris-generaal van het Ministerie van Financiën [Bas van den Dungen, *red.*] het omschrijft. "Winst" is dus geen issue voor de overheid. Wij willen het kapitaal dat (mogelijk) vrijkomt gebruiken voor o.a. de stichting (goed doel).'

De volgende ochtend, woensdag 15 april 2020, rijden Sywert en Camille naar Den Haag voor een gesprek bij het ministerie van Volksgezondheid. In de kantoortoren van VWS schuift Mark Frequin aan, met drie ambtenaren. Ook Rob van der Kolk is erbij.

Frequin bevestigt tijdens het gesprek dat de overheid 40 miljoen mondkapjes bij ze wil bestellen, van twee Chinese fabrikanten waarmee het LCH nog geen zaken doet.[8] Ze worden een *preferred supplier* van de overheid. Maar de topambtenaar doet Sywert wel een uitdrukkelijk verzoek, zo noteren de journalisten Thijs Broer en Peter Kee in hun boek *Code Rood*: de opiniemaker moet zijn publieke toon matigen. Minder klagen over het handelen van de overheid. 'Wil je alleen kritisch zijn, of wil je ook komen helpen met de oplossing?'[9]

Kort na het gesprek stuurt Sywert een aangepast voorstel naar het ministerie. Hij gaat akkoord met de levering van 40 miljoen mondkapjes aan de Nederlandse overheid, in te kopen bij twee fabrieken in China. Op het ministerie praten Frequin en Van der Kolk nog even na over de aanstaande miljoenendeal. Van der Kolk blijft erbij dat het een kostbaar en onzinnig idee is. Frequin legt hem uit waarom het ministerie van VWS toch met de onervaren handelaren in zee gaat. Het is simpel: met zijn aanhoudende kritiek op het kabinetsbeleid vormt Van Lienden een te grote bedreiging voor het imago van de politieke top van het ministerie. Om zijn punt te onderstrepen citeert Frequin de Amerikaanse president Lyndon Johnson: '*It's probably better to have him inside the tent pissing out, than outside the tent pissing in.*'

VWS-minister Hugo de Jonge stuurt toevallig diezelfde dag een brief aan de Tweede Kamer waaruit blijkt dat de inkoop van beschermingsmiddelen voorspoedig verloopt. Het LCH heeft inmiddels bijna 75 miljoen 'adembeschermingsmaskers' besteld, van het type waarin ook de stichting Hulptroepen handelt.[10] Volgens de berekening van de Boston Consulting Group is dat in het zwartste scenario genoeg voor negentien weken. Daarnaast zijn er meer dan 75 miljoen chirurgische mondkapjes binnen. De conclusie: het acute tekort is opgelost.

De volgende dag spreekt de Kamer met De Jonge over de inkoop van beschermingsmiddelen. De minister had makkelijk kunnen zeggen: 'Na een stroeve start is het LCH goed op gang gekomen, het heeft ruim 75 miljoen mondkapjes ingekocht. Daarmee is het tekort opgelost, zelfs als de vraag nog een half jaar op piekniveau blijft. De productie in China is zo hoog dat we te allen tijde kunnen bijbestellen. Bovendien dalen de inkoopprijzen snel. We staan nu voor de uitdaging om de spullen hierheen te krijgen en naar al die zorginstellingen te distribueren. Er is thans alleen nog een tekort aan handschoenen en schorten, maar ook dat zal zich snel oplossen. Er staat een professionele inkooporganisatie met de beste inkopers van Nederland en de luchtbrug met de KLM functioneert prima.'

Maar dat zegt De Jonge niet tegen de uiterst kritische en ongeduldige Kamer. Integendeel: hij verklaart dat er nog altijd 'wereldwijde schaarste' is.[11] Zo blijft bij de Kamer en in het land het idee bestaan dat er nog steeds een schrijnend tekort is.

Tijdens het debat tweet Sywert dat de website van zijn nonprofit-initiatief live is gegaan: 'We zijn live met hulptroepen.nu! Ongelooflijk mooi dat het ons gelukt is samen een supply chain te bouwen waarmee we structureel mondmaskers beschikbaar maken voor de zorg. Veel dank aan @Coolblue @KLM @Flexport @TU Delft.' In een bijgaand filmpje vertelt hij enthousiast over een 'gecontroleerde supply chain van China tot de zorgverlener om de hoek'. In zijn hand houdt hij een doosje mondkapjes van Fox Medical, gekocht in Berkel en Rodenrijs. Op de aftiteling staat: 'Mede mogelijk gemaakt door KLM.'

Als de mannen van de Hulptroepen op vrijdag 17 april opnieuw naar Den Haag rijden, kan de deal ze bijna niet meer ontglippen. Toch houdt Sywert in een appje aan een aantal betrokkenen nog een slag om de arm: 'Hopelijk weten we vanavond of dit weekend of er een grote opdracht bijkomt. Of dat we ons gewoon op Coolblue richten.' En: 'Laten we na deze meeting even een hapje eten en met elkaar praten en doornemen hoe of wat. Als er zo wat ligt tenminste. *Only God knows.*'

Sywert en Camille geven op het ministerie van VWS Mark Frequin en zijn medewerkers een toelichting op het voorstel dat ze na het vorige gesprek, twee dagen eerder, hebben opgesteld: het plan voor de levering van 40 miljoen mondkapjes. Tijdens het gesprek formuleren Sywert en Camille een aantal uitgangspunten voor de samenwerking. Zo zullen ze hun expertise inzake de markt voor beschermingsmiddelen met VWS delen, de beste fabrieken selecteren, beloven ze inzage te geven in de kwaliteit van de maskers en zullen ze de overheid inzicht geven in de opbouw van de prijs die ze in rekening brengen.[12]

Dat ze de aanstaande deal niet zullen uitvoeren via de stichting Hulptroepen maar via de commerciële vennootschap Relief Goods Alliance, lijkt nog niet tot de ambtenaren te zijn doorgedrongen. Een van de aanwezigen van VWS maakt na afloop een gespreksverslag, met als titel 'samenvatting gesprek Hulptroepen en LCH'.

Het LCH zal de bestelling bij de Hulptroepen definitief plaatsen. Om de laatste afspraken te maken, rijden Sywert en Camille later die middag naar Leusden. Het is een glorieuze terugkeer in het pand waar ze drie weken eerder zijn uitgeknikkerd. Ze hebben het LCH dan misschien niet van de kaart geveegd, ze zijn wel binnen als grote leverancier – een van de allergrootste, zelfs.

Om het pand binnen te komen, moeten Sywert en Camille hun handtekening zetten onder het convenant van het LCH, dat onder meer tot geheimhouding verplicht. In de overeenkomst is tevens bepaald dat partijen 'zonder winstoogmerk' samenwerken.

Maar die afspraak berust op drijfzand. Sywert tekent het document als privépersoon, niet als bestuurder van Relief Goods Alliance. Formeel is de vennootschap zodoende geen contractpartij binnen het convenant. In een later forensisch onderzoek dat bureau Grant Thornton uitvoert in opdracht van VWS, staat dat RGA werd gezien als leverancier, niet als consortiumpartner. 'Hiermee gold dat de binnen de leden van het LCH gemaakte kernafspraken, zoals het meewerken zonder winstoogmerk, niet van toepassing waren voor RGA.'[13] Voor Sywert is het *the best of both worlds*: bij het LCH doet hij intieme kennis op waarmee de stichting Hulptroepen haar voordeel kan doen én hij wordt *preferred supplier* van het consortium – met winstoogmerk.

Dankzij zijn eerdere aanwezigheid bij het LCH was Sywert 'precies op de hoogte' van de maximumprijs die de overheid bereid was te spenderen, zal Van der Kolk later op Radio 1 verklaren: 'We hadden een maximum van 2,50 euro [per mondkap, *red.*] en hij kwam gemiddeld uit op 2,52.'[14] In het onderzoeksrapport van Grant Thornton zal later staan: 'Binnen het LCH bestond de indruk dat RGA op zoek was naar informatie zoals leveranciersbestanden en kwaliteitsspecificaties, die ze mogelijk voor eigen gewin zouden willen inzetten.'

Die avond ontvangt Sywert een orderformulier van het ministerie. Hij kan 20 miljoen mondkapjes van fabrikant Ryzur bestellen voor 2,26 euro per stuk, en 20 miljoen mondkapjes van Shandong Shengquan New Materials voor 2,78 euro per stuk. De deal bedraagt in totaal iets meer dan 100 miljoen euro. Eigen werkkapitaal heeft RGA niet nodig, het ministerie van VWS financiert de deal volledig voor. Hierdoor is financiële steun van de Rabobank overbodig geworden. Ook over de logistiek hoeft Sywert zich geen zorgen te maken: die komt voor rekening van de schatkist. Zelfs het vervoer van de fabriek naar de luchthaven gebeurt onder regie van de overheid. Het enige dat RGA hoeft te doen, is de mondkapjes bestellen en de kwaliteit checken. Er is amper risico mee gemoeid.

Desondanks blijft de post onvoorzien van 20 procent, berekend toen de Hulptroepen nog uitgingen van eigen financiering, onderdeel uitmaken van de prijs. VWS zal blijven beweren geen zicht te hebben op de marge. Maar met een post onvoorzien van 20 procent op een deal van 100 miljoen moet het alle betrokkenen duidelijk zijn dat de kans levensgroot is dat er een enorm winstbedrag overblijft. Waarom VWS akkoord gaat met een dusdanige marge is onduidelijk. Het roept ook de vraag op of de order wel direct gegund mocht worden. Bij dwingende spoed mag de overheid zonder aanbesteding inkopen, maar van een tekort was geen sprake meer. Dan moet een overheid in beginsel openbaar aanbesteden.

De drie importeurs weten meteen dat hun kostje gekocht is, blijkt uit de contracten met de fabrikanten en de facturen aan VWS. Fabrikant Ryzur ontvangt een inkooporder voor 20 miljoen kapjes à 1,80 dollar per stuk (omgerekend tegen de wisselkoers van eind april 2020 is dat 1,66 euro). Met Shengquan spreekt het drietal twee prijzen af: 2,50 dollar (2,31 euro) voor de eerste 3 miljoen exemplaren, 2,05 dollar (1,89 euro) voor de tweede order van 17 miljoen stuks, blijkt uit het contract.[15] Een optelsom leert dat RGA in totaal 72,2 miljoen euro voor de mondkapjes betaalt. Aangezien de overheid 100,8 miljoen euro overmaakt, blijft er een marge van 28,5 miljoen euro over.

De omvang van de deal is uitzonderlijk. Het ministerie van VWS heeft slechts twee andere deals voor persoonlijke beschermingsmiddelen van meer dan 100 miljoen euro gesloten, zal minister voor Medische Zorg Tamara van Ark (VVD), die in de zomer van 2020 Martin van Rijn is opgevolgd, later aan de Kamer melden. Een daarvan betrof mondkapjes (en onderzoekshandschoenen), de andere megadeal was voor isolatiejassen. Ook de volledige voorfinanciering is uitzonderlijk, stelt een betrokkene van het LCH: 'Ik ken niet één ander geval. Normaal gesproken betaalden we juist *niet* volledig vooruit.'

Wanneer Sywert en Camille die vrijdagavond terugkeren naar het kantoor in Driebergen, zijn ze in een uitgelaten stemming. Ze hebben het geflikt. In een week die begon met een serie kritische tweets hebben ze hun gedroomde megadeal met de overheid binnengesleept; een deal waarvan ze weten dat ze er miljoenen aan zullen overhouden, terwijl Nederland hen zal bewonderen om hun filantropische daadkracht.

Vooral Camille is euforisch. Op de parkeerplaats negeert hij de anderhalvemeterregel en knuffelt een medewerker zo hard dat hij hem optilt. *40 miljoen mondkapjes!* Ze zullen er als non-profitstichting niet aan verdienen, bezweren ze. Veel meer kunnen ze er niet over kwijt, zeggen ze, omdat ze een geheimhoudingsovereenkomst met de overheid hebben getekend.

Aan meerdere mensen in zijn omgeving laat Camille weten dat hij de gesprekken met de top van VWS heimelijk heeft opgenomen. Tegen een van hen zegt hij: 'Als dit ooit naar buiten komt, is dat het einde van de Nederlandse democratie.'

Die avond ontbreekt één belangrijke betrokkene in Driebergen. Saskia van Huijgevoort heeft na het nachtelijke telefoontje van Camille – *We gaan miljonair worden!* – haar conclusies getrokken.

Ze weet dat Relief Goods Alliance losstaat van de stichting Hulptroepen en dat Sywert, Bernd en Camille de aandeelhouders zijn. 'Ik heb afgelopen weken een essentiële bijdrage geleverd aan het team, maar ben feitelijk geen onderdeel,' mailt ze de drie oprichters op 16 april. Daarom wil ze onderdeel worden van het bestuur van de bv's – van zowel de werkmaatschappij van de stichting als van RGA bv – en de stichting zelf, met een bescheiden salaris van 2500 euro per maand. Daarnaast eist ze dat het project non-profit blijft: 'De volledige winst die overblijft (van alle activiteiten die tijdens de pandemie hieruit voortvloeien) vloeit via de stichting terug naar zorginstellingen. Onder deze [...] voorwaarden werk ik graag verder met jullie als 1 team. Zo niet, dan stap ik uit dit initiatief.'

Sywert, Bernd en Camille zitten die dag middenin de onderhandelingen met het ministerie, maar voeren koortsachtig overleg over de reactie die ze het andere lid uit hun 'kernteam' moeten sturen. Het drietal voelt zich behoorlijk onder druk gezet. Camille oppert om Saskia af te kopen: wat nu als de stichting Hulptroepen haar 5000 euro per maand betaalt, met terugwerkende kracht vanaf maart? Blijft ze dan misschien aan boord? Uiteindelijk besluiten ze haar dat voorstel niet te doen. Alle winst straks terug naar de zorg? Dat zijn ze niet van plan. Saskia's strenge mail laten ze onbeantwoord, zodat haar deadline – binnen één dag wil ze antwoord – verstrijkt. Het trio richt zich op de lancering van de site van de Hulptroepen, die dezelfde avond live gaat.

De volgende ochtend reageert Saskia zelf. Ze mailt de drie oprichters van de Hulptroepen:

Beste Sywert, Camille en Bernd,

Gefeliciteerd met de webshop. Fijn dat zorgverleners op deze wijze wel aan hun mondkapjes komen.
Uit jullie stilte trek ik zelf mijn conclusies. Het verbaast me; ik dacht dat dit eerder een formaliteit dan een breekpunt zou zijn. Bij deze scheiden [zich] onze wegen. Ik ben niet geïnteresseerd in het bijdragen aan een deels (geheime) commerciële organisatie, die steunt op de ruggengraat van een stichting in tijden van crisis.

Mijn doel was het distribueren van mondkapjes bij zorgverleners. Met deze webshop beschouw ik mij daarmee als voldaan. Ik weet dat jullie een goed hart hebben. Ik hoop dat jullie alsnog inzien dat Nederland in deze tijd de behoefte heeft aan altruïsme. En dat dit niet de tijd is voor commerciële ondernemingen.

Gr Saskia

8 GEACHTE MINISTER-PRESIDENT, BESTE MARK

Op het hoofdkwartier van het LCH in Leusden wordt de aanstaande deal met Sywert van Lienden en zijn partners niet met gejuich ontvangen. LCH-baas Rob van der Kolk staat niet alleen in zijn verzet; ook de inkopers van het LCH keren zich unaniem tegen de overeenkomst, bevestigen meerdere betrokkenen achteraf. Dat laten ze Van der Kolk ook weten. In de dagen na 17 april ontvangt hij tot drie keer toe e-mails waarin betrokken inkopers formeel protest aantekenen. Hij stuurt ze door aan ambtelijk verantwoordelijke Mark Frequin.

De inkopers vinden de deal met Relief Goods Alliance totaal onnodig: er zijn al meer dan genoeg mondkapjes besteld, aan de leveringszekerheid van deze onervaren leverancier wordt getwijfeld en er liggen betere aanbiedingen van wél betrouwbaar geachte partijen.[1]

Forensisch onderzoeksbureau Grant Thornton omschrijft de bezwaren van het LCH-team later als volgt: 'RGA zou zich richting VWS en in de media presenteren als "de partij die de zorg zou gaan redden", zou zich niet aan [...] de "Fair Play-regels" houden en zou voor eigen gewin opereren.' De inkopers vermoeden zelfs een dubbele agenda: 'Binnen het LCH bestond de indruk dat RGA op zoek was naar informatie zoals leveranciersbestanden en kwaliteitsspecificaties, die ze mogelijk voor eigen gewin zouden willen inzetten.'

LCH-baas Rob van der Kolk heeft dan al begrepen dat de deal

met Sywert hoe dan ook doorgaat. Om de boel intern te sussen stuurt hij een mail rond, waarin hij de boodschap herhaalt die Frequin hem een paar dagen eerder meegaf: *It's better to have him inside the tent pissing out, than outside the tent pissing in.*

Woensdagochtend 22 april 2020 zijn Sywert en Camille al vroeg in het LCH-pand. Er is een probleem: om de deal voor de levering van 40 miljoen mondkapjes aan de overheid af te ronden, heeft Sywert een berg papierwerk moeten opsturen. Cruciaal daarbij waren de CE-certificaten, die bewijzen dat de mondmaskers op de Europese markt zijn toegelaten. Maar de professionele inkopers van het LCH hebben de certificaten afgewezen. Volgens hen zijn ze nep. Een van de inkopers heeft Sywert twee dagen eerder per mail laten weten dat hij een negatief advies zal geven inzake de order.

Volgens Sywert is het kinnesinne, een sneue poging van de inkopers om zijn deal te dwarsbomen. Met tegenzin is hij naar Leusden gereden met een stapel aanvullende documenten, die moeten aantonen dat hij wel degelijk over echte CE-certificaten beschikt. In Leusden wordt hij meegenomen naar de kamer van een van de VWS-ambtenaren die in het LCH-pand een tijdelijke werkplek hebben.

Een van de LCH-inkopers, Joep van Breukelen van het zogeheten 'kwaliteitsteam', wordt naar de kamer geroepen waar Sywert samen met de ambtenaar wacht. Ter plekke krijgt Van Breukelen opdracht de certificaten te beoordelen. Hij concludeert dat de documentatie in orde is: de transactie kan doorgaan. Sywert krijgt nog dezelfde dag een *license to operate* van het ministerie van VWS, een bewijs dat RGA namens de overheid beschermingsmiddelen inkoopt bij de twee geselecteerde Chinese fabrikanten.

Achteraf zeggen meerdere betrokkenen tegen onderzoeksbureau Grant Thornton dat door het ministerie 'bepaalde druk werd uitgeoefend op het tekenen van de order'. Een betrokken ambtenaar van VWS verklaart in dat onderzoek 'dat de RGA-order een lang voortraject had doorlopen en dat het derhalve van belang was dat die order toen alle benodigde documentatie was aangeleverd [...] met prioriteit beoordeeld moest worden [...] om problemen met de leveranciers, maar ook met de Chinese overheid, te voorkomen.

Daarom heeft hij LCH verzocht de order met voorrang te verwerken.'

De goedkeuring van de CE-certificaten stilt de kritiek binnen het LCH geenszins. Een medewerker van Mediq, dat formeel de overeenkomst met RGA bv moet sluiten, mailt die dag opnieuw zijn bezwaren naar onder andere Rob van der Kolk en topambtenaar Mark Frequin. Hij wijst nog maar eens op de twijfels die er binnen het LCH leven over de omvang van de bestelling, en licht toe dat het inkoopconsortium de overeenkomst onder protest heeft getekend; 'onder de vermelding dat de order vanuit de marktbehoefte niet nodig was'.

De handtekening van Mark Frequin, de hoogst verantwoordelijke ambtenaar, staat niet op de overeenkomst. Hij geeft telefonisch toestemming aan Mediq om 100 miljoen euro uit te geven, zonder enige schriftelijke voorwaarden. Althans: er is geen enkel document te vinden waarin de afspraken tussen VWS en RGA formeel zijn vastgelegd. In een concept van Grant Thorntons onderzoek zal later staan dat 'een van de geïnterviewden' de order een 'kleinigheid' noemt. In de definitieve versie van het rapport is dat vervangen door: 'Twee keer nee verkopen [aan Sywert] zou kunnen leiden tot politieke en maatschappelijke verontwaardiging.'

Tegen NRC zegt Mark Frequin later dat hij de deal 'vrij droogkloterig gesloten' heeft. 'Maar er stond veel druk op, vanuit politiek en media.' Hij zegt dat zijn ministerie de overeenkomst beter niet geheim had kunnen houden: 'We hadden gelijk opening van zaken moeten geven. We maakten de fout dat we dachten: laat maar, anders krijgt de minister Kamervragen.'[2] Het massieve interne verzet tegen de verkwisting van zoveel overheidsgeld blijft zodoende een Haags geheim. Ook de Tweede Kamer krijgt geen lucht van de ambtelijke schermutselingen.

De zon schijnt uitbundig wanneer Pieter Omtzigt op vrijdag 24 april 2020 de kantoorvilla in Driebergen binnenloopt. Onder zijn blauwe jasje draagt het Kamerlid een spijkerbroek en afgetrapte sneakers. Voor de CDA'er is het een informeel uitje: hij komt kijken hoe de jongens van de Hulptroepen Alliantie de Nederlandse zorg aan mondkapjes helpen. Het is weer eens wat anders dan de

Toeslagenaffaire, waarover hij het kabinet al meer dan twee jaar onder vuur neemt. Eerst door samen met Kamerlid Renske Leijten (SP) aan te tonen dat het hardvochtige beleid van de Belastingdienst duizenden burgers in grote problemen bracht, meer recent door te betogen dat het kabinet-Rutte veel te weinig doet om deze problemen op te lossen.

Het ritje naar Driebergen heeft een serieuze ondertoon. Wat betreft de inkoop van beschermingsmiddelen twijfelt Omtzigt aan de slagkracht van het kabinet. Dat zijn partijgenoot Sywert dit probleem met een aantal private partijen wil aanpakken, lijkt hem een uitkomst. De twee hebben een goede band; ze zitten allebei in de commissie die het nieuwe verkiezingsprogramma van het CDA zal samenstellen. In de eerste bijeenkomsten van de commissie – voor corona, toen ze nog fysiek konden vergaderen – zaten Sywert en Omtzigt naast elkaar. Ze herkennen veel in elkaar: beiden katholiek, beiden hyperintelligent, beiden aanpakkers met een hekel aan bureaucratische processen.

Sywert draagt een paar oude Nikes en een overhemd met de bovenste knoopjes sjofel open. Zijn mouwen heeft hij opgestroopt, alsof hij wil zeggen: hier wordt hard gewerkt. Hij geeft zijn partijgenoot een rondleiding door het pand, dat inmiddels een maand dienst doet als hoofdkwartier van de Hulptroepen. De ruimte ademt de sfeer van een start-up: frisse bureaus, overal planten, in de hoek een rij fonkelnieuwe computerschermen, nog in de verpakking. Beneden in de bar staat een automaat met uitstekende koffie.

Het team van de Hulptroepen is inmiddels flink uitgebreid. Saskia's vertrek is onder andere opgevangen door een aantal mensen die via Randstad zijn binnengekomen; het uitzendbureau betaalt hun salaris. Daarnaast hebben zich zzp'ers en ondernemers gemeld die door de coronacrisis tijdelijk zonder werk zitten en die graag willen meehelpen. Een kleine twintig man in totaal. Sommigen waren bij hun entree verbaasd dat er lege champagneflessen bij het glaswerk lagen, maar niemand vroeg door. Bernd zou het later dat voorjaar een 'onwijs mooi team' noemen: 'Allemaal mensen in de twintig en dertig, in de bloei van hun leven, die elkaar helemaal niet kenden en die echt keihard samenwerken om het verschil te maken.'

De nieuwe organisatie krijgt binnen een paar dagen vorm: de een stort zich op de klantenservice, een ander op de administratie, er is iemand verantwoordelijk voor het testen van de mondkapjes, een ervaren salesman richt zich op het werven van nieuwe klanten, iemand gaat Camille helpen met de inkoop in China, enzovoort.

In een hoek van de ruimte legt Pieter Omtzigt zijn iPhone opzij om van Sywert een paar mondkapjes in ontvangst te nemen. Lachend poseren ze voor een fotootje, uiteraard met inachtneming van de verplichte anderhalve meter afstand. Kort daarna zetten ze de foto allebei op Twitter. Het Kamerlid tweet: 'Vandaag op bezoek bij Hulptroepen.nl en @Sywert. Indrukwekkend hoe er binnen weken miljoenen mondkapjes geïmporteerd worden.'

Dan nemen ze plaats aan de vergadertafel voor een gesprek dat volgens een aanwezige 'een paar uur' zal duren. Omdat het lekker weer is, praten ze later verder op een bankje in de barokke kantoortuin. De meeste kantoorgenoten weten niet wat er besproken wordt. Wat blijkt: terwijl de inkt van de miljoenendeal amper droog is, wil Sywert meer. Flink meer. Hij presenteert het Kamerlid een nieuw voorstel: een vergezicht voor de anderhalvemetereconomie, waarin iedereen beschermd naar het werk kan met een mondkapje, geleverd door de Hulptroepen. Het zou een breuk betekenen met het kabinetsbeleid: premier Rutte heeft een paar dagen eerder in de Tweede Kamer gezegd dat mondkapjes volgens hem niet werken – ondanks een stroom buitenlandse onderzoeken die het tegendeel bewijzen.

Sywert legt Omtzigt uit dat hij een unieke propositie heeft: een eigen *supply chain* met spullen van de hoogste kwaliteit, geleverd tegen kostprijs. En hij geeft zijn partijgenoot een stok om het kabinet mee te slaan: de overheid regelt het niet, er is nog steeds schaarste, waardoor veel 'zorghelden' onnodig onbeschermd rondlopen. Bovendien maakt de overheid maar deels gebruik van zijn hulp: van de 120 miljoen mondmaskers die de Hulptroepen kunnen leveren, zijn er maar 40 miljoen afgenomen. Sywert verzwijgt dat zijn overheidsdeal wordt uitgevoerd door RGA bv.

Met zijn eloquente presentatie maakt Sywert indruk op zijn

geestverwant, die zich al weken zorgen maakt over tekorten in de verpleeghuizen en de stijgende besmettingscijfers. Bovendien vertrouwt Omtzigt niet op de boodschap van de overheid dat er al veel beschermingsmiddelen zijn ingekocht. Hij vraagt Sywert het voorstel verder uit te werken. Belangrijker: hij belooft het onder de aandacht te brengen bij zijn grootste politieke tegenstander, premier Mark Rutte (VVD).

De eerste gelegenheid daarvoor dient zich al snel aan, want vier dagen later overlegt Omtzigt, op zijn verzoek, met Rutte in het Torentje over de mogelijke levering van miljoenen vaccins van AstraZeneca. Daarvoor moet Nederland wel tien miljoen euro investeren in de productiecapaciteit van het Leidse Halix – een kans die het kabinet zal laten liggen.

In de zijlijn brengt Omtzigt het gesprek op mondkapjes en laat het plan van de Hulptroepen achter op het bureau van de premier. Daarmee is het plan van Sywert geland op het hoogst denkbare niveau – dankzij Omtzigt zijn de mondkapjes chefsache.

Een dag later stuurt Omtzigt het 'onderzoeksvoorstel' door naar een ambtenaar van Algemene Zaken. De titel van het vijftien pagina's tellende stuk van de Hulptroepen: *Een voorstel voor de 1,5 meter economie. Nederland beschermd weer aan het werk*; de aanhef is 'Geachte minister-president, beste Mark'.[3] Het 'Team Hulptroepen' schrijft dat de stichting al 40 miljoen maskers levert aan de overheid. 'Dit is enkel voor de zorg, maar de vraag komt onvermijdelijk op wat er met de rest van de samenleving moet gebeuren in de 1,5 meter samenleving.'

Sywert, Bernd en Camille zijn 'bezorgd' over het tekort, terwijl schaarste helemaal niet nodig is. 'We hadden zelf ook meer kunnen leveren.' Dat is de kern van hun voorstel: ze willen dat de overheid beter gebruik zal maken van hun 'fabriekscontacten'. De Hulptroepen Alliantie heeft de 'afgelopen weken veel geleerd' en deelt haar bevindingen 'op verzoek van dhr. Omtzigt, zodat eea verbeterd kan worden'. 'Als deze markt opgeschaald kan worden, is het onze overtuiging dat met name (jonge) gezonde mensen weer snel beschermd aan het werk kunnen.'

Wat volgt is een verkoopverhaal dat bij professionele inkopers verbazing wekt. Niet alleen vanwege de stoutmoedige hoeveelheden die Sywert met zijn stichting aanbiedt: '100-200 miljoen eenmalig', en daarna '100+ miljoen' mondkapjes per week. Sywert claimt dat er niet alleen een tekort is, maar dat een groot deel van de aangeboden producten van gebrekkige kwaliteit is. 'We zien in eigen testen dat de kwaliteit filtratie FFP2 loopt vanaf 10 – 99,9% effectiviteit.' Dat percentage slaat op de hoeveelheid deeltjes die een masker filtert. Die genoemde ondergrens van 10 procent is merkwaardig, zeggen kenners. Een filtratie van 80 procent is extreem laag, een willekeurig stukje stof voor je mond houdt al 50 procent van de virusdeeltjes tegen. Claimen dat andere mondkapjes maar 10 procent filteren, is niets dan bangmakerij.

Het tweede probleem, stellen de Hulptroepen, is de 'focus op papieren kwaliteit', waarmee ze doelen op CE-certificaten. Partijen die over zulke certificaten beschikken zijn 'schaars' en 'volgeboekt', waardoor allerlei goede maskers die de juiste papieren missen, van de Europese markt zijn uitgesloten. Ook is er sprake van een 'gebrek aan expertise' en geld bij marktpartijen, waardoor ze niet 'direct' in China durven in te kopen. 'Elke aankoop vereist voorfinanciering.' Tot slot zouden 'grote betrouwbare Chinese fabrikanten' een te grote minimumafname hanteren: 20 miljoen stuks. 'Dit is simpelweg te groot voor marktpartijen.' De conclusie: 'private partijen [zijn] niet in staat tekorten op te lossen.'

In werkelijkheid kopen marktpartijen met veel meer expertise dan de Hulptroepen – zoals LCH-partner Mediq, het Britse concern Bunzl of het Nederlandse Fox Medical, bij wie de Hulptroepen zelf inkopen – met eigen financiering op grote schaal kwalitatief goede beschermingsmiddelen met de juiste papieren in. De pakhuizen van het LCH liggen er vol mee. 'Dat je alleen 20 miljoen stuks per keer kunt bestellen bij grote fabrieken is nonsens,' stelt importeur Jan Kemeling, die al decennia zaken doet in China. 'Mijn bedrijf kon midden in de crisis ook een half miljoen exemplaren afnemen, of zelfs minder.'

Hoewel ze slechts sinds een paar weken actief zijn als importeur, claimen de Hulptroepen een voorrangspositie te hebben bij fabrieken, 'zelfs boven andere staatsinkopers'. Een van hun inkopers heeft namelijk 'ingangen' bij directies van fabrieken. Maar iedereen die in China grote aantallen mondkapjes koopt, krijgt te maken met de directie, zeggen geraadpleegde inkopers. Voor ervaren leveranciers zijn zulke contacten even alledaags als het opstellen van een offerte. De suggestie dat de Hulptroepen andere inkopers op deze wijze aftroeven, is volgens hen potsierlijk.

'We zien veel gemiste kansen', kopt een van de slides. 'De overheid is te traag.' 'Neemt minder af dan mogelijk.' 'Overheid geeft partijen die bewezen kwalitatieve voorraden hebben geen *license to operate* door hen een vrije opdracht te geven volume X tegen maximale prijs Y tegen kwaliteitsvoorwaarden Z naar NL te halen, waarbij ze onafhankelijk zijn in het opereren.'

Met andere woorden: het voorstel suggereert dat alleen de Hulptroepen het probleem adequaat kunnen oplossen, op voorwaarde dat de stichting een creditcard van de schatkist meekrijgt, die zij naar eigen inzicht kan gebruiken om mondkapjes zonder certificaten te kopen. En passant meldt het document dat de stichting Hulptroepen al 40 miljoen maskers heeft geleverd. Het commerciële Relief Goods Alliance wordt nergens genoemd. Zo wordt niet alleen Pieter Omtzigt om de tuin geleid, maar ook premier Mark Rutte.

Desondanks wordt het voorstel in Den Haag bloedserieus genomen. Nadat Omtzigt het 'onderzoeksvoorstel' op 29 april heeft doorgestuurd aan iemand van Algemene Zaken, antwoordt de betreffende ambtenaar: 'Voor de 120 mln mondkapjes had ik Martin van Rijn gevraagd je te bellen. Heb je hem al gesproken of nog niet? Zo niet dan zet ik een rappel in. Ik neem over het onderzoeksvoorstel contact op met VWS.' Zo bemiddelt Pieter Omtzigt direct bij Van Rijn voor Sywert. Een dag later belt Algemene Zaken met de Hulptroepen. 'Ik breng [Sywert] in contact met de juiste mensen binnen VWS,' mailt de ambtenaar aan Omtzigt.

Terwijl Sywert, Bernd en Camille de reactie op hun voorstel voor een tweede megadeal afwachten, maken ze in Driebergen de balans van de eerste weken op. De webshop loopt als een trein: honderden zorginstellingen hebben via Hulptroepen.nu een of meerdere dozen mondmaskers besteld. Een deel van de kapjes kopen ze nog altijd van Fox Medical in Nederland, al is de stroom materialen uit

China na de eerste moeizame weken beter op gang gekomen.

De omzet van de stichting Hulptroepen overschrijdt in de eerste week van mei de grens van 3 miljoen euro, meldt een direct betrokkene. Volgens Sywert is dat succes mede te danken aan de aandacht voor zijn initiatief op Twitter. Het filmpje waarmee hij op 16 april de Hulptroepen-site lanceerde, is meer dan 700 duizend keer bekeken. 'Dat heeft ons een enorme boost gegeven,' zegt hij in filmopnamen voor een documentaire over de Hulptroepen Alliantie, die nooit werd afgemaakt.[4] 'Omdat de nood zo hoog was, ging het viraal en verspreidde het zich als een olievlek. Daardoor hebben we de eerste drie, vier weken überhaupt geen media[optredens] hoeven doen en konden we lekker bouwen aan de organisatie en de eerste uitleveringen doen.'

Op 2 mei deelt hij zijn enthousiasme met zijn volgers. 'Afgelopen week hard gewerkt aan de opbouw van een kantoor met 10-15 mensen. Hulptroepen wordt steeds professioneler en leuker. Merk dat er iets ondernemends in mij is wakker gekust. Na paar lastige jaren nu opeens weer perspectief en zin in avontuur. *Like*.'

Desondanks klinken inmiddels de eerste kritische kanttekeningen, met name vanwege de prijzen die de stichting Hulptroepen via de site rekent. Bij hen kost een chirurgisch mondkapje aanvankelijk 91 cent per stuk. LCH-baas Rob van der Kolk zegt tijdens een briefing in de Tweede Kamer op 30 april: 'Wij kopen het voor minder dan € 0,50 in.'

Een volger suggereert begin mei op Twitter dat Sywert met zijn stichting dan een behoorlijke winst moet maken: 'Daar verdien je een hoop geld mee, waarom zo duur?' Sywert antwoordt dat dat onzin is: 'We doen het om niet – als jij ze goedkoper kan aanleveren (incl alles he – van testen tot vervoer tot verzekeren tot BTW en invoerrechten etc etc): stuur mij even je aanbod.' Later benadrukt hij nogmaals: 'Er is nul eigen gewin in deze – doe het om niet en heb m'n werk opzij gezet. Incl accountant die er toezicht op houdt.'

Onder de vrijwilligers en medewerkers van de Hulptroepen groeit intussen een gevoel van kameraadschap. De meesten werken 60 tot 70 uur per week, maar niemand klaagt: ze doen het voor de goede zaak én boeken tastbare resultaten. Hoe sterk het gevoel van saamhorigheid is, blijkt als een van de vrijwilligers op 4 mei, tijdens Dodenherdenking, een verhaal vertelt over zijn grootvader, die in het verzet heeft gezeten. 'Wij voelen ons nu ook een beetje zo,' zegt hij. Met zijn allen strijden ze voor de belangen van het land, in de grootste crisis sinds de Tweede Wereldoorlog. Iedereen is het met hem eens, vooral Camille valt hem enthousiast bij.

Dat de Hulptroepen behalve via Twitter weinig aan *public relations* doen, is volgens Sywert een bewuste keuze. 'Je moet jezelf tijdens corona niet te hard op de borst slaan. Geen tv, geen persbericht,' zegt hij in de nooit uitgezonden filmopnamen. 'De communicatiestrategie is altijd geweest: succes kondig je niet aan, maar vertel je pas achteraf. [...] We hebben uiteindelijk een dienstbare houding willen hebben in deze crisis. Het ging niet om onszelf, maar met name om de zorghelden die gewoon hun spulletjes nodig hadden. Die spullen moesten van A naar B.'

Er is nog een reden waarom Sywert de media-optredens tot nu toe heeft afgehouden: het mag niet van zijn werkgever, de gemeente Amsterdam. Publiekelijk op de trom slaan over een ondernemersinitiatief past niet bij de rol van een ambtenaar, zeker niet wanneer je in de ziektewet zit en daarom nauwelijks op je werk verschijnt.

Dat hij zich inmiddels op de handel in mondkapjes heeft gestort, is zijn teamleider op het stadhuis niet ontgaan. Ze voeren er moeizame gesprekken over. De gemeente lijkt hem liever kwijt dan rijk, en zelf heeft Sywert het er ook wel gezien. Op 5 mei komt het sluimerende arbeidsconflict tot een ontknoping. Sywert zal die avond voor het eerst op tv komen als voorman van de stichting Hulptroepen: hij zal aanschuiven in *Nieuwsuur*. 'Dat was op zich wel spannend, want ik mocht dat niet doen met mijn werk,' zegt hij in de nooit uitgezonden filmopnamen. 'Dus ik moest mijn baan opzeggen om 's avonds in *Nieuwsuur* te kunnen zitten.'

Aanwezigen in Driebergen zien dat die middag iemand van de gemeente Amsterdam op het kantoor van de Hulptroepen arriveert om Sywert zijn ontslagbrief te laten ondertekenen. Om kwart over negen 's avonds, een kwartier voordat *Nieuwsuur* begint, deelt hij het nieuws op Twitter: 'Bevrijdingsdag [is] ook de dag dat ik ontslag heb genomen om mij volledig te kunnen focussen op Hulptroepen. Na de zomer wil ik gaan rondreizen door NL. Na paar jaar gemeente Amsterdam tijd voor nieuwe plannen en avonturen. Vrij mens weer kortom [...]. Best wel spannend met recessie voor de deur, twee kids, hypotheek en studieschuld maar hey: als je niks verandert blijft alles ook hetzelfde.'

Even later schuift hij aan voor een item over het gebruik van mondkapjes in de publieke ruimte: helpt het als mensen in de trein of bij de kapper voortaan een mondkapje dragen? Kan de economie dan iets van het slot, na bijna twee maanden lockdown? De voorman van de Hulptroepen straalt autoriteit uit: een wit overhemd onder een strak gesneden blauw jasje, zijn haar goed in model, ondanks de wekenlange sluiting van de kappers.

Als presentator Petra Grijzen hem vraagt waarom zijn stichting wél miljoenen mondkapjes naar Nederland wist te halen terwijl de overheid nog steeds achterblijft, blijkt dat Sywert het indringende verzoek van topambtenaar Mark Frequin niet is vergeten: *matig je publieke toon.* Voor het eerst in twee maanden crisis oordeelt hij mild over het handelen van de overheid. 'Ik geef het je te doen, eerlijk gezegd. Ik heb het van dichtbij gezien en ik kan echt zeggen: de mensen die dit doen, die de afgelopen weken de zorg hebben bevoorraad, werken keihard. Ze zwemmen tussen de haaien. Het is echt een cowboymarkt.'

Hij heeft ook een waarschuwing: om de economie met behulp van mondkapjes echt van het slot te krijgen, moet er genoeg voorraad zijn. Het kabinet moet dus op grote schaal blijven inkopen, zegt hij: 'Nederland kan zichzelf een enorme luxe gunnen door spullen hiernaartoe te halen en alvast op voorraad te hebben. Dan kun je kijken: niet alleen voor de volksgezondheid kunnen deze producten bijdragen aan een lage verspreiding, maar je kunt ook die economie wat lucht geven. Je hebt ineens opties. Mensen kunnen weer met de trein, naar de kapper of wat veiliger bij hun kleinkind op bezoek.'

Als de presentator doorvraagt over het nut van mondkapjes in de trein herhaalt hij zijn boodschap: 'Ook daarvoor geldt dat de spullen er nog niet zijn, die moeten nog besteld worden. Ik denk dat Nederland een soort nationale voorinkoopstrategie moet voeren, om te zorgen dat je dit soort sectoren toch wat lucht kunt geven. [...] Eigenlijk zou je moeten zeggen: bedrijfsleven en overheid, ga samen naar China toe, verenigd als Nederland. Ga er heel grote contracten sluiten, misschien wel 20, 30, 40 miljoen stuks per fabriek. Dat is de enige strategie die werkt.'

Zijn eigen stichting is volgens Sywert in staat om in China binnen een week 280 miljoen mondkapjes in te kopen en naar Shanghai te brengen, waarna ze alleen nog naar Nederland getransporteerd hoeven worden. In zijn ogen is dat precies waar het land op dit moment behoefte aan heeft: 'Het enige wat helpt, is dat je als Nederland een gecontroleerde supply chain neerzet. Dat je eigenlijk alles vanaf de fabrieksdeur tot in de trucks, tot aan de vliegvelden, in Nederlandse handen houdt.' Dat op hetzelfde moment precies dit voorstel met zijn naam eronder op het bureau van premier Rutte ligt, zegt hij er niet bij.

Dat hij van plan is deze tweede deal uit te voeren via het commerciële Relief Goods Alliance evenmin. Op 11 mei stuurt 'Team Hulptroepen' een presentatie voor de levering van meer dan een miljard chirurgische mondkapjes (Type IIR). Het is een concrete uitwerking van het eerdere voorstel voor Rutte, dat ook Van der Kolk onder ogen heeft gekregen. 'Beste Rob,' luidt de aanhef. 'Als preferred partner van LCH doen wij jullie graag bijgaand voorstel.'

Ook dit stuk is opgemaakt in de huisstijl van de Hulptroepen: de naam van de stichting en het logo staan pontificaal op de eerste pagina. De KLM figureert weer als onderdeel van de supply chain met een 'directe luchtbrug'. Dit keer kunnen de heren alles zelf financieren (op basis van een 'getekende [purchase order]), terwijl de premier eerder werd voorgehouden dat private partijen 'als Hulptroepen' de risico's niet kunnen dragen voor de 'benodigde aantallen'. Op de laatste pagina staat rechts onderaan, in een minuscuul font, de werkelijke partij achter het voorstel: Relief Goods Alliance B.V.

Van der Kolk reageert een dag later afwijzend: 'De huidige voorraad in Nederland is wat betreft mondkapjes (FFP2 en IIR) voldoende om aan de huidige vraag te voldoen.' De baas van het LCH heeft twee weken eerder, op 30 april, in een briefing in de Tweede Kamer al laten weten dat er geen schaarste meer is in China en dat het inkoopconsortium ruim voldoende vervoerscapaciteit heeft. Het LCH kan 'opschalen' naar ieder niveau. 'Zoals bij elk aanbod van bestaande leveranciers zullen we deze met bovenstaande in gedachte in overweging nemen,' zo besluit Van der Kolk zijn mail onderkoeld.

Voor Sywert is dit een teleurstelling. 'Volgens mij komen we daarmee in een afrondende fase als verdere hulp niet meer per se nodig is. Voor het wegwerken van de zorgschaarste zijn we immers opgericht,' antwoordt hij op 15 mei. Desondanks doet hij een allerlaatste poging om een voorraad aan de overheid te slijten. Het gaat onder meer om circa 3 miljoen chirurgische mondmaskers voor 65 cent per stuk. 'Wij bieden deze graag tegen inkoopprijs aan bij LCH.' Een van de inkopers van het LCH schrijft binnen het uur aan Van der Kolk: 'Wat mij betreft wijzen we zijn aanbod af. We hebben voldoende voorraad en (meer dan) voldoende onderweg. Tevens veeeel te duur.'

Daarmee is het sprookje van een tweede megadeal uit. In een reactie aan *de Volkskrant* in mei 2021 noemt Sywert het voorstel aan Rutte een 'onschuldig stuk' met 'enkele tips, ervaringen'.[5] Het was een 'non-profitaanbod hoe je met medische mondkapjes de samenleving kunt ondersteunen'. Er is volgens hem 'geen poging gedaan tot een nieuwe order; er is slechts geprobeerd ongebruikte capaciteit een nuttige bestemming te geven'.

Gelukkig valt er voor de drie ondernemers ook buiten de overheid genoeg te verdienen.

9 DE FAÇADE

Buiten de kantoorvilla in Driebergen wappert een vlag met het Hulptroepen-logo. Het hele team heeft zich op maandagochtend 22 juni 2020 in de tuin verzameld. De zon schijnt, de sfeer is relaxed. Van de spanning die iedereen de afgelopen weken in de greep hield, is weinig over. Het coronavirus is op zijn retour, misschien wel voor altijd verslagen. Op de intensive cares van de Nederlandse ziekenhuizen liggen minder dan vijftig coronapatiënten: een radicale teruggang ten opzichte van de ruim 1400 patiënten van begin april. De basisscholen en restaurants zijn weer open, verdere versoepelingen zijn op komst. Het 'coronadashboard' dat het kabinet sinds kort gebruikt, staat op groen.

De vijftien aanwezigen delen hetzelfde gevoel: de klus is geklaard. Het maakt ze trots. *We hebben het maar mooi geflikt.* Niet alleen lijkt het virus onder controle, in heel Nederland zijn mondkapjes en andere beschermingsmiddelen in overvloed beschikbaar. De zorgsector is zo goed bevoorraad dat ook consumenten sinds een paar weken kapjes bij de Hulptroepen kunnen bestellen. De paniek om het tekort aan materialen, nog maar drie maanden eerder, lijkt een eeuwigheid geleden.

Hoog tijd voor een feestje, kortom. Iets voor tien uur 's ochtends wordt in de tuin de eerste fles ontkurkt: Sywert, Bernd en Camille trakteren het team op een champagne-ontbijt. De stichting heeft wat geld overgehouden, zeggen ze, omdat de kleine risico-opslag die ze bij de verkoop rekenen, nauwelijks gebruikt hoefde te worden. Daarvan mogen ze nu best wat leuke dingen doen, zeggen de oprichters.

Met een glas champagne in de hand kijkt het Hulptroepen-team naar een Braziliaanse brassband in de tuin. De trommelaars slaan hun ritmische deuntjes, de veren van de schaars geklede danseressen fladderen. Het is niet heel warm, maar in de twintig minuten die volgen lijkt de temperatuur wat te stijgen. Dit is nog maar het begin van de Feestweek.

Een maand eerder heeft Sywert zich vol enthousiasme gestort op zijn vertrouwde rol als radio- en televisiecommentator. Na zijn ontslag bij de gemeente Amsterdam weerhoudt niets hem van nieuwe publieke optredens. Bij het radioprogramma *Dit is de Dag* legt hij op 7 mei 2020 uit hoe Nederland snel aan meer mondkapjes kan komen: 'Ga nou niet met duizend Nederlanders in China aan de fabriekspoort staan. Dan faalt het, dat is de afgelopen weken ook gebeurd.'

Op zaterdagochtend 16 mei snijdt hij in *Nieuwsweekend* op Radio 1 een nieuw thema aan: de kwaliteit van de mondkapjes die het kabinet per 1 juni verplicht zal stellen in het ov. Volgens de richtlijnen van het kabinet mogen die mondkapjes 'geen vorm van bescherming bieden' tegen het coronavirus.[1] Ze mogen ook geen CE-keurmerk hebben. Zo wil de regering zeker stellen dat de beste mondkapjes voorbehouden blijven aan de zorg.

Bovendien gelooft RIVM-baas Jaap van Dissel – een van de belangrijkste adviseurs van het kabinet – anders dan het leeuwendeel van zijn buitenlandse collega's niet in het nut van mondkapjes. 'We hebben een anderhalvemetersamenleving. Dan heeft een mondkapje geen meerwaarde,' heeft hij een paar dagen eerder in NRC gezegd.[2]

De ov-bedrijven zijn woedend over deze slappe richtlijn. Zij vrezen dat hun personeel straks temidden van slecht beschermde reizigers moet werken. Voor Sywert is het kabinetsbeleid vooral een vrijbrief om opnieuw een kritische toon aan te slaan: 'Ik zie gewoon dat er echt troep in de winkels ligt. En dat wordt gewoon gedoogd,' zegt hij bij *Nieuwsweekend*. 'En dat betekent dat mensen vanaf 1 juni te weinig beschermd rondlopen als je het nu overal en nergens maar koopt.'

Het verzoek van VWS-ambtenaar Mark Frequin om zijn toon publiekelijk te matigen is alweer vergeten, zo blijkt ook uit een tweet die hij na afloop verstuurt: 'Was vanochtend bij @Nieuwsweekend op Radio1 – oa over nieuws dat de overheid geen kwalitatief goede mondmaskertjes in het ov wil hebben [...] Slecht voor volksgezondheid en onnodig! Stel kwaliteitseisen.' Zijn kritiek op het aanbod in de markt heeft niets te maken met het feit dat hij zelf ook mondkapjes verkoopt, benadrukt hij tijdens de uitzending: 'Dat gaat om niet. Iedereen doet het tegen kostprijs, ook omdat we zien dat er ontzettend veel gewoekerd wordt in deze markt.'

Twee dagen later zet de voorman van de stichting Hulptroepen zijn ereronde in de media voort bij talkshow *Op1*, waar hij wordt geïntroduceerd als 'chef mondkapjes'. De afgelopen maanden heeft hij 'miljoenen, miljoenen, miljoenen' mondkapjes naar Nederland gehaald, zegt hij, waarmee hij 3500 zorginstellingen van bescherming heeft voorzien.

Hij heeft twee doosjes meegenomen en geeft een kort college. Een simpele lap stof voor je mond – een 'fopmasker' – werkt niet, maar het in de zorg veelgebruikte FFP2-masker is ook weer niet nodig. Voor het openbaar vervoer is een chirurgisch IIR-masker voldoende. Dat zijn de blauwe kapjes die al steeds vaker in het straatbeeld opduiken: die houden verspreiding van het coronavirus door de drager tegen, maar beschermen niet volledig tegen het inademen van virusdeeltjes. 'Deze zijn bedoeld om te voorkomen dat jij anderen besmet.'

Hij legt opnieuw uit dat de richtlijnen van het kabinet ertoe leiden dat er nu 'allerlei troep' in de winkels ligt: 'Er zijn geen minimumnormen.' Nederland loopt hierdoor het risico dat de besmettingen weer zullen oplaaien, totaal onnodig, want er zijn ruimschoots goede mondkapjes te krijgen. In elk ander Europees land is het volgens hem beter geregeld. 'Dat is gewoon het grote probleem in Nederland, we werken gewoon niet goed samen rondom deze spullen.' Hij vertelt dat hij met zijn stichting al eerder een aanbod heeft gedaan om het probleem op te lossen – doelend op zijn voorstel, dat Pieter Omtzigt eind april bij Mark Rutte op tafel heeft gelegd. 'Ik heb er toevallig een paar weken geleden nog een miljard aangeboden aan de overheid. Niets meer op gehoord, behalve dat er genoeg is. Een paar regels op de mail.'

Het LCH heeft op dat moment, volgens hun eigen nieuwsbrief, meer dan 275 miljoen mondkapjes besteld. Elke dag landt op Schiphol een toestel met 3,5 miljoen van de blauwe chirurgische mondkapjes waar Sywert op doelt.[3] De aanvoer gaat zelfs zo hard dat de bestelling van de 40 miljoen mondkapjes bij Sywert en zijn partners niet meer per vliegtuig hoeft: begin mei heeft het LCH besloten dat het overgrote deel van die kapjes per boot naar Nederland kan worden vervoerd. Het onderstreept hoe overbodig de overeenkomst met Relief Goods Alliance was.

De kapjes die wel per vliegtuig het land binnenkomen, volstaan ruimschoots om alle forenzen van Nederland te voorzien. Maar daarvoor worden ze niet gebruikt: ze gaan naar de 'ijzeren voorraad' die het kabinet wil aanhouden om een tekort in de toekomst te voorkomen.

Dit kabinetsbeleid – goede kapjes in voorraad houden en tegelijk burgers verplichten met een lapje stof zonder CE-keurmerk de trein in te stappen – biedt Sywert alle ruimte om zijn stichting te presenteren als de slimme oplossing voor dit probleem. Bij de Hulptroepen kunnen mensen wél kwalitatief goede mondkapjes kopen, vertelt Sywert de presentatoren van *Op1*: 'Ik dacht: dan maar burgerlijk ongehoorzaam. Weet je wat, ik koop er drie miljoen in. Dan kan iedere Nederlander die gewoon bestellen, zonder winstoogmerk, om gewoon die markt op gang te trekken. Want het is op dit moment gewoon zo hard nodig. [...] Er zijn er meer dan genoeg. Je kunt ze bestellen via Hulptroepen.'

Tussen neus en lippen door luidt Sywert zo een nieuwe fase voor de Hulptroepen in, ten overstaan van ruim 1 miljoen kijkers. Vanaf nu kan iedere consument er bestellen. Hij deelt het nieuws de volgende ochtend ook op Twitter: 'Update! [Hulptroepen.nu] biedt vanaf nu kwalitatief goede mondkapjes aan voor iedereen. Dus niet alleen zorginstellingen, maar ook voor mantelzorgers, vrijwilligers en iedereen die anderen goed wil beschermen! #mondkapjes #zorghelden #zonderwinstoogmerk #deelhet.' Aan een volger die hem vraagt of hij er echt niet aan verdient, legt hij nog maar eens uit hoe het werkt: 'Wij vangen niets, en een accountant houdt daar toezicht op.'

Dat de stichting Hulptroepen zich in aanloop naar 1 juni ontpopt als dé leverancier van mondkapjes aan de consument, valt ook NRC op. In de laatste week van mei komen twee verslaggevers langs voor een interview.[4] In het gesprek zeggen Sywert, Bernd en Camille dat ze 'enkele tientallen miljoenen' mondkapjes naar Nederland hebben gehaald, dankzij een 'pot met werkkapitaal' die gevuld werd door een aantal rijke Nederlanders. Dat is het verhaal dat ze ook aan hun medewerkers op kantoor vertellen.

Maar de verslaggevers vertrouwen het niet helemaal. Vooraf hebben ze met andere importeurs gesproken, die hebben uitgelegd dat het 'onvoorstelbaar' is dat de Hulptroepen binnen een paar weken zo'n grootschalige importlijn vanuit China hebben opgezet – zonder enige ervaring. 'Zoiets kost maanden, zo niet jaren,' tekent de krant op.

Het drietal in Driebergen legt graag uit hoe zij dat toch voor elkaar hebben gekregen. 'Het enige wat Chinezen kennen, is geld,' weet Sywert. 'Omdat wij die pot met werkkapitaal hadden, betaalden we in het begin meteen een flink deel aan. Zo van: "Vanmiddag heb je een ton op je rekening staan. Als je goed levert, verdubbel ik het over drie dagen. En nog een keer, en nog een keer." Dat is de taal die ze kennen. [...] Je moet in China ballen hebben en gewoon cash op tafel gooien.'

'Camille en ik hadden met sommige fabrikanten al jarenlang relaties,' voegt Bernd toe. 'Ik kocht in China verpakkingen in. Zo kende ik ondernemers die weer fabrieken kenden die mondkapjes maken. Camille liet die solarlampjes ook in China maken.'

Sywert: 'En voor die tijd heeft Camille meer dan twintig jaar in het promotiemateriaal gezeten. Hij kent allemaal Chinezen met wie hij zesendertig keer in de karaokebar heeft gezeten.'

Bernd: 'Zo werkt het spel.'

Het valt de verslaggevers op dat Sywert, Bernd en Camille vaag blijven over hun relatie met het ministerie van VWS. Hoe kan het dat zij naar eigen zeggen tientallen miljoenen kapjes hebben geïmporteerd, terwijl de Nederlandse overheid dat aantal nog niet eens bereikt heeft? Hoe kunnen de Hulptroepen een luchtbrug met de KLM claimen, terwijl de overheid al een luchtbrug heeft met de vliegmaatschappij?

Sywert antwoordt dat hij 'een buitenboordmotor' en 'een soort kennispartner' van inkoopconsortium LCH is, en 'een deel' van zijn kapjes aan de overheid verkoopt. Hij erkent terloops dat de Hulptroepen Alliantie geen eigen luchtbrug met de KLM heeft: 'De overheid doet de coördinatie, en wij kunnen er ook gebruik van maken.' Wel eist hij credits voor het weinig baanbrekende idee om de dagelijkse vlucht van Shanghai naar Schiphol in te zetten voor het vervoer van beschermingsmiddelen: 'Het idee om met KLM te gaan vliegen, kwam van ons. Dat hebben we toen aangeboden bij het LCH, en die hebben het overgenomen.'

Wanneer de NRC-verslaggevers deze uitspraken checken bij het ministerie van VWS, lopen ze onverwacht tegen een primeur aan: de Hulptroepen Alliantie heeft een gigantische deal gesloten met de Nederlandse overheid. Een woordvoerder van VWS bevestigt dat de Hulptroepen de opdracht hebben gekregen om 'in totaal 40 miljoen FFP2-maskers, afkomstig van een tweetal fabrieken in China' te leveren. Maar de journalisten hebben niet door dat ze op de grootste mondkapjesdeal tot dan toe zijn gestuit, en brengen het nieuws in een bijzin.

Sywert verzwijgt eveneens dat zijn stichting bij het tekenen van de deal voor 40 miljoen kapjes zelf nog maar 325 duizend exemplaren had geïmporteerd, evenals het feit dat de overeenkomst is uitgevoerd via een commerciële bv, die volledig losstaat van de stichting. Zo komen de contouren van de potentieel explosieve deal voor het eerst in een krant, zonder dat het iemand opvalt.

De medewerkers van de Hulptroepen hebben geen weet van de lucratieve overheidsdeal die hun bazen hebben gesloten. Op de dag dat het NRC-verhaal verschijnt, zijn ze druk met andere dingen. Die ochtend poseren ze in de tuin van de kantoorvilla voor een groepsfoto. En 's middags komt Chris Heutink, de CEO van Randstad Nederland, langs voor een rondleiding op het hoofdkwartier. Hij ziet hoe hard zijn uitzendkrachten zich inzetten voor het non-profit-initiatief: ze zijn druk met bestellingen verwerken, klantvragen beantwoorden, mondkapjes testen, en nog veel meer. De operatie in Driebergen draait als een tierelier, zoveel wordt hem wel duidelijk. Heutink is trots dat Randstad een bijdrage aan het succes kan leveren.

In het open kantoor, waar iedereen elkaar kan horen, kunnen Sywert, Bernd en Camille niet alles bespreken. Soms zonderen ze zich daarom af, op een plek zonder luistervinken. Of ze mailen elkaar, of sturen elkaar een appje.

In mei komen er tientallen miljoenen binnen op de Rabo-rekening van Relief Goods Alliance, buiten het zicht van de buitenwereld en het eigen personeel. Dat is niet het eerste geld dat RGA ontvangt. Al in april, enkele dagen na de heimelijke oprichting van de bv, heeft Bernd facturen verstuurd uit naam van RGA. Zo ontvangt Jos de Blok – de baas van Buurtzorg, die cruciaal was voor de start van Hulptroepen – op 18 april een rekening van RGA voor 200 duizend chirurgische mondkapjes (IIR) à 85 cent per stuk: 205.700 euro inclusief btw. Op 29 april volgt een tweede factuur voor eenzelfde bedrag.

Weliswaar zijn de prijzen voor chirurgische kapjes op dat moment hoger dan normaal, maar is 85 cent niet wat veel? De mondkapjes zijn ingekocht bij de Nederlandse importeur Fox Medical. De hele maand april betaalt de Hulptroepen Alliantie bv, de werkmaatschappij van de stichting, 65 cent per stuk, zo blijkt uit facturen van Fox.[5] Het heeft er alle schijn van dat de drie ondernemers een marge van 20 cent per mondkapje pakken, wat voor de twee bestellingen van Buurtzorg neerkomt op 40 duizend euro.

Dat is makkelijk verdiend: er zijn nauwelijks kosten en risico's aan verbonden. Fox Medical heeft de financiering, controle en import gedaan. Dat geeft Bernd de tijd een leuk sjabloon te verzinnen voor de facturen van RGA: een foto van Nederlandse tulpen prijkt bovenaan het briefpapier.

Dit type handel is vergelijkbaar met *dropshipping*: een populaire vorm van e-commerce, waarbij webwinkeliers producten aanbieden die ze zelf niet op voorraad hebben. Als een klant zo'n product bestelt, zal de webwinkelier het product niet zelf verzenden, maar koopt hij het bij de fabrikant of groothandel. Die stuurt het direct naar de klant. Dat is heel wat anders dan hoe Sywert zijn business in zijn interview met NRC beschrijft: 'Je moet in China ballen hebben en gewoon cash op tafel gooien.'

Omdat de risico's bij dropshipping zeer beperkt zijn en de concurrentie groot is, zijn de marges flinterdun. Maar RGA onttrekt zich aan deze economische wetmatigheid. Dat kan omdat Buurtzorg doorgaans geen IIR-maskers inkoopt; ze kennen de tarieven zodoende niet, dat is meer iets voor de groothandel en inkopers van ziekenhuizen. Mondkapjes zijn kortom geen consumentengoed met transparante tarieven. Bovendien denkt Jos de Blok zaken te doen met de stichting Hulptroepen. Een medewerker van Buurtzorg zegt niet te hebben doorgehad dat ze ver boven kostprijs betaalden aan een commerciële bv: 'We dachten een marktconform tarief te hebben betaald. Ik verbaas me hierover.'

Ook een tweede klant krijgt kort na oprichting van de bv een factuur van RGA. Het gaat om Artsen zonder Grenzen, dat op 22 april 44 duizend mondkapjes van hoge kwaliteit bestelt – zogeheten FFP3-kapjes – voor 4,75 euro per stuk. De verschuldigde 209 duizend euro betaalt de hulporganisatie aan RGA, en niet aan de Hulptroepen, zegt een woordvoerder. 'Naar welke entiteit het precies ging, maakte ons niet uit. Wij hadden die mondkapjes op dat moment nodig.'

Dat klanten in de waan worden gelaten dat ze tegen kostprijs inkopen bij de stichting Hulptroepen, is onderdeel van de façade. Op 9 april verzocht Bernd zijn notaris per e-mail Relief Goods Alliance bv op te richten, met deze woorden: 'Gezien hoe we gefinancierd [...] zijn kunnen [we] met de Hulptroepen Alliantie goed inzetten op de levering van producten tegen kostprijs voor kleine zorginstellingen. [...] Echter krijgen we ook steeds meer verzoeken van andere medische organisaties / zorginstellingen die direct bij ons (grotere) bestellingen willen doen. Dat is nu lastig omdat we het werkkapitaal nodig hebben voor de leveringen aan de kleine instellingen. Inmiddels hebben we daar een oplossing voor bedacht. Het opzetten van een nieuw[e] BV die wel deze koers kan varen met additioneel kapitaal uit andere bronnen.' Klanten weten echter niet van het bestaan van deze nieuwe bv, die buiten de stichting valt. Het wordt ze niet verteld en op de site wordt ook nergens naar RGA verwezen.

Ook bij de stichting Hulptroepen betalen klanten overigens niet de kostprijs. Op de webwinkel Hulptroepen.nu kosten chirurgische mondkapjes – IIR-maskers – aanvankelijk 91 cent per stuk. De bestellingen komen binnen bij Coolblue, waar de site is ondergebracht. 'Wij boden het platform. Betalingen kwamen eerst bij ons binnen, de producten kochten we in bij de stichting,' vertelt een direct betrokkene van Coolblue. Uit facturen blijkt dat Coolblue op 14 april 200 duizend IIR-maskers inkocht bij Hulptroepen voor 72 cent per stuk. Omdat Coolblue de kosten voor onder andere transport, logistiek en opslag voor zijn rekening neemt, maakt het bedrijf er geen winst op.

Maar de Hulptroepen incasseren bij deze transactie een marge van ruim 10 procent, blijkt uit de facturen: deze kapjes zijn namelijk een week eerder ingekocht bij Fox Medical voor 65 cent per stuk. Op dezelfde manier koopt de stichting Hulptroepen bij importeur Fox – gewoon in Nederland – FFP2-mondkapjes in voor 2,65 euro, om ze voor 2,80 door te verkopen aan Coolblue. De stichting maakt wel kosten, zoals de huur van het kantoor, maar dankzij deze marges noteert ook de stichting een flinke winst: aan het eind van het jaar zal blijken dat die ruim negen ton bedraagt.[6]

De constructie is zo opgezet dat de stichting Hulptroepen Alliantie en Relief Goods Alliance op papier niets met elkaar te maken hebben. Sywert is statutair de enige bestuurder van de nieuwe bv, Bernd en Camille zijn bestuurder van de stichting. Zo brengen ze een formele scheiding aan. Later zullen ze dit onderscheid benadrukken, alsof de entiteiten volledig los van elkaar staan en dat voor de buitenwereld helder is.

In de praktijk loopt alles echter vloeiend in elkaar over: Sywert presenteert zichzelf naar buiten toe voortdurend als de voorman van de Hulptroepen, Bernd verricht veel administratieve taken voor RGA. Mede dankzij Sywerts mediaoptredens kloppen grote zorginstellingen aan bij de Hulptroepen. Dat moet ook wel: RGA heeft geen website of telefoonnummer. Klanten ontvangen offertes met op elke pagina groot het logo van Hulptroepen, ook wanneer ze na afloop een factuur van RGA ontvangen, dat hetzelfde logo als de Hulptroepen heeft.

Dat de geldstromen door elkaar lopen, blijkt ook uit de gang van zaken rond de overheidsdeal. De vrachtkosten die in China worden gemaakt voor het transport van de 40 miljoen mondkapjes naar Shanghai bedragen ruim 250 duizend euro, blijkt uit de onderliggende facturen. Je zou verwachten dat RGA deze kosten op zich neemt: het is immers de vennootschap die de deal met de overheid is aangegaan. Toch stuurt het Chinese transportbedrijf KLG-ITM Logistics ShangHai de betreffende facturen aan de Hulptroepen Alliantie, op verzoek van de Nederlanders.[7] Maar dan gebeurt er iets bijzonders: Relief Goods Alliance declareert deze kosten bij de overheid. Tenzij Sywert, Bernd en Camille de betaling verrekenen tussen RGA en de stichting, blijft die als winst achter in de bv waarvan het drietal zelf aandeelhouder is.

Mocht die verrekening hebben plaatsgevonden, dan is de vraag waarom het trio voor zo'n omslachtige route koos. Waarom wordt de Chinese logistieke partner niet gewoon door RGA betaald? Dit roept tevens de vraag op of de stichting Hulptroepen de inkoopkosten van de mondkapjes van Fox Medical die via RGA aan Buurtzorg werden geleverd, wel heeft doorberekend aan de bv. Als dergelijke verrekeningen *niet* zijn uitgevoerd, zijn er mogelijk ettelijke tonnen uit de stichting naar de bv verplaatst (Sywert, Bernd en Camille willen dit niet ophelderen).

Het is allemaal nogal verwarrend, schrijven ook de forensisch accountants van Grant Thornton later in hun onderzoeksrapport: 'Uit dit deel van het achtergrondonderzoek blijkt dat de oprichters/bestuurders van Relief Goods Alliance via hun holdings deels dezelfde personen zijn als de (voormalige) bestuurders van de Stichting Hulptroepen Alliantie. [...] Uit de interviews en aan ons ter beschikking gestelde e-mailcommunicatie blijken Hulptroepen.nu en Relief Goods Alliance nauw aan elkaar verwant te zijn. Inkooporders en facturen staan op naam van Relief Goods Alliance, echter e-mailconversaties van de contactperso(o)n(en) van Relief Goods Alliance vinden eerst plaats met een Gmail account en later met e-mailadressen met als domeinnaam "hulptroepen.nu".'

De bestuurders van de stichting Hulptroepen zijn onbezoldigd, dat is statutair vastgelegd. Sywert zal later herhaaldelijk verklaren dat hij en zijn medebestuurders nooit betaald zijn door de stichting. 'Ik heb het in Nederland echt helemaal om niet gedaan, voor al die zorginstellingen. En daar ben ik best wel trots op,' zegt hij bijvoorbeeld op 19 juni in een interview met *GeenStijl*. 'Nu leef ik van spaargeld. Ik spring in zo'n gat en daar komt vast wel weer wat uit.'[8]

Wat hij niet vertelt, is dat hij als bestuurder van RGA wel degelijk inkomsten geniet. De drie aandeelhouders ontvangen in elk geval vanaf mei 2020 een maandelijkse managementfee van 15 duizend euro per persoon, blijkt uit e-mailverkeer tussen Camille, zijn vrouw en hun financieel adviseur. Voor alle drie komen die inkomsten goed uit, want geen van hen is echt in de positie om maandenlang 'om niet' te werken. Camille en Sywert zitten sinds het opzeggen van hun baan zonder vast inkomen, Bernd heeft in de beginfase van de coronacrisis zelfs geld van een zakenrelatie geleend om rond te komen.

Dankzij de overheidsdeal blijft het niet bij de managementfee alleen. 'Omdat de aantallen zo enorm zijn, zijn de verdiensten ook groot,' mailt Camilles vrouw half mei 2020 aan de financieel adviseur. 'Een aantal dubbeltjes marge per mondmasker maakt bij aantallen van 40 mln mondmaskers al een groot bedrag aan marge. Zij [de aandeelhouders van RGA bv, *red.*] willen nog steeds juist woekerprijzen voorkomen, echter ze werken keihard en hebben een hele goede prijs/kwaliteit verhouding en men weet hen ineens te vinden. [...] De productie daarvan [van de mondkapjes, *red.*] loopt nu en de aanbetaling op de eerste 5 mln is binnen en ook al doorbetaald aan de Chinese fabrikant. Op dit moment is er in die BV [RGA bv, *red.*] voor die 5 mln mondmaskers al 2.5 mln euro "over" [...].'

Ze hebben al een idee wat ze met de 'marge' willen doen. 'Ik vind het zelf ook allemaal wat onwerkelijk, maar als dit dus gaat zoals het er nu naar uitziet, zou het binnen afzienbare tijd realiteit kunnen zijn en dan willen we graag weten wat de beste en slimste mogelijkheden zijn, waarbij we uiteraard liefst zo min mogelijk aan de fiscus afdragen. Uiteraard alles conform de wet. Het liefst lossen we zo snel mogelijk ons huis af zodat we vrij zijn van schuld en woonlasten.'

Op 2 juni doen de aandeelhouders van RGA boter bij de vis, blijkt uit interne documenten. Die dag keert de geheime vennootschap 800 duizend euro dividend uit aan Camille – meer dan genoeg om zijn hypotheek mee af te lossen. Bedrijven keren in beginsel dividend uit aan alle aandeelhouders, dus naar alle waarschijnlijkheid mogen ook Bernd en Sywert vele tonnen bijschrijven.

RGA mag dan grote bedragen ophoesten voor de aandeelhouders, voor de medewerkers van de stichting Hulptroepen is het geen vetpot. Drie vrijwilligers hebben in april met Sywert een vergoeding afgesproken. Ze mogen onderling 2500 euro verdelen voor hun werkzaamheden in maart en april. Vanaf mei krijgt een van de drie een maandelijkse freelance vergoeding van 2750 euro.

Is het legaal om je klanten op het verkeerde been te zetten met facturen van een commercieel bedrijf, terwijl je pretendeert een stichting te zijn die tegen kostprijs opereert? Nee, zeggen experts in de zomer van 2021 tegen *Follow the Money*. Dat meerdere klanten facturen van RGA bv ontvangen terwijl ze denken zaken te doen met de stichting Hulptroepen, zou mogelijk neerkomen op oplichting.

'Ik zou zeggen dat ze minimaal misleid zijn,' zegt fraude-expert bij Partner in Compliance en voormalig FIOD-rechercheur Peter van Leusden. 'Of er ook sprake is van oplichting, vind ik lastiger te zeggen. Het zijn zeker listige kunstgrepen, de vraag is of ze zichzelf hiermee "wederrechtelijk bevoordeeld" hebben. Dan moeten klanten kunnen aantonen dat ze benadeeld werden. Die vraag lijkt me voer voor juristen.'[9]

Advocaat Robert Hein Broekhuijsen, partner bij Ivy Advocaten en voormalig fraudeonderzoeker bij het Openbaar Ministerie, is stelliger: 'De offerte, de website én de factuur werden zo ingericht en verwoord dat de klant dacht zaken te doen met de stichting Hulptroepen. Alles was erop gericht de klanten dat te laten geloven. Ze kregen bewust een valse voorstelling van zaken voorgeschoteld.'

Broekhuijsen spreekt van 'klassieke bedriegerij'. 'Naar mijn mening zijn er meer dan voldoende aanwijzingen voor een ernstige verdenking dat Sywert van Lienden en zijn maten zich schuldig hebben gemaakt aan oplichting. Zij hebben met behulp van "listige kunstgrepen en een samenweefsel van verdichtsels" – offerte, factuur, een website met valse informatie – klanten overgehaald om zaken met hen te doen. Terwijl de klanten, als ze de werkelijkheid hadden geweten, niet met hen in zee zouden zijn gegaan. Wat mij betreft bestaat er meer dan voldoende grondslag voor een aangifte.'

Frits Schneider, partner bij advocatenkantoor AKD en gespecialiseerd in financieel-economisch strafrecht, deelt die mening: 'Uit de uitingen van klanten lijkt te kunnen worden afgeleid dat zij niet tot betaling zouden zijn overgegaan, als ze hadden geweten dat er sprake was van een winstoogmerk. Kennelijk is hen een valse voorstelling van zaken gegeven. [...] Het komt mij voor dat de geschetste feiten en omstandigheden in ieder geval een redelijk vermoeden van schuld aan een strafbaar feit jegens Van Lienden en zijn compagnons oplevert.'

Die mening is ook uitzendconcern Randstad toegedaan, als leverancier van personeel een cruciaal onderdeel van de Hulptroepen Alliantie. Naast Coolblue is Randstad het tweede grote bedrijf dat haar naam aan het non-profit-initiatief wilde verbinden. Volgens betrokkenen levert het uitzendconcern van april tot en met juli 2020 ongeveer een derde van alle mensen die in deze periode voor Hulptroepen werken. Randstad betaalt hun salaris; het gaat immers om een initiatief zonder winstoogmerk. Randstads medewerkers houden zich bij de Hulptroepen onder meer bezig met de logistiek, de werving van nieuwe mensen, mondkapjes testen en het opzetten van de IT.

Wanneer blijkt dat de drie oprichters via een geheime bv miljoenen hebben verdiend, is men op het hoofdkantoor in Diemen verbolgen. In december 2021 doet Randstad aangifte van oplichting tegen Sywert, Bernd en Camille. 'Wij vinden dat dit niet deugt. Dan moet je iets doen,' zegt hoofd juridische zaken Patrick van den Herberg van Randstad Nederland tegen *Follow the Money*. Zijn medewerkers werkten zonder het zelf te weten ook mee aan activiteiten voor RGA, zo testten ze bijvoorbeeld de mondkapjes die aan de overheid werden geleverd. 'Iedereen deed het in de overtuiging dat het allemaal zonder winstoogmerk was. Dat zorgde ook voor een ongelooflijke saamhorigheid in die groep.'

Dat laatste blijkt wanneer de hele groep op dinsdag 23 juni 2020 in het haventje van Muiden aan boord stapt van het klassieke zeilschip De Rederijker, een luxueus verbouwde tjalk waar zestig gasten aan boord kunnen. Net als de dag ervoor, bij het champagne-ontbijt met de Braziliaanse sambadanseressen, is de sfeer uitgelaten. Op de tweede dag van de Hulptroepen Feestweek zit het weer enorm mee: het kwik zal tot 28 graden stijgen. Omdat er geen zuchtje wind staat, vaart het schip vrijwel de hele tocht op de motor.

Eerder die dag zijn ze met zijn allen naar het Muiderslot geweest, waar de groep van het kasteel een picknick aangeboden kreeg. Amateurhistoricus Bernd heeft er een enthousiast verhaal gehouden over de geschiedenis van het middeleeuwse kasteel. Tot zijn grote vreugde zit hij er sinds een maand of drie in de raad van toezicht. Natuurlijk heeft hij verteld over de Gouden Eeuw, zijn favoriete periode, toen het slot werd bewoond door schrijver en dichter Pieter Corneliszoon Hooft, die er het legendarische kunstenaarsgezelschap De Muiderkring zou hebben opgericht.

Aan boord van De Rederijker vloeien de wijn en het bier rijkelijk, de schalen met bittergarnituur raken snel leeg. Er worden grapjes gemaakt, hier en daar wordt een beetje geflirt. Niemand houdt afstand, niemand draagt een mondkapje.

Na een tochtje over het IJsselmeer legt de tjalk aan op forteiland Pampus, alweer een favoriete plek van Bernd: hier legden in de zeventiende eeuw de VOC-schepen aan voordat ze de haven van Amsterdam mochten binnenvaren. Na een wandeling op het eiland vaart de tjalk in de brandende zon terug naar de haven van Muiden, waar de groep geniet van een uitgebreide barbecue op de boot. Rond een uur of acht 's avonds zetten de Hulptroepen-medewerkers weer voet aan land; de meesten lichtelijk aangeschoten.

Woensdag is er voor de lunch een foodtruck geregeld die crêpes serveert, een klein groepje medewerkers doet mee aan een likeurproeverij die een van de betrokkenen organiseert. Donderdag 25 juni is een dag met wat meer spanning: de hele groep gaat skydiven bij City Skydive in Utrecht, en daarna een potje lasergamen. Alleen Bernd blijft in Driebergen achter om het bedrijf draaiende te houden. In de middag, als iedereen weer terug is, komt er een cameraploeg naar Driebergen om de drie oprichters van de Hulptroepen te interviewen. Sywert, Bernd en Camille hebben besloten dat er een documentaire over hun mondkapjesinitiatief moet komen. De opdracht hebben ze gegund aan het Amsterdamse videoproductiebedrijf TwentieFour, dat in april ook de promotievideo voor de lancering van de website heeft gemaakt. De documentaire zal er uiteindelijk niet komen, maar de ruwe filmbeelden laten zien hoe vrolijk de sfeer in Driebergen in deze fase is.

Bernd draagt voor de gelegenheid een keurig lichtgroen jasje met pochet, zijn haar zit strak in model; hij kijkt ernstig naar de interviewer. Camille spreekt ontspannen, zelfs nonchalant, gekleed in een grijs T-shirt en een korte broek. En tot slot Sywert die vlot en soepel formuleert, gestoken in een grijze trui met het Hulptroepen-logo. Ze vertellen allemaal hetzelfde: ze zijn klein begonnen, als vrijwilligers die mondkapjes naar Nederland wilden halen, en in drie maanden tijd zijn ze onverwacht uitgegroeid tot importeur van tientallen miljoenen mondkapjes.

'Het is alsof je van nul naar tweehonderd gaat in een paar seconden, met de ramen open, zonder remmen en zonder zicht, en maar gaan,' zegt Camille.

'Het is als een sneeuwbal gaan rollen,' zegt Sywert. 'We hebben onszelf eigenlijk elke twee, drie weken opnieuw moeten uitvinden.'

Bernd: 'Dat is ook het mooie van een crisis: dat het verbroedert, dat het saamhorigheid kweekt, dat je schouder aan schouder gaat staan om het op te lossen.'

Camille: 'We hebben gezien dat mensen ook *beyond the call of duty* gewoon doorgegaan zijn. 's Avonds laat, in het weekend, dat is echt waanzinnig. [...] Mensen waren allemaal bereid om wat in te leveren en er extra voor te gaan. [...] Dat we in twee maanden tijd zo'n team opgebouwd hebben, dat zo op elkaar ingespeeld is, dat heb ik nog nooit gezien.'

Dat de eerste bestelling op 21 maart is betaald door Sywerts zakenrelatie Jan Voortman, houden ze achter. 'Dat weekend hebben we 20 duizend mondkapjes hiernaartoe gehaald van ons eigen geld,' zegt Bernd. Sywert: 'We hebben 's avonds met PayPal onze eerste spaarcentjes overgemaakt. Zo is het begonnen.'

Ook de overheidsdeal voor de levering van 40 miljoen mondkapjes – veruit de grootste transactie van de afgelopen drie maanden – laten ze achterwege, net als het feit dat die is uitgevoerd via een commerciële bv waarvan vrijwel niemand in Driebergen het bestaan kent.

Camille omschrijft voor de camera hun contacten met de overheid als een 'rollercoaster'. 'Veel gesprekken gehad, niet alleen over [vrijstelling van] btw, maar ook over hoe we eventueel centraal iets zouden kunnen inkopen voor Nederland.' Sywert: 'We hebben de afgelopen maanden superintensief contact gehad met allerlei Kamerleden, ministers, ambtenaren.' In die gesprekken hebben de Hulptroepen volgens hem 'een soort van superaanbieding gedaan'. Maar van zakendoen met de Nederlandse overheid is het volgens hem niet gekomen. 'Dat [aanbod] heb ik een keertje opgestuurd naar de overheid en daar niet zoveel meer op gehoord.'

De laatste dag van de Hulptroepen Feestweek staat in het teken van China. Bettine Vriesekoop, voormalig tafeltennisster en correspondent in China voor NRC, komt naar Driebergen om een lezing over het land te houden. Daarna reist de hele groep naar vliegveld Teuge bij Apeldoorn voor een spetterende afsluiting van de week: een parachutesprong. Sywert zet een foto op Twitter: 'De mondkapjes van Hulptroepen.nu doen het ook prima in het vliegtuig :).' Na afloop van zijn sprong zegt hij tegen een van zijn volgers: 'Het was zo leuk – ga echt een cursus doen om solo te mogen springen.'

Voor veel medewerkers is hun betrokkenheid na die week ten einde. De eerste coronagolf is voorbij, de economie draait weer voorzichtig, ze gaan andere dingen doen. Haast niemand vindt het raar, zo'n hele week feestelijke activiteiten met een non-profitstichting. Volgens de begroting kost de week tussen de acht- en negenduizend euro. 'We zagen het als een bedankje voor onze inzet in de maanden ervoor,' zegt een van de betrokkenen. 'Onder het motto: er is hard gewerkt en er is wat geld overgebleven in de stichting.'

Geen van de aanwezigen weet dat de drie oprichters dan al multimiljonair zijn. De enige die het doorhad, de voormalige chief of staff Saskia van Huijgevoort, houdt na haar vertrek haar mond erover, vanwege een geheimhoudingsverklaring. Mede daarom zoeken de overige betrokkenen niets achter het verzoek van Sywert, Bernd en Camille die week: om geen foto's of video's van de activiteiten op sociale media te plaatsen. En ze vinden het volstrekt logisch dat de kosten voor de Feestweek voor rekening van de stichting Hulptroepen komen.

Na die week zal het een stuk rustiger worden in Driebergen. Het is zelfs de vraag of stichting Hulptroepen nog toekomst heeft, nu de tekorten in het land zijn opgelost. Camille heeft al besloten dat hij er klaar mee is: hij gaat van zijn nieuwe leven als miljonair genieten en wil investeren in nieuwe duurzame initiatieven. Sywert en Bernd zijn daarentegen nog lang niet zover. Zij willen door.

10 DE TWEEDE GOLF

Vrijdag 3 juli 2020 is een katerige dag in Driebergen. De avond ervoor hebben Sywert, Bernd en Camille alweer een partijtje georganiseerd, nu voor iedereen die de afgelopen maanden iets voor de stichting heeft gedaan, dus niet alleen de vaste medewerkers: het Hulptroepen Zomerfeest. Er waren ruim dertig mensen uitgenodigd. In de tuin stond opnieuw een partytent, weer kwam een dj plaatjes draaien. Er waren bitterballen en bier – 'een echte Hollandse borrel' zal een van de aanwezigen het later noemen. De speeches van Sywert en Bernd werden met warm applaus onthaald, een intiem gezelschap bleef voor de afterparty.

Die ochtend krijgt Sywert een mail van Joep van Breukelen, een van de inkopers uit het kwaliteitsteam van het LCH. Hij was degene die op 22 april in het LCH-kantoor razendsnel het CE-keurmerk van Sywerts kapjes moest checken, waarna VWS opdracht gaf de deal door te zetten. Omdat hij toen geen tijd kreeg om de kwaliteit van de maskers te toetsen, is Van Breukelen in de weken daarna vragen blijven stellen. Nu heeft hij samples van deze KN95-kapjes, afkomstig van de Chinese fabrikanten Ryzur en Shengquan, door het RIVM laten testen. 'In de bijlage vinden jullie zoals toegezegd het RIVM-testrapport van het ShenQuan C-type masker,' mailt hij.

De resultaten in het RIVM-rapport zijn verontrustend. Uit testen die medewerkers van het instituut eind juni hebben uitgevoerd, is gebleken dat er in de kapjes van Shengquan grafeen zit. Dat is een zogeheten nanomateriaal, een zeer sterke verbinding van koolstofatomen die voorkomt dat virusdeeltjes door het mondkapje heen dringen. Het is een innovatieve toepassing, waarvan nog onduidelijk is of die veilig is voor de drager. Om die reden raden meerdere landen, waaronder België en Canada, het gebruik van grafeen in mondkapjes voorlopig af. De vrees bestaat dat grafeen inademen kankerverwekkend kan zijn.

Het RIVM adviseert daarom negatief over de kapjes van Sywert: 'Grafeen geeft een onacceptabel gezondheidsrisico,' schrijft een medewerker in het rapport.[1] Zelfs in noodsituaties zijn de kapjes van Shengquan volgens het testinstituut te onveilig om te gebruiken; een explosieve conclusie, want de 20 miljoen stuks die de overheid heeft gekocht zijn al onderweg. Bovendien heeft het ministerie van VWS de tientallen miljoenen die de kapjes kosten al overgemaakt.

Sywert, Bernd en Camille zijn *not amused* als ze het testrapport lezen. Volgens hen is er niets mis met hun handelswaar. De Chinese leverancier heeft het grafeen stevig in de kapjes verwerkt, dat laat echt niet zomaar los. In de stukken die ze in april aanleverden, stond al vermeld dat er grafeen in de Shengquan-kapjes zit. Waarom maakt het LCH daar nu ineens een probleem van?

Een paar dagen later komen de drie ondernemers met het kwaliteitsteam van het LCH bijeen voor een crisisberaad. Sywert betoogt dat zijn kapjes gewoon aan alle wet- en regelgeving voldoen. Daar nemen de inkopers van het LCH geen genoegen mee: grafeen is een nieuw, onbekend materiaal dat voor corona vrijwel nooit in mondkapjes werd gebruikt, en er bestaan geen heldere regels voor. Mogelijk heeft het schadelijke gevolgen voor de gezondheid. Het LCH eist dat het trio extra informatie aanlevert om te bewijzen dat de Shengquan-kapjes veilig zijn. Eerder mogen Nederlandse zorgmedewerkers de kapjes niet dragen. Na afloop van het gesprek zegt Camille per mail toe dat ze ermee aan de slag zullen gaan.

Sywert is in een minder toegeeflijke stemming, getuige de lange mail die hij op dinsdagochtend 14 juli aan twee leden van het LCH-kwaliteitsteam stuurt. Zijn bericht doet denken aan het epistel dat hij als 17-jarige LAKS-bestuurder aan de hoofdredactie van NRC stuurde na een hem onwelgevallig stukje in de krant: hij heeft kritiek gekregen en slaat nu hard terug.

Zijn eerste mikpunt is het RIVM, dat in zijn ogen geen gezaghebbende instantie is als het op mondkapjes aankomt. 'Het her en der slecht leesbare RIVM rapport heeft een voor ons onbekende status aangezien het RIVM geen contractpartij is en het bij ons ook niet bekend is wat hun toezichthoudende status is mbt het keuren van mondmaskers,' schrijft hij. 'Het is ook niet bekend wie de persoon is die dit rapport heeft ingevuld en of hij of zij bekend is met de enorme nationale en internationale gevolgschade van het nemen van actie op een onterechte, niet onderbouwde aanname.'

Vervolgens bekritiseert hij de aanpak van het LCH: 'Uit gesprekken met diverse andere leveranciers van LCH hebben wij flink wat kritiek opgemaakt, mede op de beoordelingen van het RIVM.' Volgens Sywert is er 'geen enkele reden tot onrust onder [zorg] medewerkers omdat grafeen geen gevaarlijke stof is. [...] Daarnaast is het product zo verwerkt dat er vrijwel niks kan loskomen.' Dat het LCH nu zo panisch reageert op de aanwezigheid van grafeen komt misschien wel door een kennisachterstand bij de inkopers, suggereert hij. 'Andere afnemers zijn tevreden en vinden het een interessant en innovatief product.' Camille, Bernd en hij hebben tijdens de totstandkoming van de deal bovendien op verschillende momenten melding gemaakt van de aanwezigheid van grafeen in de mondkapjes: 'Al met al is het een vrij lange reeks van kansen, informatiestromen en grafeenvermeldingen aan vele medewerkers van het LCH. [...] Als het echt zo is dat jullie verrast zijn op het allerlaatste moment, is er behoorlijk veel misgegaan intern.'

Vilein voegt Sywert eraan toe dat afkeuring van zijn mondkapjes door het LCH grote internationale gevolgen zal hebben. Hij wijst op een EU-verordening die volgens hem inhoudt dat de Europese Commissie in dit soort situaties over het gezondheidsrisico geïnformeerd moet worden. 'De Commissie zal dan beoordelen of het een gerechtvaardigde beslissing is en zal andere lidstaten informeren. Dit is relevant omdat er distributeurs van ShengQuan zijn in o.a. Polen, Spanje, Frankrijk en Duitsland. Ook daar zullen de mondkapjes teruggeroepen moeten worden en uit de handel gehaald worden als de product- en medewerkersveiligheid in het geding is. Mogelijk zal zelfs in Amerika, waar circa 40% van de mondkapjes naartoe gaat, actie moeten worden ondernomen.' Een besluit waar miljarden mee gemoeid zijn, kortom.

Het LCH kán volgens hem niet anders dan er een grote internationale kwestie van maken. De inkopers in Leusden willen toch niet op hun geweten hebben dat straks duizenden zorgmedewerkers in andere landen gevaarlijke stoffen inademen? 'Het zou laakbaar zijn als er daadwerkelijk een aantoonbaar gezondheidsrisico geconstateerd wordt en in de rest van Europa zorgmedewerkers met deze onveilige spullen door moeten werken met medeweten van LCH/Mediq/Rijksoverheid.'

Dat het ministerie van VWS zijn megadeal er doorheen drukte, tegen de uitdrukkelijke wens van het LCH, gebruikt hij nu tegen ze: 'Jullie hebben telefonisch gemeld tot op het moment van testen door het RIVM onbekend geweest te zijn met het product dat door jullie is ingekocht. Het verbaast ons dat er wordt gesteld dat er voor ruim 100 miljoen euro aan producten wordt ingekocht zonder dat er ooit onderzoek naar zou zijn gedaan.'

Het kwaliteitsteam van het LCH is verbaasd over zijn tirade. Sywert verstuurt zijn mails al een tijdje vanaf zijn Hulptroepen-adres, zijn berichten zijn standaard ondertekend met de slogan 'Voor de zorghelden!'. Nu hij wordt geattendeerd op een mogelijk gezondheidsrisico voor diezelfde zorghelden, lijkt hij die vrees totaal niet serieus te nemen. 'Het "Voor de zorghelden" van RGA blijkt mager te zijn,' schrijven de LCH-medewerkers in een reactie. 'Ook al denken de medewerkers in de zorg dat iets onveilig is – RGA wil hier geen nadelige gevolgen van ondervinden.' Dat de oprichter van Relief Goods Alliance in zijn mail stelt dat er tijdens het dragen van de mondkapjes 'vrijwel' geen grafeen kan loskomen, noemen de inkopers 'niet echt een geruststellende gedachte'.

Omdat de inkopers zich wél serieus zorgen maken, besluiten ze die onder de aandacht van het ministerie van VWS te brengen. Op 16 juli vat LCH-medewerker Joep van Breukelen de zorgen over de deal met RGA bv samen in een memo ten behoeve van VWS. Net als zijn collega's was Van Breukelen er in april niet blij mee dat het departement de deal er doorheen drukte. Hij voelt zich misbruikt. Toen hij op 22 april in Leusden naar de werkkamer van een VWS-ambtenaar werd geroepen om het CE-keurmerk van de mondkapjes te bekijken, kreeg hij geen tijd om een grondige inspectie uit te voeren. Welke stoffen in het materiaal verwerkt zijn, heeft hij in de gauwigheid nooit kunnen vaststellen.

De mensen van het LCH verwachten niet dat door de vondst van het grafeen de transactie met Sywert en zijn partners teruggedraaid zal worden. Maar met het memo hebben ze in elk geval schriftelijk vastgelegd bij wie volgens hen de schuld ligt, mocht dit een politiek staartje krijgen.

De zorgen over grafeen lijken even vervlogen wanneer Sywert en Bernd op vrijdagochtend 24 juli in Zwitserland aankomen. Nu de activiteiten van de Hulptroepen op een laag pitje staan, is het tijd voor een weekendtrip. Corona lijkt inmiddels ver weg. Met uitzondering van de anderhalvemeterregel en het verbod op feesten met meer dan honderd mensen heeft het kabinet vrijwel alle maatregelen losgelaten. De drukte in de ziekenhuizen lijkt voorbij.

In Zwitserland ziet Sywert met bewondering hoe men daar met de coronacrisis omgaat. 'Mensen houden veel meer afstand, al het personeel in alle zaken draagt mondkapjes, super hygiënisch, geen gehaast, overheid communiceert strak (ook naar toeristen) en omdat het goed gaat komt het heel ontspannen over,' tweet hij. Later vertelt hij zijn volgers dat hij onder meer naar Zwitserland is gekomen om te wielrennen en lekker te zwemmen.

Maar ontspanning is niet het enige doel. Sywert en Bernd hebben hun medewerkers verteld dat ze een afspraak hebben met farmaceut Roche in Basel. De farmaceut werkt aan een mogelijke gamechanger in de strijd tegen het coronavirus: een sneltest voor consumenten, die binnen een kwartier uitwijst of iemand corona heeft. De Zwitsers zijn al vergevorderd met de ontwikkeling van deze antigeentest.

Sywert en Bernd zien meteen de potentie van zulke sneltesten. Het is mogelijk een nieuwe markt voor de Hulptroepen. Kort na de feesten, die voor de meeste medewerkers en vrijwilligers het afscheid van Hulptroepen inluidden, en na het vertrek van Camille en Coolblue, hebben Sywert en Bernd besloten dat ze een doorstart willen maken. Terwijl zij van de Zwitserse zon genieten, werkt in Driebergen een clubje mensen aan de bouw van de nieuwe website, los van het platform van Coolblue. Nog voor de twee op maandagavond 27 juli terugkomen in Nederland, krijgen ze appjes van medewerkers dat de nieuwe site in de steigers staat.

Of er in het najaar veel vraag zal zijn naar hun mondkapjes – en misschien ook naar sneltesten – is allerminst zeker: in de laatste week van juli 2020 noteert het RIVM maar iets meer dan duizend besmettingen. Slechts 1 procent van de mensen die zich bij de GGD laten testen, heeft een positieve uitslag. Maar mocht er een tweede golf komen, dan zijn de Hulptroepen voorbereid.

Intussen ettert de discussie over het grafeen door. De kapjes van Shengquan mogen nog niet aan de zorg worden geleverd. Op woensdag 5 augustus is Sywerts geduld op. Tijdens het zoveelste overleg met medewerkers van VWS en het LCH schiet hij uit zijn slof: waarom blijven ze toch zo moeilijk doen, nadat hij allerlei extra informatie heeft aangeleverd? Hij heeft nieuwe testrapporten opgestuurd, het nummer doorgegeven van de contactpersoon van fabrikant Shengquan in Duitsland. Wat willen ze nog meer?

Een van de VWS-ambtenaren weet hem na afloop van het gesprek te kalmeren. Het komt echt wel goed met de acceptatie van de Shengquan-maskers, op het ministerie weten ze toch dat Sywert van goede wil is? De ambtenaar geeft hem een advies: waarom neemt Sywert niet nog één keer contact op met de partij die de Shengquan-kapjes in april voor de Europese markt heeft getoetst, het Ierse keuringsinstituut CCQS? Wanneer zij bevestigen dat de aanwezigheid van grafeen is meegenomen bij de beoordeling van de kapjes van Shengquan, dan maakt dat wat het ministerie betreft een einde aan de discussie.

Die avond om 23.15 uur stuurt Sywert een mailtje aan twee betrokken ambtenaren van VWS. Hij biedt zijn excuses aan voor zijn uitval en belooft het CCQS om bevestiging te vragen dat de kapjes als veilig zijn beoordeeld. 'Zoals besproken zullen we voor het ministerie van VWS deze vragen uitzetten. Dit doen we vrijwillig en uit goede wil, zodat iedereen weer verder kan. [...] Het zou wel fijn zijn als hierna een punt gezet kan worden achter het acceptatieproces.' Wel heeft hij een verzoek aan de ambtenaren: kunnen ze de kwestie vanaf nu onderling afhandelen, buiten het zicht van het LCH? De inkopers in Leusden zitten hem nu al maanden dwars. 'Zoals besproken met [de betrokken ambtenaar]: laten we dit voorlopig even managen tussen VWS en RGA. Dat helpt denk ik het proces.'

De dagen erna gaan er inderdaad mails over en weer buiten het LCH om. Op 13 augustus mailt Sywert een bevestiging van zowel Shengquan als keuringsinstantie CCQS aan VWS, waarin beide partijen stellen dat in de keuring van de kapjes voor de Europese markt het grafeen is meegenomen. Op 17 augustus bevestigen enkele topambtenaren van VWS in een mailtje aan Sywert dat zijn kapjes alsnog zijn goedgekeurd en gebruikt mogen worden in de Nederlandse zorg.

De inkopers van het LCH leggen zich erbij neer.

Op 4 oktober 2020 zit Sywert tegenover presentator Rick Nieman in het praatprogramma *WNL op Zondag*. Op de leuning van zijn stoel heeft hij een rek met reageerbuisjes neergezet. De tijd is rijp om Nederland kennis te laten maken met een nieuw fenomeen: sneltesten. Dat zijn 'heel goedkope, betrouwbare testjes, die continu beschikbaar zijn, waarmee je jezelf kunt checken als je even een loopneus hebt,' legt Sywert uit.

Dit is volgens hem een nieuwe manier om de virusverspreiding onder controle te krijgen, zodat het land straks niet opnieuw in een lockdown hoeft. Wie zich niet goed voelt, doet immers een test en blijft thuis. 'Wat ik denk dat je zou moeten doen, is naar een soort sneltestsamenleving gaan.' Volgens hem bereiden Duitsland, Frankrijk en de VS zich daar al op voor.

Sywert is naar de studio gekomen om 'een debat op gang te brengen,' zegt hij. Nederland dreigt opnieuw achter het net te vissen, net als in het voorjaar met de mondkapjes gebeurde. Andere landen zijn al massaal sneltesten aan het inslaan, stelt hij. Ook de Wereldgezondheidsorganisatie (WHO) heeft recent 120 miljoen stuks besteld. 'Ik ben gewoon bang dat als de overheid hier te lang over doet – en mijn indruk is dat het niet heel snel gaat – dat we dan pas over vier tot zes tot acht weken deze tests hebben. Terwijl: je kunt ze gewoon vandaag de dag krijgen en direct de zorg inbrengen.' Medewerkers in verpleeghuizen, bijvoorbeeld, zouden er volgens hem enorm veel baat bij hebben om 's ochtends even een sneltestje te doen voordat ze met kwetsbare patiënten in contact komen.

De website van de stichting Hulptroepen biedt dan al, als een van de eerste in Nederland, de sneltesten van Roche en Abbott aan. Zorgondernemers die de waarschuwing van de jonge opiniemaker bij WNL serieus nemen, hoeven niet op de overheid te wachten. Ze kunnen meteen bij de Hulptroepen terecht.

In de dagen voor de uitzending hebben Sywert, Bernd en hun medewerkers hard gewerkt om alles in gereedheid te brengen. Dat Sywert tijdens de uitzending wat wallen onder de ogen heeft, is omdat ze die week een paar nachten hebben doorgehaald. Twee dagen eerder, op vrijdag 2 oktober, is de gloednieuwe site live gegaan. De Hulptroepen beschikken nu over een eigen platform, zonder de steun van Coolblue. Die vrijdag verkochten ze rond het middaguur de eerste sneltest: '*Breaking news*: de eerste test is verkocht aan een huisarts,' appte Bernd trots aan de rest van het team.

Het nieuwe middel in de strijd tegen het virus komt als geroepen, want na een rustige zomer begint corona aan een comeback. Half september heeft minister Hugo de Jonge van VWS tijdens een ingelaste persconferentie medegedeeld dat Nederland inderdaad in de 'tweede golf' is beland. De afgebouwde maatregelen zijn alweer twee keer aangescherpt: eerst moesten cafés en restaurants weer om 1 uur 's nachts dicht, inmiddels al om 10 uur 's avonds. De maximale groepsgrootte in binnenruimtes is half september teruggebracht naar vijftig mensen, en ging twee weken later naar dertig mensen. Het kabinet adviseert mensen nu ook om in winkels een mondkapje te dragen. In verpleeghuizen zijn kapjes inmiddels verplicht.

Voor de Hulptroepen zijn het, dankzij deze maatregelen, weer drukke tijden. De bestellingen stromen binnen; op 30 september is de oude site zelfs een tijdje overbelast. Hulptroepen.nu noteert die dag het record van 170 orders. Zowel bedrijven als particulieren zijn blij met de producten. Ook in de eerste dagen van oktober 2020 gaat het hard. Via de interne chat houdt Bernd zijn collega's op de hoogte: 'Knalt hier uit z'n voegen'; 'Gaat nu echt als kool,' 'scalingupasfuck.'

In de dagen en weken na Sywerts optreden bij WNL *op Zondag* gaat het crescendo, zowel met de verkoop van mondkapjes als van sneltesten. Op 13 oktober stelt het kabinet mondkapjes verplicht in winkels en het onderwijs; die dag moeten de Hulptroepen 'een server bijzetten' om de boel draaiend te houden, tweet Sywert. Er worden 315 bestellingen gedaan – een nieuw record. In totaal noteert de hulpbrigade in Driebergen in het najaar van 2020 ruim tienduizend bestellingen van mondkapjes en sneltesten; de omzet van de stichting Hulptroepen komt van september tot en met december uit op 2,1 miljoen euro.[2]

Dat zijn niet de enige opbrengsten die in Driebergen binnenkomen. Sywert en Bernd gaan in het najaar door met wat ze in het voorjaar al incidenteel deden: bestellingen bij de stichting Hulptroepen factureren vanuit Relief Goods Alliance. Een kleine groep medewerkers is hiervan op de hoogte, al ontgaat het de meesten dat RGA een losstaande commerciële vennootschap is.

Volgens vier direct betrokkenen gaat het vanaf september 2020 om vele honderden, en waarschijnlijk meer dan duizend bestellingen die RGA factureert.[3] In vrijwel alle gevallen gaat het om bestellingen van (ruim) boven de duizend euro. Zo koopt de Groningse zorginstelling De Hoven begin oktober, kort na Sywerts tv-optreden bij WNL, voor 12.900 euro sneltesten en rekent die af met RGA. De christelijke zorginstelling Accolade Zorg bestelt in een paar maanden tijd voor 37.800 euro aan mondkapjes; ook zij rekenen af met RGA.

Sywert en Bernd zullen later verklaren dat Relief Goods Alliance is 'bedoeld om grootzakelijke aanvragen te verwerken die niet binnen de missie of het risicoprofiel vallen van de Hulptroepen'. Maar de klanten die deze aanvragen doen, hebben nog altijd geen idee dat ze aan een andere entiteit dan de stichting Hulptroepen betalen.

Het bestaan van RGA wordt nergens op de site van de Hulptroepen vermeld. Het bedrijf heeft ook geen eigen besteldienst, klantenservice of telefoonnummer; alle klanten komen per definitie via de stichting Hulptroepen binnen. 'Voor de buitenwereld "bestond" RGA niet",' verklaart een oud-medewerker tegenover *Follow the Money*. 'Dat het om een andere firma ging, is nooit aan deze klanten duidelijk gemaakt,' zegt een andere direct betrokkene. 'Hierover zijn mensen niet geïnformeerd.'

Op de offertes die zakelijke klanten ontvangen, staat het Hulptroepen-logo groot afgebeeld, met de bijbehorende slogan: 'Hulp voor de zorghelden'. Sywert en Bernd presenteren zich in de documenten als bestuurders van de non-profitstichting. In een van de offertes, die *Follow the Money* in bezit heeft, wordt de naam Relief Goods Alliance alleen in de kleine lettertjes op de laatste pagina genoemd. Volgens deze offerte is RGA 'onze entiteit voor levering aan grote (zorg)instellingen en overheden'. Dat het om een commerciële onderneming gaat, zonder formele relatie met de stichting Hulptroepen, staat er niet bij. In een andere offerte wordt RGA zelfs helemaal niet genoemd. De facturen van RGA zijn opgemaakt in de huisstijl van de Hulptroepen, het telefoonnummer en mailadres op de facturen verwijst naar de stichting.

Een deel van de klanten reageert verbolgen als deze werkwijze in de zomer van 2021 aan het licht komt. 'Je ziet het verschil gewoon niet,' zegt facilitair manager Hans Schutte van Accolade Zorg dan tegen *Follow the Money*. 'Het lettertype van de offerte en de factuur zijn vrijwel dezelfde. Zo tuin je er wel in, ja.' Inkoopmanager Marcel Schwarts van gereedschapsbedrijf Hoffmann Group uit Hengelo, die antigeentesten tegen kostprijs dacht te kopen, zegt: 'Wij wisten niet dat het hier om een aparte entiteit ging. Dat hebben ze nooit aan ons duidelijk gemaakt.'

Wanneer *Follow the Money* hem in juli 2021 om een reactie vraagt, zegt Sywert eerst geen idee te hebben van enige onduidelijkheid inzake de facturen. Hij is 'überhaupt niet betrokken geweest binnen RGA bij andere overeenkomsten dan die met het LCH,' mailt hij. 'Ik tast in het duister waar je op doelt.' Maar na publicatie van het *Follow the Money*-artikel op 10 juli 2021 erkent hij tegenover persbureau ANP dat 'enkele tientallen klanten' van de Hulptroepen Alliantie een factuur van Relief Goods Alliance hebben gekregen. 'Er zitten klanten tussen die expliciet geïnformeerd zijn. En er zijn ook anderen waarvan we dat nog aan het uitzoeken zijn. Dat zijn we nog aan het reconstrueren.'[4]

Hij erkent tegenover het ANP dat er onder klanten onduidelijkheid kan zijn ontstaan: 'Een duale structuur van een stichting zonder winstoogmerk en een grootzakelijke bv naast de stichting waardoor wij daar onbetaald voor kunnen werken, dat kan onduidelijkheden scheppen. We zijn dat de laatste tijd aan het aanscherpen en verbeteren, en aan het nalopen of er inderdaad onduidelijkheid en dubbelzinnigheid is.'

Met het strikken van grootzakelijke klanten blijkt nog iets aan de hand te zijn. Op het deel van de site waar potentiële klanten een offerte kunnen vragen, staat een rijtje logo's van klanten waaraan eerder is geleverd. Onder meer het Landelijk Coördinatiecentrum Patiënten Spreiding (LCPS), de Schiphol Group, het ministerie van Justitie en Veiligheid en de GGD Brabant-Zuidoost behoren tot de klantenkring. Stuk voor stuk betrouwbare namen – zeker in coronatijd. Maar navraag leert dat geen van deze instellingen daadwerkelijk klant van de Hulptroepen is geweest.

'Wij hebben niets afgenomen van Sywert c.s.,' meldt toenmalig LCPS-voorzitter Ernst Kuipers, die in januari 2022 aantrad als nieuwe minister van VWS. 'Het LCPS had ook geen voorraden van beschermingsmaterialen.'

'Stichting Hulptroepen Alliantie/Relief Goods Alliance heeft geen diensten aan ons geleverd,' meldt een woordvoerder van de Schiphol Group.

'Wij hebben geen producten bij hen besteld,' zegt de GGD Brabant-Zuidoost.

'Op ons departement hebben we geen bestelling bij hen kunnen vinden,' zegt een woordvoerder van het ministerie van Justitie en Veiligheid. 'Ze gebruiken op de site ook een oud logo.'

Eind 2020 besluit een groepje oud-vrijwilligers om rond de Kerstdagen een gezamenlijk etentje te organiseren. In het voorjaar hebben ze zich met tomeloze energie in het mondkapjesavontuur gestort; het lijkt ze leuk daar eens in alle rust samen op terug te blikken. Een soort reünie. Maar ondanks meerdere pogingen lukt het ze niet de drie oprichters van de stichting Hulptroepen te strikken. Kennelijk hebben die het te druk, concluderen de vrijwilligers. Uiteindelijk organiseren ze een kleinschalig etentje zonder Sywert, Bernd en Camille.

De drie oprichters hebben dan inderdaad iets anders aan hun hoofd: het beheer van hun nieuw vergaarde fortuin. De 28 miljoen euro die ze verdienden aan de overheidsdeal, hebben de drie aandeelhouders grotendeels als dividend aan zichzelf uitgekeerd. Sywert heeft ruim 9,2 miljoen euro netto ontvangen, Bernd ruim 5,7 miljoen en Camille 5,4 miljoen. Het is ongebruikelijk dat aandeelhouders met evenveel aandelen een verschillend dividend ontvangen, maar volgens Bernd is dat doordat 'het winstrecht anders is verdeeld'.

Dat oprichters van een start-up zichzelf na negen maanden al een bedrag kunnen uitkeren waarvan ze kunnen rentenieren, is zeer ongebruikelijk. Het trio is bovendien niet zomaar multimiljonair geworden: ze hebben die miljoenen verdiend aan de grootste crisis in decennia, terwijl ze nog altijd beweren het allemaal 'om niet' te doen. Volgens de site is hun initiatief 'non-profit' en worden ze aan het einde van het jaar onderworpen aan 'een audit van een onafhankelijke accountant in het kader van transparantie'.

Ze delen dus een groot geheim: stel dat iemand erachter komt dat ze stiekem miljoenen hebben verdiend? Het is zaak het geld zo te parkeren dat het de buitenwereld niet opvalt. Camille is de eerste die een financiële constructie optuigt. Begin november richt hij de stichting NoMi op, gevestigd op zijn huisadres, die hij samen met zijn vrouw zal besturen. Daarin moet het geld, dat nu nog in een andere bv zit, uiteindelijk terechtkomen. Het geld blijft dan onzichtbaar: stichtingen hoeven geen jaarcijfers bij de Kamer van Koophandel te deponeren. Zelf omschrijft hij het later als 'een privacyconstructie om mijn gezin te beschermen'.

In de laatste dagen voor de jaarwisseling kiezen Sywert en Bernd een vergelijkbare constructie: ze besluiten een commanditaire vennootschap (cv) op te richten. Dat is een constructie die rijke mensen vaak benutten vanwege de anonimiteit: ook een cv hoeft geen jaarcijfers te publiceren. Door een stichting op te richten als 'beherend vennoot' van de cv, en die stichting vervolgens zelf te besturen, kun je over het vermogen beschikken zonder dat de buitenwereld dat ziet. 'Dit is zeer gebruikelijk voor directeur-grootaandeelhouders om vermogen te anonimiseren,' zegt Bas Leensma, fiscalist bij advieskantoor Atlas, later tegen *Follow the*

Money. Henk Luigjes, belastingadviseur bij HLG: 'Je richt dit op voor onzichtbaarheid, het biedt geen fiscale voordelen.'[5]

De namen die de twee op de financiële constructies plakken, verraden hun gezamenlijke voorliefde voor de Gouden Eeuw. Bernd richt op 31 december de stichting De Ruyter op, vernoemd naar zeeheld Michiel de Ruyter, om zijn nog op te richten cv te beheren.[6] Sywert noemt zijn cv Duyfken, naar een van de eerste verkenningsjachten van de VOC. Het schip verging in 1617 op weg naar Madagaskar.

De medewerkers op het kantoor in Driebergen weten niets van de vermogens, maar sommigen vragen zich wel af hoe Sywert en Bernd ineens grote uitgaven kunnen doen. Bernd koopt in december een monumentale woonboerderij in het Utrechtse Cothen; een pand uit de 17de eeuw dat te koop staat voor 850 duizend euro. Sywert rijdt sinds oktober in een gloednieuwe grijze BMW Z4 naar kantoor; de auto heeft een nieuwprijs van 86 duizend euro.

Maar niemand bij de Hulptroepen vraagt door. Daarvoor is de sfeer in het team veel te goed. Het clubje medewerkers is op elkaar gesteld geraakt. Ze maken onderling veel grapjes: dat Sywert zo graag snoept, of dat hij op kantoor halve dagen het *Financieele Dagblad* zit te lezen.

De laatste dagen van het jaar is de groep druk met een verhuizing: de Hulptroepen verkassen naar een nieuw kantoor in Hilversum. Op Oudjaarsdag sluiten Sywert en Bernd het jaar af met een boodschap via de gezamenlijke appgroep. Sywert schrijft: 'Wens jullie allemaal een ontspannen en leuk uiteinde van (hopelijk) een mooi jaar om op terug te kijken. Enjoy! En dankbaar jullie allemaal ontmoet te hebben dit jaar op avontuur. Stuk voor stuk bijzondere mensen.'

Bernd voegt eraan toe: 'Het was een gek, bijzonder, uitdagend en mooi jaar. Van een gelegenheidscollectief naar een echt team. En de reis is eigenlijk pas net begonnen! Trots op jullie inzet en dat we daarmee zoveel voor de zorg hebben kunnen betekenen. Op naar nieuwe avonturen in '21.'

Maar echt opbeurend zijn de eerste weken van het nieuwe jaar niet. Terwijl de Hulptroepen het nieuwe kantoor betrekken, zucht het land nog altijd onder de coronacrisis. Vanwege de aanhoudend hoge besmettingscijfers verlengt het kabinet de lockdown tot diep in het voorjaar, vanaf 23 januari zelfs inclusief avondklok – sinds de Tweede Wereldoorlog niet meer vertoond. De vaccinatiecampagne, die wat lucht zou moeten bieden, komt veel trager op gang dan in andere Europese landen.

Voor de medewerkers van de Hulptroepen betekent het aanhoudende drukte. De verkoop van mondkapjes en sneltesten loopt hard door. Op 22 januari vestigt de site een nieuw dagrecord van 458 bestellingen. Begin maart noteren ze de 40 duizendste bestelling sinds de oprichting een jaar eerder. De Hulptroepen-nieuwsbrief heeft inmiddels meer dan 27 duizend lezers. Over de eerste zes maanden van 2021 zal de omzet uitkomen op 3,3 miljoen euro, blijkt uit interne gegevens.

In interviews blijft Sywert benadrukken dat ze het allemaal 'om niet' doen. Zo zegt hij in februari in radioprogramma *Met het Oog op Morgen* dat de sneltesten bij de Hulptroepen tegen kostprijs over de toonbank gaan: 'We moeten daar wel een bedrag voor vragen, en we hebben iets nodig voor de klantenservice en de website, maar het is wel een stichting, ja.'[7] Ook in gesprek met dagblad *De Gooi- en Eemlander* zegt hij begin april dat hij niets aan de verkoop van sneltesten hoeft te verdienen: 'Ik pleit al een jaar voor het opzetten van een testsamenleving. Mensen associëren dat vaak met een commercieel en financieel belang. Dat vind ik wel vervelend.'[8]

Op de site staat inmiddels dat de stichting Hulptroepen Alliantie wordt geleid door 'gemotiveerde professionals uit verschillende disciplines die zich graag inzetten voor dit non-profit-initiatief'. Het bestaan van Relief Goods Alliance – waarvan Bernd in januari 2021 medebestuurder wordt – wordt nog steeds nergens expliciet genoemd, hoewel zakelijke klanten van de Hulptroepen ook in de eerste maanden van 2021 facturen van deze vennootschap blijven ontvangen. Dat de twee bestuurders, plus de stille aandeelhouder Camille, al een paar maanden multimiljonair zijn, houden ze verborgen.

Achter de schermen is er intussen een probleem ontstaan dat die geheimhouding in gevaar brengt. De huisaccountant van Mediq, dat alle transacties namens het LCH administratief uitvoerde, slaat in januari intern alarm over 'mogelijke onregelmatigheden bij enkele orders,' zo zegt een woordvoerder later.

Een daarvan is de deal met Relief Goods Alliance. Dat topambtenaar Mark Frequin namens het ministerie van VWS alleen mondeling akkoord heeft gegeven voor de transactie, vindt de accountant een probleem. Waarom is er zoveel geld uitgegeven zonder enige schriftelijke onderbouwing? De deal behoort nota bene tot de drie grootste die het LCH tijdens de coronacrisis sloot: slechts twee andere overeenkomsten passeerden eveneens de grens van 100 miljoen euro. (In totaal gaf het kabinet via LCH-partner Mediq 1,2 miljard euro uit voor de aanschaf van beschermingsmiddelen.)[9]

Dat een schriftelijke onderbouwing ontbreekt, is een 'hiaat in het orderverleningsproces,' mailt een collega-ambtenaar op 14 januari aan Frequin. Die bevestigt daarop per e-mail zijn eerder verleende akkoord, maar krijgt twee weken later opnieuw te horen dat er 'vanuit Mediq behoefte [is] aan een (her)bevestiging van de via het LCH bestelde goederen, ingekochte diensten en door VWS vastgestelde verkoopprijzen'. Frequin geeft daarop alsnog een schriftelijk akkoord voor de deal.

Daarmee is de kous niet af. Omdat ook bij een andere transactie van het LCH mogelijke onregelmatigheden zijn geconstateerd, besluit minister voor Medische Zorg Tamara van Ark (VVD) – de opvolger van Martin van Rijn – een forensisch onderzoek in te stellen. Bureau Grant Thornton krijgt op 10 februari 2021 opdracht van VWS om dat uit te voeren. Het ministerie vat de 'signalen' die over de deal zijn ontvangen als volgt samen: 'In april 2020 zijn een tweetal orders geplaatst hij Relief Goods Alliance B.V. Deze orders hebben plaatsgevonden op initiatief van VWS. Naar verluidt hebben meerdere betrokkenen bij het LCH hun zorgen geuit over deze orders, mede door mogelijk gebrek aan noodzaak. De orders zijn vervolgens onder mogelijk oneigenlijke druk tot stand gekomen.'[10]

Voor de drie aandeelhouders van Relief Goods Alliance is het onderzoek een potentiële tijdbom. Sywert loopt lang genoeg mee in Den Haag om te begrijpen dat de kans aanzienlijk is dat zijn betrokkenheid bij de geheime bv naar buiten zal komen. In een eerste versie van het rapport, dat Grant Thornton in maart opstelt, wordt 'een van de oprichters en aandeelhouders van RGA' als volgt omschreven:

> *'Contactpersoon* RGA *is actief op Twitter en hij is regelmatig zichtbaar in de media (zowel kranten als televisie), waar hij toelichting geeft op mondkapjes in het algemeen, (Stichting) Hulptroepen.nu en het doel van deze stichting, en zakendoen in China. In de media wordt contactpersoon* RGA *onder andere beschreven als politiek activist, lobbyist, opiniemaker, ondernemer, toezichthouder in de zorg en er wordt aangegeven dat hij 'meeschrijft' aan het* CDA *verkiezingsprogramma.'*[11]

Als minister Van Ark het rapport straks in deze vorm met de Tweede Kamer deelt, zal het journalisten geen enkele moeite kosten om te begrijpen dat dit over Sywert van Lienden gaat. Dan komt uit dat hij naast de non-profitstichting Hulptroepen nog een geheime bv had; misschien komt dan zelfs zijn miljoenenwinst aan het licht.

Gelukkig voor hem komt het voorlopig niet zover. Op verzoek van het ministerie schrapt Grant Thornton de passage over Sywert uit het conceptrapport; de tot hem herleidbare gegevens vallen volgens VWS 'buiten de reikwijdte van het onderzoek'. Toch lijkt Sywert niet gerust op de goede afloop. Op kantoor is hij gestresst, zeggen medewerkers later; hij reageert geprikkeld als iemand hem iets vraagt.

Hoezeer hij zich onder druk gezet voelt, blijkt tijdens een meeting met een Amsterdams reclamebureau op 22 maart 2021. Sywert en Bernd zijn een totale *rebranding* van de Hulptroepen van plan. Op de site staat al, ietwat cryptisch, dat de Hulptroepen Alliantie 'is begonnen als non-profitleverancier van mondkapjes en [is] uitgegroeid tot betrouwbare leverancier van producten voor COVID-19'. Nu is het tijd voor de volgende stap. Hun initiatief moet in de markt worden gezet als een normaal bedrijf, een onderneming die met winstoogmerk via internet beschermingsmiddelen aanbiedt. Een slimmere, jongere, flexibeler versie van een zorgleverancier als Mediq. 'Het Coolblue van de zorg,' noemen ze het.

Zeker drie partijen mogen een pitch doen voor de opdracht om de Hulptroepen te *rebranden*. Tijdens de bijeenkomst op 22 maart ontploft Sywert wanneer de directeur van het creatieve bureau naar zijn mening te lang over zichzelf praat. Tot verbazing van de rest staat hij midden in de presentatie op om zijn jas aan te trekken, gaat toch weer zitten en kijkt stuurs voor zich uit. Wanneer de medewerkers even later een A4'tje uitdelen met de grote lijnen van hun presentatie, vouwt Sywert het blaadje op en loopt woedend naar de deur. 'Dit is geen dialoog, het had veel meer over Hulptroepen moeten gaan,' zegt hij volgens betrokkenen. De reclamemensen zijn verbijsterd over zijn plotselinge uitbarsting.

Een ander Amsterdams reclamebureau krijgt de opdracht, die in mei 2021 zal beginnen. Maar zover komt het niet. Want kort daarvoor belandt een stapel vertrouwelijke documenten over de overheidsdeal met Relief Goods Alliance bij een aantal journalisten. Kennelijk willen niet alle betrokkenen de uitkomsten van Grant Thorntons onderzoek afwachten.

11 DE ONTMASKERING

Het lek bestaat uit meer dan honderd documenten. Het gaat om inspectierapporten van ladingen mondkapjes, CE-certificaten, logistiek papierwerk, e-mails en een mapje met facturen. Het papieren spoor van de mondkapjesdeal belandt op 10 mei 2021 in digitale vorm bij de redacties van NRC, *de Volkskrant* en *Follow the Money*. Al snel wordt duidelijk dat de documenten authentiek zijn en dat de anonieme afzenders een misstand aan de kaak willen stellen. Een lek als dit is voor journalisten een goudmijn: het bevat hard bewijs over een saillante transactie.

Welke conclusies kunnen we na eerste lezing trekken? We stuiten op negen facturen, gericht aan Mediq, dat de inkoop van beschermingsmiddelen afhandelde namens de Rijksoverheid. Opmerkelijk is dat de afzender van de facturen niet de stichting Hulptroepen Alliantie is, maar het onbekende Relief Goods Alliance bv.

In de gegevens van de Kamer van Koophandel zien we dat RGA bv geen onderdeel is van de stichting Hulptroepen; de vennootschap is in handen van drie holdingmaatschappijen van respectievelijk Sywert van Lienden, Bernd Damme en Camille van Gestel. Nu beginnen we te begrijpen waarom deze vertrouwelijke documenten naar buiten zijn gesmokkeld: de overheid heeft een megadeal gesloten met een commerciële onderneming, terwijl opiniemaker Sywert Nederland een jaar lang heeft voorgespiegeld dat hij en zijn partners alles 'om niet' doen.

De Volkskrant publiceert op 15 mei als eerste over de stukken, onder de titel 'De geheime coronadeals van Sywert van Lienden'.[1]

In dat artikel zegt Sywert dat hij op aandringen van het ministerie van VWS en inkoopconsortium LCH een eigen bedrijf moest oprichten; dat de overheid dus geen zaken wilde doen met de stichting. VWS ontkent dat en zegt dat het zaken dacht te doen met de Hulptroepen Alliantie, en niet met een losstaande commerciële bv: 'Het ministerie ging ervan uit dat ze [de stichting en RGA bv] bij elkaar hoorden aangezien het om dezelfde personen ging.'

Geraadpleegde professionals in de markt vermoeden dat Sywert er 'schathemelrijk' mee is geworden. Hoe rijk wil Sywert de krant niet vertellen, waarbij hij zich verschuilt achter het geheimhoudingsbeding in het LCH-convenant. 'Het was de moeite waard om te doen,' zegt Camille tegen de krant. 'Maar ik ben absoluut geen miljonair geworden. Dat zou mooi zijn.'

Het nieuws slaat in als een bom. Omdat Sywert niet bereid is om openheid van zaken te geven, wil het het aangestoken vuurtje maar niet doven. Op Twitter stellen honderden mensen Sywert die ene brandende vraag: wat heb je eraan verdiend?

Later die dag verweert Sywert zich op Twitter, en zet de aanval in op *de Volkskrant*: 'Een reactie op dit suggestieve stuk vol onjuistheden zal (helaas) tijd kosten. Het ligt o.a. gecompliceerd door een geheimhoudingsovereenkomst vanuit LCH. Tot daar helderheid over is kunnen wij ons niet publiekelijk verweren. We gaan hierover maandag in overleg met @MinVWS.' En: 'Ik heb ongeveer een half uur de tijd gehad voor een reactie voor het zakken van de krant en in die tijd circa 26 onjuistheden eruit kunnen halen en terug kunnen sturen. Dat zegt mogelijk al wat.' Wel erkent hij dat hij de deal niet belangeloos heeft gedaan: 'Zij [de overheid] liepen geen risico. Wij liepen alle risico. Voor dat risico wordt betaald (en had een persoonlijk faillissement kunnen inhouden).'

Vanwege alle ophef tweet Sywert namens RGA bv op 17 mei een statement: 'Er zijn in de media foutieve indrukken ontstaan over de levering van mondmaskers door Relief Goods Alliance bv [...]. Er is in samenspraak gekozen voor een alternatieve entiteit om een veelvoud aan redenen. Het was onder andere voor de Stichting Hulptroepen Alliantie niet mogelijk om een risico te nemen op een opdracht van deze omvang, gezien het beperkte werkkapitaal dat er was en dat werd ingezet voor de continuering van de levering van persoonlijke beschermingsmiddelen voor duizenden kleine zorginstellingen. LCH op haar beurt wilde en kon zelf ook niet deze risico's voor haar rekening nemen en heeft het verzoek gedaan aan de initiatiefnemers om zelf het ondernemersrisico te dragen in China rond productie en kwaliteit. Hierna is Relief Goods Alliance opgericht [...].'

Sywert, Bernd en Camille houden dus vol dat de overheid de hand had in de oprichting van RGA, maar zwakken dat wel af: het was geen verplichting die VWS hen oplegde, maar een keuze 'in samenspraak'. Maar uit het verslag van het gesprek van Sywert met minister Van Rijn, eerder in dit boek beschreven, blijkt dat op geen enkel moment is gesproken over een 'alternatieve entiteit'. Dat wordt bevestigd door topambtenaar Bas van den Dungen, die bij het gesprek aanwezig was.[2] RGA is achterin het voorstel van de stichting Hulptroepen voor VWS weggemoffeld in dat ene zinnetje: 'Inkoop voor LCH vindt plaats via nieuw op te richten entiteit: Relief Goods Alliance B.V. welke separaat gefinancierd zal worden.'

Ter verdediging van het besluit om een commerciële bv in te zettten, schermt het drietal met 'werkkapitaal' en 'risico's'. Maar voor de deal was juist *geen* werkkapitaal nodig, omdat VWS alles voorfinancierde en de kosten voor het transport op zich nam. Verreweg het grootste risico was daarmee weggenomen, dat zei Sywert zelf op 13 april 2020 tegen minister Van Rijn. Bovendien had een aparte bv ook onder de stichting kunnen hangen, in plaats van als losstaande entiteit ernaast.

Het geplaatst kapitaal van RGA bedroeg bij de oprichting welgeteld drie euro.[3] Als het was misgegaan, dan had VWS – strikt genomen: Mediq bv – een schadeclaim gehad op een bedrijf zonder enig eigen vermogen. Kortom: Sywert, Bernd en Camille hadden als ondernemer geen *skin in the game*. De bewering dat RGA pas is opgericht nadat het LCH hen gevraagd zou hebben om risico te dragen is feitelijk juist, maar verhult dat die oprichting al vanaf 9 april 2020, daags voor de start van de onderhandelingen, bij de notaris werd voorbereid.[4]

Ook na het statement van 17 mei 2021 blijft de vraag: hoeveel hebben Sywert en zijn partners aan de miljoenendeal overgehouden?

Om dat antwoord te vinden roept *Follow the Money* de hulp in van professionele handelaren in mondkapjes. Uit een rondgang langs zeven importeurs blijkt dat het drietal in ongeveer drie maanden mogelijk een marge heeft gemaakt tot circa 30 miljoen euro, gezien de destijds geldende inkooptarieven.[5]

Het is een stevig onderbouwde schatting. Een van de importeurs die we spreken – Jan Kemeling, die met zijn bedrijf Chensha International vanuit Singapore in medische hulpmiddelen handelt – laat ons zien voor welke prijs fabrikant Ryzur ten tijde van de RGA-deal zijn mondkapjes aanbood. Ook van de kapjes van Shengquan, de andere fabrikant waarbij RGA inkocht, is de marktprijs bekend. De verkoopprijs aan de overheid blijkt uit de facturen die we in bezit hebben en verdere kosten waren er nauwelijks. We publiceren op zaterdag 22 mei onze bevindingen.

Sywert wil de schatting in het artikel niet bevestigen. Hij zegt: 'Alle vragen betreffen bedrijfsgevoelige informatie waar ook derden bij betrokken zijn, die onder afgesloten geheimhoudingsverklaringen vallen. We zijn hiermee bezig, maar verwachten niet dat deze nog deze week opgeheven zijn.' De vergelijking met andere inkooptarieven heeft volgens hem een een hoog 'appels-en-perengehalte'.

De jacht op Sywerts miljoenen gaat verder. We krijgen onverwacht hulp. Na publicatie van het artikel over de geschatte marge meldt zich een bron die schuilgaat achter een anoniem e-mailadres. Op maandag 31 mei 2020 krijgen we een mail die in Nederland tot veel woede zal leiden. De tipgever wijst ons op de commanditaire vennootschap Duyfken, vernoemd naar het VOC-schip dat in 1617 zonk. De waardevolle lading van dat schip kon worden gered.

Opnieuw zoeken we bij de Kamer van Koophandel en treffen daar deze cv aan. In één oogopslag zien we dat een stichting met de naam 't Nut de zogeheten beherend vennoot is van Duyfken cv, en dat Sywert van Lienden de bestuurder van deze stichting is.

Jaarstukken van de cv zijn er niet, maar er is wel een uittreksel uit het UBO-register. UBO staat voor *Ultimate Beneficial Ownership*, een aanduiding voor de belanghebbende achter de cv (de zogeheten 'stille vennoot'). Zo'n UBO-registratie is sinds het najaar van

2020 verplicht, om inzichtelijk te maken wie er schuilgaan achter in Nederland gevestigde bedrijven. Bij de registratie van een cv is het tevens verplicht de initiële kapitaalstorting in de vennootschap te vermelden. En daar staat het: 9 miljoen euro. Het bewijs is er – en het is onomstotelijk.

We nemen telefonisch contact op met Sywert om navraag te doen over zijn verstopte vermogen. Hij reageert afwijzend op onze vragen, en vraagt of we die nog eens per mail willen stellen. Camille neemt niet meteen op. Bernd doet dat even later wel. Hij blijkt op het Hulptroepen-kantoor in Hilversum tegenover Sywert te zitten. Zijn laconieke reactie: 'Je hebt een fles wijn gewonnen, je bent de eerste die erachter is. Gefeliciteerd!'

Later die maandag volgt de schriftelijke reactie van Sywert, waarin hij stelt dat anonimiteit niet de reden is voor de gekozen constructie: 'De cv is gewoon geregistreerd op het kantooradres van de Hulptroepen in Driebergen. Dat ik de belanghebbende ben is helder en transparant, en het startkapitaal is gewoon bij de KvK gedeponeerd.' De cv is bedoeld om 'een duidelijk onderscheid te maken tussen Sywert van Lienden privé en het vergaarde kapitaal'. Welk onderscheid hij bedoelt is niet duidelijk: hij is als privépersoon gerechtigd tot het vermogen.

Bernd en Camille besluiten dat ze nu maar beter kunnen erkennen dat ze allebei meer dan vijf miljoen euro hebben verdiend. De stichting die hij een paar maanden eerder oprichtte om het vermogen te beheren wilde hij eigenlijk geheim houden, mailt Camille, maar: 'De maatschappelijke druk die nu via de pers wordt uitgeoefend maakt dat dit in mijn optiek weinig zin meer heeft.'

Dat het drietal met de overheidsdeal meer dan 20 miljoen euro netto heeft gecasht, was voor hen een complete verrassing, meldt Sywert ons. Pas in de zomer van 2020 werd duidelijk dat het resultaat van Relief Goods Alliance bv 'veel positiever zou uitvallen dan verwacht'. 'Dit was het gevolg van een aantal externe factoren, waaronder wisselkoersen, sterk kwaliteitsmanagement, dalende grondstofprijzen en behaalde inkoopvoordelen.'

Dat is onzin: de prijzen voor de mondkapjes (in dollars) stonden vast – de inkooporders bij de Chinese fabrieken bewijzen dat – net als de prijs (in euro's) die VWS betaalde. De marge tussen inen verkoopprijs van de mondkapjes bedroeg in april 28,5 miljoen euro, blijkt uit de documenten. De enige fluctuerende factor die nog invloed kon hebben op de winst, is de euro-dollarkoers in de periode dat de facturen werden verstuurd. Die steeg van 1,08 dollar op 24 april tot 1,11 dollar op 1 juni 2020 weliswaar licht in het voordeel van de ondernemers, maar dat is in de verste verte niet genoeg om een plotselinge miljoenenwinst te verklaren.

'De aandeelhouders van Relief Goods Alliance BV,' zo verklaart Sywert voorts, 'hebben in aanloop naar de te verwachten maatschappelijke discussie die zou volgen na deponering [van de jaarrekening] gereflecteerd op een (maatschappelijke) bestemming voor deze gelden. [...] Doelstelling is om van gemaakte rendementen een tevoren beschreven maatschappelijke bestemming te vinden en daarmee voor de lange termijn iets goeds te doen. Of dat volledig volgens plan waargemaakt kan worden is daarbij wel deels afhankelijk van de gevolgen van de huidige verwoestende mediastorm voor de professionele loopbaan van Sywert.'

Hij vervolgt: 'Relief Goods Alliance BV zal zodra de Tweede Kamer geïnformeerd is door het ministerie van VWS zelf een website lanceren met daarop alle relevante informatie. Wij zullen daar uitgebreid vertellen over de gang van zaken en transparantie bieden.'

Die website is er nog steeds niet.

Na de publicatie van *Follow the Money* over de heimelijke miljoenenwinsten barst een storm van kritiek los. Na het eerste artikel in *de Volkskrant* hadden sommigen Sywert nog verdedigd. Prins Constantijn schreef bijvoorbeeld op Twitter: 'Tegenover alle harde oordelen staan in het artikel geen harde bewijzen. "Voordeel van de twijfel" is een heel mooi principe, ipv cancel cultuur. Oordeel uitstellen tot de feiten duidelijk zijn.'

Maar nu het harde bewijs er ligt, lijkt Sywert alleen te staan. Tijdens een Kamerdebat op 3 juni noemen partijen de miljoenenwinst een grote schande; de Tweede Kamer neemt een motie aan waarin staat dat het trio zich op 'oneigenlijke gronden' heeft verrijkt. In sommige delen van het land zien mensen een vliegtuigje passeren met een groot spandoek: '€ 9.000.0000!! Bedankt. Sywert.'

Hoewel hij zich eerder nog op geheimhouding beriep, besluit

Sywert op zondag 6 juni een publieke verklaring af te leggen in televisieprogramma *Buitenhof*, in een ultieme poging zijn reputatie te redden. Voorafgaand aan het interview laat de geplaagde miljonair twee redacteuren van *Buitenhof* langskomen. Hij laat ze een stapeltje documenten zien om te bewijzen dat de deal netjes is verlopen. Ze mogen de documenten niet meenemen.

'Je bent de scherpste interviewer van Nederland, stel me alle vragen die er zijn,' zegt Sywert tegen presentator Twan Huys in de uitzending die door ruim 600 duizend mensen wordt bekeken. Die aansporing heeft Huys niet nodig om zijn gast het vuur na aan de schenen te leggen. Is de miljoenenwinst die ze aan hun mondkapjesdeal overhielden wel verantwoord? 'Dat vind ik niet,' antwoordt Sywert. Hij noemt het zelfs 'onuitlegbaar.'

Meteen daarna verdedigt hij zich. 'Qua rechtmatigheid van deze overeenkomst is er geen enkel probleem. Het is compleet transparant en navolgbaar gelopen.' Dat hij eerder niet transparant was over hun bv had te maken met 'geheimhoudingen die daaromheen zaten' – alsof de geheimhoudingsovereenkomst hem verhinderde het bestaan van de bv te onthullen. De meer voor de hand liggende verklaring voor zijn zwijgen, namelijk dat hij heimelijk miljoenen verdiende terwijl hij beweerde non-profit te werken tijdens een ernstige crisis, gaat Sywert uit de weg.

Net als eerder tegenover *Follow the Money* beweert Sywert in *Buitenhof* dat hij pas maanden na het sluiten van de deal begreep dat de zilvervloot was binnengevaren. Pas in de loop van mei 2020 wist hij dat hij en zijn partners Bernd en Camille er 'iets' aan zouden overhouden. 'Maar dan zitten er nog heel veel risico's aan vast. Pas in juni-juli begon dat echt zeker te worden. Tot die tijd kon er nog van alles gebeuren.' Hij vertelt niet dat de aandeelhouders van RGA aan zichzelf al op 2 juni tonnen dividend uitkeerden.

Huys vraagt: waar zitten uw risico's? Sywert: 'Er is een ondernemersrisico op valuta, grondstoffen, termijnprijzen, op vervoer et cetera.' Als de presentator had beschikt over de inkoopvoorwaarden in China, had hij dit als nonsens kunnen afdoen.

Zelfs in *Buitenhof* schrikt Sywert er niet voor terug de KLM-mythe in stand te houden: hij beweert nog steeds dat de luchtvaartmaatschappij onderdeel was van zijn Hulptroepen Alliantie.

'KLM hebben we als luchtbrug achtergelaten in het LCH. Die zat in het begin in onze Alliantie. Toen we het niet meer gebruikten omdat de overheid het [de luchtbrug] heeft overgenomen, zijn we via andere carriers commercieel gaan vliegen.'

Voorts claimt hij opnieuw dat de oprichting van RGA op verzoek van het ministerie gebeurde: 'Daar werd al gezegd, op dat niveau, het ondernemersrisico moet naar een andere entiteit.'

Dan stelt Twan Huys de hamvraag: wat gaat Sywert met het geld doen? Zijn vermogen kan hij niet zomaar teruggeven, zegt hij, dan zou het terecht komen bij Mediq, formeel de contractpartner van RGA bv. En dat bedrijf is in handen van Amerikaanse private equity-investeerders, die alleen maar op winst uit zijn. 'Dat is wel een vrij extreem iets, dus moet je er een maatschappelijke bestemming voor vinden.'

Dat is een rookgordijn: het geld hoeft niet per se terug naar Mediq, hij kan er simpelweg voor kiezen die 9 miljoen terug te storten aan de staat; er is al belasting over betaald. Met een betaalbewijs erbij had hij tijdens de uitzending een mooie geste kunnen doen. In plaats daarvan zaait Sywert twijfel over de herkomst van zijn miljoenen.

Dat is toch overheidsgeld, houdt Huys hem voor? 'Dat geld is van Mediq NL,' antwoordt Sywert. Maar van wie heeft Mediq dat geld dan eerst ontvangen, vraagt Huys. Daarop geeft Sywert, die tijdens de onderhandelingen dagenlang met Haagse kopstukken aan tafel zat, een opmerkelijk antwoord: 'Dat weet ik niet. Tot op de dag van vandaag niet.'

Tijdens het interview wordt duidelijk dat Sywert geen enkele intentie heeft zijn winst terug te betalen. Hij zegt er wel over te hebben nagedacht. 'Ik heb daarvoor in de zomer van 2020 een moreel kompas laten opstellen.' Dat kompas suggereert dat hij alleen het *rendement* op zijn vermogen een maatschappelijke bestemming hoeft te geven. Maar wel onder voorbehoud, want hij zou het ook zelf nodig kunnen hebben. Hij gaat 'in alle rust' kijken hoe hij het rendement wil besteden, waarbij hij onder meer denkt aan kankeronderzoek. Hij refereert nog eens fijntjes aan de 'verwoestende mediastorm' die hem in de toekomst wellicht verhindert om werk te vinden: 'Ik ben compleet kapot gemaakt en vernederd.'

De reacties na afloop zijn vernietigend. Vooral zijn voorwaardelijke belofte om slechts het rendement op zijn vermogen weg te geven, zet kwaad bloed. KWF Kankerbestrijding laat nog diezelfde dag weten geen geld van Sywert aan te nemen, mocht hij van plan zijn aan hen te doneren. De stichting Kinderen Kankervrij (KiKa) en het Prinses Máxima Centrum voor kinderoncologie laten publiekelijk hetzelfde weten.[6]

Ook het CDA zit flink met Sywert in zijn maag. De opiniemaker is een prominent lid van de partij en was onderdeel van de commissie die het programma opstelde voor de Tweede Kamerverkiezingen in maart 2021. Wat niet helpt, is dat CDA'er Bart van den Brink, de rechterhand van minister Hugo de Jonge (CDA), Sywert heeft geholpen om bij VWS binnen te komen. Vervolgens heeft topambtenaar en CDA-lid Bas van den Dungen hem aan tafel gezet bij de verantwoordelijke minister Van Rijn (de PvdA'er die op persoonlijke titel in het kabinet zat).

Nadat minister voor Medische Zorg Tamara van Ark (VVD) deze informatie op 3 juni met de Kamer deelt, regent het beschuldigingen van vriendjespolitiek. Op 7 juni distantieert Hugo de Jonge zich nadrukkelijk van de mondkapjesdeal. Tegen RTL *Nieuws* zegt hij 'niet betrokken' te zijn geweest bij de afspraken. 'Het is ook niet mijn portefeuille.'[7]

In *Buitenhof* heeft Sywert de dag ervoor gezegd dat hij zijn verdiensten in de zomer van 2020 keurig heeft gemeld bij de integriteitscommissie van het CDA. Maar die commissie ontkent in het AD op de hoogte te zijn gesteld. Tegen de krant zegt een ingewijde uit de partijtop op 8 juni: 'Hij was in de race [voor het Kamerlidmaatschap], maar uiteindelijk ging iemand in het bestuur ervoor liggen. Dat is achteraf gezien helemaal een juiste inschatting.'[8]

Op 17 juni is de kogel door de kerk: 'In goed onderling overleg met het landelijk bestuur,' meldt het CDA, 'heeft Sywert van Lienden de partij laten weten zijn lidmaatschap van het CDA op te zeggen'. Zijn miljoenenverdiensten zijn inderdaad niet gemeld bij de integriteitscommissie. Hij heeft alleen 'op onderdelen' informatie gegeven over de mondkapjesdeal aan de vertrouwenscommissie voor de kandidaatstellingsprocedure voor de Tweede Kamer.

'Aangezien dit een vertrouwelijk proces [...] was is deze informatie niet breder in het CDA gedeeld.' Volgens het partijbestuur zag Sywert uiteindelijk zelf af van een plek op de kieslijst: 'Voor het tot besluitvorming is gekomen over de kandidatenlijst heeft Sywert van Lienden de partijvoorzitter destijds laten weten deze verkennende kandidatuur in te trekken.'

De publieke afrekening met de drie mondkapjesmiljonairs krijgt een nieuw hoofdstuk wanneer Pieter Zwart, de baas van Coolblue, op 12 juni voor het eerst reageert. 'Ik kon het niet geloven,' zegt hij tegen *de Volkskrant*.[9] 'Mij is nooit, nooit, nooit iets verteld. Onze strikte voorwaarde was juist dat alles op non-profitbasis moest gebeuren.' Zwart zegt niet te kunnen uitsluiten dat het drietal de commerciële deal mede kon binnenslepen dankzij de royale hulp die Coolblue aan de Hulptroepen gaf: 'Er is voor mijn gevoel op schandalige wijze misbruik gemaakt van onze naam en vooral ons vertrouwen. Het ergste vind ik het voor mijn mensen die hard hebben gewerkt aan dit project. De boosheid en emoties die ik voel, hebben zij ook.' Na die emotionele verklaring zal Zwart nooit meer op het onderwerp terugkomen.

Een woordvoerder van uitzendconcern Randstad laat diezelfde dag weten dat het bedrijf Sywert om opheldering heeft gevraagd. 'Onlangs kregen we een heel kort mailtje van hem terug. Dat we de uren konden factureren. O ja, dat hij nog wel in gesprek wilde.' Daar gaat Randstad niet op in. In plaats daarvan maakt het concern eind 2021 bij *Follow the Money* bekend dat het aangifte doet van oplichting.

Ook de vrijwilligers en medewerkers die zich hebben ingezet voor de stichting Hulptroepen voelen zich 'misleid, gemanipuleerd en voorgelogen'. Zonder dat te weten, hebben ze meegewerkt aan een uiterst winstgevende overheidsdeal. De wijze waarop Sywert publiekelijk op de kwestie reageert, bevalt hen allerminst. 'De geraffineerde poging om een juridische mistwolk (van beroep doen op een geheimhoudingsplicht tot het strooien met namen van bv's) op te trekken en te benadrukken dat de situatie erg complex is, mag niet slagen. Het is niet complex, maar juist heel simpel: deze miljoenendeal had nooit plaats kunnen vinden zonder de bijdragen van al deze vrijwilligers en andere krachten, die nooit hadden meegewerkt als ze niet op deze manier waren misleid,' schrijven ze op 18 juni in een ingezonden brief in *de Volkskrant*.[10] Daarom roepen ze het drietal op de volledige winst terug te betalen.

Na deze escalatie besluiten Sywert, Bernd en Camille de voormalige medewerkers schriftelijk uit te nodigen voor een gesprek. 'Die brieven zijn overduidelijk met hulp van juristen getikt,' zegt een van de medewerkers. 'Ze refereren eraan dat wij geen vrijwilligers waren maar gewoon betaald kregen – voor mijn eerste weken klopt dat alvast niet. En ze stellen dat we betaald kregen voor werk dat we deden voor de stichting.' De brieven zorgen bij diverse medewerkers alleen maar voor meer wantrouwen.

Slechts een handvol oud-medewerkers is bereid om in het gesprek te gaan. Dat vindt eind juni plaats in het nieuwe Hilversumse kantoor van de Hulptroepen. Het is een urenlange, emotionele bijeenkomst. 'Ik heb meerdere volwassen mannen zien huilen,' zegt een van de aanwezigen achteraf. Het gesprek begint met een tijdlijn van alle gebeurtenissen. Ook tegen zijn oud-medewerkers zegt Sywert dat de omvang van de winst niet voorzien was – onder meer de gunstige wisselkoers had Bernd, Camille en hemzelf verrast. 'Hun verklaring was: het is behoorlijk uit de hand gelopen,' herinnert een van de aanwezigen zich.

Het is Sywert die de meeste scrupules heeft over de verzwegen winst, vertelt de oud-medewerker. 'Tijdens het gesprek zei Sywert dat hij er voor zijn gevoel eigenlijk geen recht op heeft, die miljoenen. Dat hij al heeft laten vastleggen wat ermee gebeurt.' Net als eerder tegenover Randstad toont hij zich bereid de oud-medewerkers een vergoeding te betalen voor hun onbedoelde hulp aan de RGA-deal. 'Hij vroeg: hoe kunnen wij recht doen aan de situatie? Maar het is heel ingewikkeld om uit te zoeken wie er allemaal wanneer voor de bv heeft gewerkt, en wanneer voor de stichting.' De vergoeding is er nooit gekomen.

Een geëmotioneerde Camille zegt tegen de oud-medewerkers dat hij, anders dan Bernd en Sywert, de commerciële activiteiten nooit geheim had willen houden. 'Camille is erin meegegaan,' zegt de oud-medewerker. 'Toen hij de vraag kreeg waarom hij iedereen dan had voorgelogen, moest hij huilen, hij erkende dat hij dat inderdaad gedaan had. Daarom was hij er in de zomer van 2020 ook uitgestapt, zei hij.'

De negatieve aandacht voor wat inmiddels de 'mondkapjesaffaire' is gaan heten, houdt de rest van 2021 aan. *Follow the Money* publiceert over de RGA-facturen aan klanten van de Hulptroepen, *de Volkskrant* over beloftes van financiële transparantie die plotseling van de site zijn verdwenen. Tim Hofman van YouTube-serie BOOS achtervolgt Sywert met draaiende camera buiten zijn kantoor, met de vraag of hij Nederland geen excuses moet aanbieden. Advocaat Peter Plasman kondigt op de televisie aan dat hij, met steun van cabaretier Youp van 't Hek, zal proberen 'de miljoenen terug te halen' door aangifte te doen.

Er gaat geen week voorbij of Van 't Hek noemt Sywert van Lienden, Bernd Damme en Camille van Gestel met voor- en achternaam in zijn columns in NRC, in weinig vleiende bewoordingen. Kamerlid Pieter Omtzigt, Sywerts vroegere CDA-maatje, spreekt zich uit: 'Ik voel mij door Sywert van Lienden op het verkeerde been gezet, dat lijkt me duidelijk.'[11]

De reacties uit de hoek van de drie Hulptroepen-oprichters worden grimmiger. Nadat we het drietal in september vragen mee te werken aan dit boek, ontvangen verschillende oud-medewerkers opnieuw een e-mail van Sywert. Dit keer met een dreigende ondertoon. Sywert zegt alsnog graag met hen in gesprek te gaan, maar herinnert hen eraan dat ze een geheimhoudingsovereenkomst hebben getekend. Met journalisten praten kan leiden tot juridische stappen, is de boodschap: 'Dat kan een onplezierige en kostbare aangelegenheid zijn voor ons beiden.'

Als we hem ernaar vragen, beweert Sywert aan de telefoon dat de oud-medewerkers geen last van *hem* hebben, maar juist van onze interviewverzoeken: 'Ik zie dat mensen enorm veel stress ervaren en zich opgejaagd voelen door dit soort gedrag.' (Overigens hebben wij van geen enkele betrokkene gehoord dat ze onze vragen ergerlijk vonden.)

Betrokkenen die geen geheimhoudingsovereenkomst hebben getekend, krijgen eveneens assertieve berichten van Sywert. Zo ontvangt filmmaker Erik Loots, die in april 2020 een promotievideo rond de lancering van de Hulptroepen produceerde, dit bericht: 'Beste Erik, ik zie veelvuldige lasterlijke uitlatingen van je voorbij komen over mij [...] Vriendelijk wil ik je vragen hiermee te stoppen, en als je dat niet doet zal ik nadere stappen nemen. Het is wel een keer genoeg zo.'

De juridische dreigementen strekken zich uit tot ver buiten de Hulptroepen Alliantie. Zo dreigt hij Alexander Klöpping, evenals Sywert oud-tafelgast bij *De Wereld Draait Door*, met gerechtelijke stappen nadat die op Instagram een grapje over hem maakt. De door de wol geverfde Haagse journalisten Peter Kee en Thijs Broer, die hem in september twee hoofdstukken van hun boek *Code Rood* voorleggen, dreigt hij met een kort geding als ze bepaalde passages niet aanpassen.

Ook het tv-programma *Jinek* krijgt te maken met een boze Sywert. 'We hebben berichten ingezien die door Sywert zijn gestuurd,' zegt Eva Jinek half oktober in de uitzending. 'Berichten waarin hij dreigt met vervolgstappen als iemand iets negatiefs over hem zegt. En mijn redactie heeft hem voor en na onze vorige uitzending gesproken, contact met hem gehad, en hij heeft toen ook tegen mijn redactie gedreigd met advocaten.'

Bernd en Camille hullen zich intussen in comfortabel zwijgen. Sywert geniet landelijke bekendheid, zij niet – dus hebben ze minder te lijden onder alle publiciteit. De communicatie met de buitenwereld laten ze aan Sywert over. Aanvankelijk overweegt Camille ons een interview toe te staan, omdat hij vindt dat er tot nu toe te weinig aandacht is geweest voor zijn duurzame kant: 'Ik ben al jarenlang bezig met maatschappelijk verantwoord ondernemen.'

Bovendien, zo meldt hij via WhatsApp, is de aandacht voor hun mondkapjeshandel te eenzijdig. 'In de eerste maanden van de grootste schaarste hebben we daadwerkelijk 4500 vooral kleine zorginstellingen kunnen helpen aan vooral mondkapjes. Ging om miljoenen stuks waarmee daadwerkelijk tienduizenden zorgmedewerkers geholpen zijn. Gelukkig zijn er nog altijd mensen die ondanks alle commotie daar dankbaar voor zijn, toen er bijna niks te krijgen was. Ik vind het oprecht jammer dat daar geen/weinig aandacht voor is. Zou wel tof zijn wanneer je daar iets over wilt schrijven. ;)'

Maar bij nader inzien besluit hij de woordvoering toch bij Sywert te laten. Die wil niet in gesprek, omdat hij 'helemaal klaar is met *Follow the Money*': 'Ik praat op geen enkele manier meer met jullie. Als ik ooit nog wat te melden heb, heb ik dat te melden in de rechtbank, en nooit meer *on the record*, in welke setting dan ook.' Begin oktober herhaalt hij die boodschap in een tirade op Twitter, die hij kort daarna weer verwijdert. Hij spuwt zijn gal over de journalisten van *Follow the Money* en *de Volkskrant* die de feiten over de mondkapjesdeal naar buiten brachten en zegt meteen de rest van Nederland de wacht aan: 'Vriendelijke waarschuwing aan iedereen die al maanden meedoet aan deze laster: het is een keer genoeg. Doe je mee aan deze onzin, dan loop je het risico een keer aangesproken te worden. Elk mens heeft zijn grens, die van mij is bereikt.'

Na een kleine maand radiostilte laten de Hulptroepen op 3 november 2021 weer van zich horen. De avond ervoor heeft het kabinet in een persconferentie bekendgemaakt dat de mondkapjesplicht weer wordt ingevoerd, vanwege het oplopende aantal besmettingen. Die ochtend versturen Bernd en Sywert namens de Hulptroepen een nieuwsbrief met de titel: 'De mondkapjes komen terug.' 'Wij willen graag dat iedereen toegang heeft tot de beste mondkapjes. Om je daar mee op weg te helpen bieden wij de komende tien dagen onze IIR en FFP2 mondkapjes aan met een korting van 10 procent.'

Het schip mag dan zijn gezonken, de lading is nog niet vergaan.

12 EPILOOG

'Wij hadden niet de luxe om te zeggen: doe maar niet.' Aan het woord is Tamara van Ark, minister voor Medische Zorg (VVD). Op 3 juni 2021 moet ze zich in de Tweede Kamer verantwoorden voor de mondkapjesdeal, waarover veel vragen zijn gerezen. Twee dagen eerder had Van Ark al schriftelijk gesteld: 'Vanwege de grote druk in die periode om aan de vraag naar mondmaskers te kunnen voldoen, de vraag van uw Kamer om iedere lead serieus na te gaan en de potentiële grote omvang van het voorstel van de heer Van Lienden zijn de partijen verder met elkaar in gesprek gegaan.'

Sywert van Lienden, Bernd Damme en Camille van Gestel zijn behandeld als alle andere leveranciers, betoogt de minister. 'Alle serieuze aanbiedingen (leads) die VWS en het LCH toen bereikten zijn door het LCH zo zorgvuldig mogelijk bekeken en beoordeeld aan de hand van de criteria prijs, kwaliteit en leveringszekerheid. De aanbieding van de heer Van Lienden van Stichting Hulptroepen Alliantie was daarop geen uitzondering.' De toetsing wees uit dat hun voorstel voldeed aan al die criteria. Met de expertise van de nieuwbakken importeurs was het dik in orde: 'De bestuurders en aandeelhouders die bij RGA betrokken waren, waren bekende partijen die hun sporen hadden verdiend onder meer met zakendoen in China.'

Dat er op het hoogste politieke en ambtelijke niveau met Sywert was onderhandeld, is volgens de minister niets bijzonders. Dat gebeurde wel vaker. Waarom werd de overeenkomst niet gesloten met de stichting Hulptroepen Alliantie, maar met het commerciële bedrijf Relief Goods Alliance? De bewindsvrouw antwoordt dat het 'type construct' voor VWS niets uitmaakte. 'Het enige dat namelijk telde was om de zorg in Nederland zo snel mogelijk te voorzien van voldoende, kwalitatief goede mondmaskers.'

Volgens de minister wist VWS dat Sywert, Bernd en Camille geen weldoeners waren. 'Zowel VWS als LCH gingen er niet vanuit dat RGA een non-profitorganisatie was, omdat duidelijk was dat het hier een bv betrof.' Van misleiding zou dus geen sprake zijn.

In de dagen na het overleg tussen Sywert en minister Martin van Rijn op 13 april 2020 was de rol van VWS slechts secundair, beweert Van Ark. 'Na de genoemde presentatie [van de Hulptroepen, *red.*] zijn de verdere gesprekken overgenomen door het LCH.' Waarmee ze suggereert dat het inkoopconsortium de leidende partij was, niet het departement zelf.

Wat Van Ark de Kamer niet meldt, is dat het LCH zich massaal verzette tegen de deal. Anders dan de minister doet voorkomen, achtte het inkoopconsortium Sywert en zijn twee partners geen betrouwbare partij – de leveringszekerheid van de onervaren inkopers werd betwijfeld. Bovendien lagen er betere aanbiedingen van betrouwbaar geachte leveranciers en waren er volgens de inkopers al ruim voldoende mondkapjes (FFP2) besteld: liefst 75 miljoen stuks.

Het verzet van het LCH is op dat moment reeds lange tijd bekend bij de top van het ministerie. De klachten kwamen immers terecht bij topambtenaar Mark Frequin. Bij VWS circuleert bovendien al enkele maanden een concept van het rapport van Grant Thornton, waarin de kritiek op de verspilling van overheidsgeld opnieuw breed is uitgemeten. Pas na vragen van *Follow the Money* ná het Kamerdebat erkent VWS dat het LCH protest aantekende.[1] In weerwil daarvan drukte Frequin de deal er hardhandig doorheen. Kennelijk had Van Ark ook niet de 'luxe' om de Kamer juist en volledig te informeren.

De prijs per mondkapje die het ministerie aan Relief Goods Alliance betaalde, lag aan de uiterste bovenkant van de bandbreedte die VWS in april 2020 hanteerde. Wat de prijs opdreef, was de 'post onvoorzien' van 20 procent in de kostenberekening, terwijl intussen alle risico's door de staat werden gedragen. VWS financierde de benodigde 100 miljoen euro via Mediq volledig voor, ook het transport en de distributie betaalde het ministerie. De kans dat er een groot bedrag aan winst zou overblijven, was dus vanaf het begin levensgroot.

Daarom is de cruciale vraag: waren de betrokkenen zich ervan bewust dat die winst zou belanden in een commerciële bv, waarvan de aandeelhouders per direct multimiljonair zouden worden? Minister Van Ark zei tegenover de Kamer dat ze wist van de commerciële motieven; ook topambtenaar Mark Frequin verklaarde te hebben geweten dat het ministerie zaken deed met een bv.

De lezing van de meeste betrokkenen is anders. Voormalig minister Martin van Rijn zei een paar weken voor het debat van 3 juni tegen *de Volkskrant* dat 'Van Lienden hem nooit heeft geïnformeerd over zijn zakelijke belangen in Relief Goods Alliance'. Topambtenaar Bas van den Dungen bevestigt dat: hij en Van Rijn dachten beiden dat Relief Goods Alliance onderdeel was van de stichting. Ook LCH-baas Rob van der Kolk zegt niet te hebben geweten dat RGA een entiteit was die buiten de non-profitstichting viel.

Uit vertrouwelijke stukken blijkt tevens dat Sywert van Lienden het ministerie niet heeft geïnformeerd over zijn zakelijke belangen of die van zijn twee compagnons. De bv kwam tijdens het overleg van 13 april 2020 met minister Van Rijn überhaupt niet ter sprake. Weliswaar bevat het Hulptroepen-voorstel een korte verwijzing naar Relief Goods Alliance, maar de passage maakt niet duidelijk dat die bv losstaat van de stichting.

Waarom het ministerie tijdens de onderhandelingen akkoord ging met een 'post onvoorzien' van 20 procent, terwijl de staat alle risico's op zich nam, is ook na maanden onderzoek niet duidelijk. VWS weigert die vraag te beantwoorden. Een deel van de verklaring schuilt mogelijk in het vernietigende rapport van de Algemene Rekenkamer uit mei 2021: het financieel beheer bij VWS schoot tijdens de coronacrisis ernstig tekort.[2]

De ambtenaren en bewindslieden moesten plotseling zoveel mondkapjes, beademingsapparaten en andere materialen inkopen, dat het overzicht volledig kwijt was. Volgens de Rekenkamer waren de uitgaven in die periode een rommeltje: 'Zo is een flink deel van de ingekochte goederen [...] vaak rechtstreeks afgeleverd bij zorginstellingen of een centraal magazijn zonder ontvangstbewijzen of andere documentatie. Daardoor kan niet worden aangetoond of waarvoor betaald is ook daadwerkelijk geleverd is. [...] De financiële functie was niet voldoende toegerust en is ook niet tijdig versterkt om de grote uitdaging die de coronacrisis met zich meebracht aan te kunnen.' Het ministerie gaf tijdens de coronacrisis 5,1 miljard euro uit; van 'een fors deel' daarvan kon de Rekenkamer de rechtmatigheid niet vaststellen.

Voor de mannen achter Relief Goods Alliance was het niet moeilijk om van deze chaos te profiteren. Bij VWS was niemand echt geïnteresseerd in stevige onderhandelingen over de voorwaarden.

Maar dat is niet het hele verhaal. De deal met RGA kwam immers tot stand op een moment dat de overheid al 75 miljoen mondkapjes had besteld. Zelfs als de eerste coronagolf een half jaar zou aanhouden, was er genoeg voorraad. Bijbestellen bij de bestaande leveranciers kon altijd, in een markt met op dat moment snel dalende prijzen. Het overgrote deel van de 40 miljoen mondkapjes van Sywert & co kwam na een wekenlange tocht met de boot naar Nederland en is tot op de dag van vandaag niet gebruikt.

De ware reden voor de transactie liet minister Van Ark zich op 3 juni 2021 in de Kamer ontvallen: 'Ik sluit ook niet uit dat het feit dat iemand zo veel publiciteit zocht en op zoveel plekken liet weten dat hij het zelf beter kon een rol heeft gespeeld.' Topambtenaar Mark Frequin bevestigde die lezing dezelfde maand tegenover *Follow the Money*: 'Hij heeft veel getamboereerd. Natuurlijk ontstaat er publieke druk wanneer je als ministerie het verwijt krijgt dat je mensen in de zorg onbeschermd laat rondlopen. Er ontstond een hype op dit onderwerp en daar heeft hij handig gebruik van gemaakt.'[3]

Een andere bron in de top van VWS verklaarde: 'Hij was zeer aanwezig in het publieke debat hierover, zowel online als op tv. Aanbiedingen die niet opgepakt werden, zouden potentieel terug kunnen komen in debatten.' 'Coronaminister' Hugo de Jonge voerde die debatten, en had dus baat bij het elimineren van publicitaire risico's.

Met andere woorden: met zijn kritische tweets wist Sywert precies op de juiste knop te drukken. Door zijn aanhoudende kritiek op het inkoopbeleid vormde de 29-jarige opiniemaker simpelweg een te grote bedreiging voor het imago van de verantwoordelijke politici gedurende de coronacrisis. Zoals Frequin al tijdens de onderhandelingen tegen Rob van der Kolk zei: '*It's probably better to have him inside the tent pissing out, than outside the tent pissing in.*' Achteraf noemde een topambtenaar de transactie een 'kleinigheid', een deal die Mark Frequin naar eigen zeggen 'vrij droogkloterig' had gesloten.

Als gevolg hiervan was het ministerie vanaf het begin van de onderhandelingen blind voor allerlei *red flags*: een grotesk aanbod van 120 miljoen mondkapjes van een partij die nog maar enkele weken bestond, een kostenberekening waarin de btw twee keer was meegenomen, onzinnige claims over een luchtbrug met de KLM, een post onvoorzien van 20 procent, een commerciële bv die ineens om de hoek kwam kijken. Sywert móest een deal krijgen. Het was een verbond tussen rücksichtslos winstbejag aan de ene kant, en politiek opportunisme aan de andere.

De deal met Sywert draaide dus helemaal niet om mondkapjes. Voor 100 miljoen euro hoopte het ministerie van een belangrijke criticaster verlost te zijn. De jonge opiniemaker profiteerde er met zijn zakenpartners van dat het kabinet tijdens de coronacrisis de publieke opinie een centrale rol had toebedeeld in het beleid. De deal met Relief Goods Alliance toont aan hoe het kabinet Nederland door de eerste fase van de crisis loodste: met één hand op de smartphone, scrollend door de tijdlijnen op sociale media.

Het eerste onderzoek naar de transactie, uitgevoerd door forensisch bureau Grant Thornton, concludeerde dat er 'geen integriteitsschendingen' hebben plaatsgevonden. Maar dit onderzoek behelsde alleen de rol van inkoopconsortium LCH. Hoe VWS heeft geopereerd bij de inkoop van beschermingsmiddelen, bleef grotendeels onbelicht. Toenmalig minister Van Ark erkende die omissie en kondigde in juni 2021 aan een vervolgonderzoek in te stellen naar alle inkoop van beschermingsmiddelen door VWS, te beginnen met de transactie met Relief Goods Alliance. 'De onderste steen moet boven,' zei ze. Forensisch accountants van Deloitte kregen opdracht dit onderzoek uit te voeren.

Nog voor het zomerreces van 2021 zou het onderzoek naar de RGA-deal zijn afgerond. Maar bij het ter perse gaan van dit boek, in februari 2022, wachten we nog altijd op de uitkomst. De belangrijkste oorzaak van de vertraging is de berg ambtelijke documenten die moet worden verzameld, en de moeizame overdracht ervan aan de forensisch onderzoekers. In november kwam daar een probleem bij, toen een van de betrokken Deloitte-medewerkers een notitieblok met gevoelige aantekeningen kwijtraakte in de trein. Het blok kwam weer boven water, maar het onderzoek liep opnieuw averij op.

Welke rol minister Hugo de Jonge ten tijde van de transactie precies heeft gespeeld, is deel van het onderzoek. De forensisch accountants van Deloitte hebben ook zijn inbox ondersteboven gekeerd. Of zijn politiek assistent Bart van den Brink Sywert op eigen houtje benaderde of in opdracht van zijn politieke baas, zal moeten blijken.

Voor velen zal het onderzoek van Deloitte de kwestie afsluiten. Dat hopen Sywert van Lienden, Bernd Damme en Camille van Gestel in elk geval. Voorlopig wimpelt het drietal elke vraag af met een verwijzing naar het onderzoek. 'Met vertrouwen wacht ik de langverwachte uitkomst van het lopende onderzoek af,' was het enige dat Sywert ons in een reactie voor dit boek liet weten. De drie ondernemers verwachten straks te kunnen zeggen dat de overheidsdeal rechtmatig, transparant en navolgbaar was, en alle negatieve publiciteit onterecht.

Elders worden intussen de messen geslepen. Meerdere partijen broeden op juridische procedures, maar ook zij wachten de uitkomst van het onderzoek van Deloitte af. Een groep creatieve juristen ziet mogelijkheden om de winsten alsnog terug te halen met een beroep op het mededingingsrecht. Zij betogen dat de aankoop van 40 miljoen mondkapjes openbaar aanbesteed had moeten worden en dat de voorkeursbehandeling van Sywert gelijk staat aan verboden staatssteun, wat mogelijk een grond oplevert voor het ongedaan maken van de deal.

Een aantal oud-vrijwilligers overweegt een schadeclaim in te dienen wegens misleiding. Het Openbaar Ministerie beraadt zich op de aangifte van oplichting die uitzendconcern Randstad heeft gedaan, waarna mogelijk een ontnemingsprocedure in het verschiet ligt.

De jacht op Sywerts miljoenen moet nog beginnen.

VERANTWOORDING

Vanaf mei 2021 publiceerden we bij *Follow the Money* een reeks artikelen over de mondkapjesaffaire. We onthulden onder meer dat de oprichters van de stichting Hulptroepen Alliantie multimiljonair waren geworden, mede dankzij de unieke invloed van Sywert van Lienden op het maatschappelijk discours van 2020.

Maar daarmee was het beeld nog lang niet compleet. Het voorjaar van 2020 was een historische periode in een uitzonderlijke crisis. Sywert van Lienden bleek bij uitstek een vehikel dat ons door die geschiedenis kon voeren. Steeds scherper zagen we dat zich achter de schermen een ongelooflijk verhaal had afgespeeld; een verhaal over drie handige ondernemers die wisten te profiteren van de chaos van die eerste maanden van de pandemie, en van de angst van politici voor de publieke opinie. Na verkennende gesprekken met enkele *insiders* besloten we een uitgebreide reconstructie te maken.

Het onderzoek richtte zich eerst op de stichting Hulptroepen: hoe was die ontstaan, en met welke intentie? Wat heeft zich daar afgespeeld op het hoogtepunt van de crisis? Hoe hebben de oprichters hun eigen medewerkers en partners als Coolblue om de tuin geleid? Wat gebeurde er bij de Hulptroepen na de eerste onthulling over de deal in mei 2021? Vervolgens doken we in de kleurrijke achtergrond van de drie oprichters. Wat heeft hen gevormd? En wat waren hun motieven?

Minstens even intrigerend was de vraag hoe de megadeal tot stand is gekomen. De verklaringen van bewindslieden en betrokken ambtenaren waren inconsistent en soms ongeloofwaardig. Er was geen schrijnend tekort aan mondkapjes meer. Waarom ging het ministerie van VWS dan in zee met een stel amateurs? Welke rol speelde de beeldvorming en publieke opinie in dit proces?

Een andere hoofdrol was weggelegd voor het Landelijk Consortium Hulpmiddelen (LCH), verantwoordelijk voor de inkoop van beschermingsmiddelen. Deze gelegenheidsformatie van private partijen bleek zich luidkeels verzet te hebben tegen de deal. Hoe functioneerde dat LCH? Waarom wilden ze geen zaken doen met de Hulptroepen? En terug naar VWS: waarom hebben de verantwoordelijke minister en ambtenaren dat protest genegeerd?

Met deze vragen in het achterhoofd hielden we meer dan honderd interviews met betrokkenen. De meeste gesprekken vonden plaats op achtergrondbasis. Bij een deel van de geïnterviewden was dat vanwege geheimhoudingsverklaringen. Een ander deel voelde zich door Sywert van Lienden geïntimideerd. Tijdens het onderzoek voor dit boek beschuldigde hij sommige betrokkenen van laster en dreigde met 'juridische stappen', kennelijk om te verhinderen dat ze met journalisten zouden spreken. Dit heeft als enig effect gehad dat verscheidene bronnen ons om anonimiteit verzochten.

Overal in het boek hebben we de journalistieke vuistregel gehanteerd dat elk feit door minimaal twee bronnen bevestigd moet zijn, en liefst meer. Mochten er desondanks onjuistheden in de tekst zijn geslopen, dan zijn wijzelf daarvoor verantwoordelijk.

Behalve op de interviews hebben we ons gebaseerd op een grote hoeveelheid interne documentatie: e-mails, WhatsApp-gesprekken, gespreksverslagen, powerpointpresentaties, offertes, facturen, contracten en meer. Alle documenten waaruit we in dit boek citeren, zijn in ons bezit. Verder hebben we dankbaar gebruikgemaakt van krantenarchieven, met name bij het opstellen van de profielen van de drie oprichters. Van citaten die we in de tekst hebben gebruikt, is de herkomst terug te vinden in het notenapparaat. Dankzij Stijn Peeters van de Universiteit van Amsterdam kregen we de beschikking over meer dan zevenduizend verwijderde tweets van het account van Sywert van Lienden – onontbeerlijk bronmateriaal.

Sywert van Lienden, Bernd Damme en Camille van Gestel hebben we in september 2021 uitgenodigd voor een interview. Het contact verliep toen al enige tijd moeizaam. Ze hadden forse kritiek op onze artikelen, maar weigerden die inhoudelijk te onderbouwen. Van Lienden stelde als voorwaarde voor een gesprek dat we een contract tekenden waarin we ons verplichtten om door hen gestelde onjuistheden in eerdere publicaties te corrigeren. Ook zouden we ons bronmateriaal moeten overleggen.

Dat was niet acceptabel. We hadden hen al ruimschoots gelegenheid tot wederhoor geboden, wat nimmer tot correcties had geleid. Bovendien vindt zorgvuldig wederhoor plaats volgens de normen van onze beroepsethiek – niet volgens andermans contractuele normen. Zulke contracten zijn voor journalisten onethisch: ze kunnen hen dwingen de waarheid geweld aan te doen, uit vrees voor mogelijke contractuele gevolgen.

Uiteindelijk besloten we de belangrijkste bevindingen (en passages) schriftelijk aan hen voor te leggen, waarbij ze twee weken de tijd kregen voor een reactie. Geen van drieën wilde inhoudelijk reageren. Van Lienden laat weten 'met vertrouwen' de uitkomst van het lopende onderzoek van Deloitte af te wachten. Ook VWS wil niet reageren en verwijst daarbij eveneens naar het onderzoek.

Tot slot willen we graag een aantal mensen bedanken; ten eerste *Follow the Money*-hoofdredacteuren Eric Smit, Arne van der Wal en Harry Lensink en uitgever Jan-Willem Sanders voor hun vertrouwen, waardoor we dit onderzoek konden verrichten in vrijheid en in optimale *spirit*. Verder was het boek nooit zo goed geworden zonder het scherpe commentaar van Willemijn Lindhout en de fenomenale eindredactie van Karin Spaink. Onze dank gaat ook uit naar het belangrijke werk van Sophie Stadhouders. Dank voorts aan JanJaap Rypkema voor het prachtige design. *Last but not least*: speciale dank aan Maaike en Sara, die ons met veel geduld en begrip maandenlang ruim baan gaven om obsessief aan dit boek te werken.

Amsterdam, februari 2022
Jan-Hein Strop en Stefan Vermeulen

NOTEN

1 OVERMOED EN PANIEK

1 Tweet RIVM, 14 februari 2020.
2 *NRC*, 'Hoe Nederland de controle verloor. De corona-uitbraak van dag tot dag', 19 juni 2020.
3 *de Volkskrant*, 'Februari: de verloren maand in de strijd tegen het coronavirus', 11 april 2020.
4 Rijksoverheid, 'Kamerbrief over vervolgontwikkelingen nieuw coronavirus', 14 februari 2020.
5 *NRC*, 'Carnaval in Tilburg: "coronapret" en keiharde wind', 23 februari 2020.
6 Leids Universitair Medisch Centrum, 'Bewezen: carnaval leidde tot piek in COVID-19-gevallen', 23 oktober 2020.
7 Rijksoverheid, 'Brief over advies van Outbreak Management Team over COVID-19', 28 februari 2020.
8 Rijksoverheid, 'Kamerbrief over stand van zaken besmettingen coronavirus en advies OMT en BAO', 2 maart 2020.
9 *Het Parool*, 'RIVM wekt onbegrip: waarom geen mondkapjes in verpleeghuizen?', 21 mei 2020.
10 *De Volkskrant*, 'Ruim helft coronasterfte 2020 in verpleeghuizen, deze week minder besmettingen gemeld', 6 april 2021.
11 Technische briefing Rob van der Kolk in de Tweede Kamer, 30 april 2020.
12 Idem.
13 Rijksoverheid, 'Kamerbrief van Bruno Bruins', 12 maart 2020.

14 *De Volkskrant*, 'Hoog spel in een louche wereld: hoe Nederland faalde in de jacht naar mondkapjes', 2 mei 2020.
15 NOS, 'Honderdduizenden Chinese mondmaskers teruggeroepen uit Nederlandse ziekenhuizen', 28 maart 2020.
16 *Follow the Money*, 'Ministerie vergooide 38 miljoen in deal met onbruikbare mondkapjes', 17 mei 2021.
17 Handelingen Tweede Kamer, 'Debat over de actuele ontwikkelingen rondom het coronavirus', 18 maart 2020.
18 *De Volkskrant*, 'Landelijke vereniging van huisartsen: "Het tekort aan mondkapjes is zeer nijpend"', 17 maart 2020.
19 *NRC*, 'Kabinet laat de volkswil meetellen in de coronacrisis', 25 maart 2020.
20 Idem.
21 Radboud Universiteit, 'Impact publieke opinie en sectoren in coronatijd "is groot"', 30 juni 2020.
22 Rijksoverheid, 'Kamerbrief over aanscherping bezoek verpleeghuizen in verband met COVID-19', 19 maart 2020.
23 *RTL Nieuws*, 'RIVM spreekt De Jonge tegen: "Schaarste speelde wel rol bij mondmaskers"', 18 september 2020.

2 HET GOUDEN WEEKEND

1 Bernd Damme zegt dit in filmopnamen die in juni 2020 door productiebedrijf TwentieFour zijn gemaakt voor een documentaire over de stichting Hulptroepen. Deze documentaire is nooit afgemaakt. *Follow the Money* heeft inzage in het ruwe beeldmateriaal gekregen.
2 *De Stentor*, 'Zo laat sportautofabrikant uit Zutphen meer dan miljoen mondkapjes uit China halen voor ziekenhuizen in de regio', 20 maart 2020.
3 *RTL Nieuws*, 'Zorg kampt met schreeuwend tekort aan mondkapjes, handschoenen en veiligheidsbrillen', 19 maart 2020.
4 *AD*, 'Mondkapjes tekort? Uit deze fabriek komen er elke dag een half miljoen', 19 maart 2020.
5 Deze citaten komen uit het filmmateriaal voor de nooit afgemaakte documentaire over de Hulptroepen, gemaakt door productiebedrijf TwentieFour.

6 *GeenStijl Coronacafé Live*, 'Staal en Van Rossum drinken met Sywert van Lienden', YouTube, 19 juni 2020 (video).
7 China Southern Airlines stapte op 1 januari 2020 uit de SkyTeam-alliantie, waartoe de KLM behoort.
8 *Off the Grytte*, podcast over de Hulptroepen Alliantie, Soundcloud, 2020 (zonder datum).
9 Dit document is ingezien door de auteurs.

3 EEN POLITIEK WONDERKIND

1 VPRO radio-interview, 'De halve marathon: Sywert van Lienden', 18 juli 2016.
2 Idem.
3 NRC, 'Een hemelbestormer "die niet gaat zitten kneuteren"', 19 mei 2008.
4 *Het Parool*, 'Ik ben geen wijsneus', 1 september 2012.
5 Idem.
6 VPRO radio-interview, 2016.
7 NRC, 'Hoe groot mijn ego ook is, mijn bestaan is nietig', 27 april 2015.
8 VPRO radio-interview, 2016.
9 *Haarlems Dagblad*, 'Sywert van Lienden: spreekbuis van een nieuwe generatie', 19 december 2013.
10 *Talent* (tijdschrift over hoogbegaafde kinderen), 'Lonely at the top', 25 maart 2008.
11 *Leeuwarder Courant*, 'Spreekbuis voor scholieren', 15 december 2007.
12 NRC, 'Een hemelbestormer "die niet gaat zitten kneuteren"', 19 mei 2008.
13 *De Volkskrant*, '"Versoepel strenge urennorm scholen"', 25 september 2007.
14 Reportage *Netwerk*, 22 november 2007.
15 NRC, 'Een hemelbestormer die "niet gaat zitten kneuteren"', 19 mei 2008.
16 *Leeuwarder Courant*, 'Spreekbuis voor scholieren', 15 december 2007.
17 Idem.
18 NRC, 'Een hemelbestormer die "niet gaat zitten kneuteren"', 19 mei 2008.
19 *Leeuwarder Courant*, 'Spreekbuis voor scholieren', 15 december 2007.

20 VPRO radio-interview, 2016.
21 VVD: 'De Vrije Amsterdammer: Sywert van Lienden', 25 mei 2012.
22 *Talent*, 'Lonely at the top', 25 maart 2008.
23 VPRO radio-interview, 2016.
24 Reportage *Netwerk*, 28 november 2007.
25 NRC, 'Bestuur LAKS wacht nog even met afscheid nemen', 10 juni 2008.
26 Deze brief is nooit gepubliceerd, maar is in handen van de auteurs.
27 *De Volkskrant*, 'Staatsexamen is niet voor sukkels', 1 april 2009.
28 *HP/De Tijd*, 'Ik ben een gewone jongen', 28 augustus 2009.
29 VPRO, radio-interview, 2016.
30 NRC, 'Dankzij Twitter is de commentator ook lobbyist', 25 februari 2012.
31 *Het Parool*, 'Ik ben geen wijsneus', 1 september 2012.
32 *De Groene Amsterdammer*, '"Kom op, je moet enthousiasme uitstralen"', 5 september 2012.
33 Idem, en *de Volkskrant*, 'Sywert gaat zelfs voor zijn eigen achterban een beetje te snel', 30 juni 2012.
34 Idem.
35 *Delta*, 'G500 claimt overwinning op CDA-congres', 3 juli 2012.
36 *De Groene Amsterdammer*, '"Kom op, je moet enthousiasme uitstralen"', 5 september 2012.
37 NRC, 'G500: de revolutie die smoorde', 11 oktober 2012.
38 *De Dagelijkse Standaard*, 'G500 is een mislukking, zo simpel als dat', 26 augustus 2012.
39 *De Groene Amsterdammer*, '"Kom op, je moet enthousiasme uitstralen"', 5 september 2012.
40 Dit blijkt uit gegevens van het Nederlands Instituut voor Beeld en Geluid.
41 NRC, 'De vrienden van Sywert wilden niet geloven dat hij miljoenen verdiende met zijn mondkapjes', 4 juni 2021.

4 EEN KIPPENHOK IN LEUSDEN

1 Publiek denken, LCH-special: 'Wat telde was het gemeenschappelijk doel: goede spullen kopen', 3/2020.
2 Idem.

3 Publiek denken, LCH-special: 'Over mensen die het verschil maken' (voorwoord), 3/2020.
4 Idem.
5 Federatie van Technologiebranches (FHI): 'Het Landelijk Consortium Hulpmiddelen: de spagaat tussen het werken als een start-up en de verwachtingen van een corporate', zonder datum.
6 Publiek denken, LCH-special: 'Pluim aan LCH', 3/2020.
7 Publiek denken, LCH-special: 'Hoe verstouw je 120.000 pallets met hulpmiddelen?', 3/2020.
8 ISSUU, 'COVID-ervaringen van coassistenten', 21 september 2021 (video).
9 Idem.
10 Delta-N, 'Het Landelijk Consortium Hulpmiddelen, een prestatie van wereldformaat', zonder datum.
11 Publiek denken, LCH-special: 'Greep op financiën in oververhitte markt', 3/2020.
12 Landsadvocaat Pels Rijcken, 'Advies LCH en convenant', 26 juli 2021.
13 Algemene Rekenkamer, 'Verantwoordingsonderzoek Ministerie van Volksgezondheid, Welzijn en Sport (VWS)', 19 mei 2021.
14 Publiek denken, LCH-special: 'Persoonlijke beschermingsmiddelen genoeg, maar zijn ze betrouwbaar?, 3/2020.
15 Publiek denken, LCH-special: 'Snelle deals onder hoge druk', 3/2020.
16 Thijs Broer en Peter Kee, *Code rood: het verhaal achter het coronabeleid*, uitg. Pluim, Amsterdam 2021; p.107–108.
17 *Follow the Money*, 'Top VWS wist dat Sywert van Lienden een luchtkasteel bouwde – toch kreeg hij zijn deal', 16 juni 2021.

5 'DE OVERHEID GAAT DIT NIET FIKSEN'

1 *Met het Oog op Morgen*, 'Baas Landelijk Consortium Hulpmiddelen over deal Sywert van Lienden', 7 juni 2021 (audio).
2 Video geplaatst door 17splinter, 'Storm! Schiphol, KLM gevaarlijke landing B777 PH-BVB', 25 juli 2015.
3 Camille van Gestel zegt dit in filmopnamen die in juni 2020 zijn gemaakt door productiebedrijf TwentieFour voor een documentaire over de stichting Hulptroepen. Deze documentaire is nooit afgemaakt. *Follow the Money* heeft inzage gekregen in het ruwe beeldmateriaal.

4 *NRC*, '"Dan denk je toch: ik heb weer een vliegtuig geregeld"', 26 april 2020.
5 Alle zorgaanbieders, van fysiotherapeuten tot medisch specialisten, zijn via een unieke Algemeen GegevensBeheer-code in een landelijk register opgenomen. De AGB-code wordt bij alle administratieve processen in de zorg gebruikt om aanbieders te identificeren.

6 BERND EN CAMILLE

1 Bron: niet-uitgezonden filmmateriaal voor een documentaire over House of Eléonore.
2 *De Gelderlander*, 'CDA-jongeren van start in Betuwe', 3 oktober 2006.
3 *De Gelderlander*, 'Bernd Damme en Casimir Hammerstein ontmoeten "JP" in Haagse Torentje', 27 maart 2007.
4 *De Gelderlander*, 'Bernd Damme, toekomstig staatssecretaris', 18 maart 2008.
5 *Metro*, 'Damme heeft omzet van 200.000 euro: "Ik had geen zin bij de supermarkt te werken"', 19 januari 2009.
6 *Elsevier*, 6 juni 2009.
7 *De Limburger*, 'Geen last van huis, gezin en status', 16 november 2011.
8 Idem.
9 Dit blijkt uit het faillissementsverslag van Pelliano.
10 Video gepost door TwentieFour, 'House of Eléonore – Fix the World and Make Money', YouTube, 25 september 2018.
11 Idem.
12 *Leeuwarder Courant*; 'Camille van Gestel: Astronaut in Workum', 7 maart 2020.
13 De originele tekst op LinkedIn: '*Surfing the wave of a national hype "Flippo's" or "Pogs" (international name), I ventured to introduce more possibilities & additional out of the box concepts with these kids collectable to amusement parks and various FMCG's [fast moving consumer goods].*'
14 *Leeuwarder Courant*; 'Camille van Gestel: Astronaut in Workum', 7 maart 2020.
15 Website WakaWaka, 'Waarom zijn wij ooit WakaWaka begonnen?', november 2018.
16 Deze e-mail is in handen van de auteurs.

17 Deze e-mail is in handen van de auteurs.
18 Naar eigen zeggen deed WakaWaka tien keer aan crowdfunding. Wij konden maar acht projecten terugvinden.
19 Deze jaarrekening is in handen van de auteurs.
20 In de jaarrekening van 2015, die pas eind 2016 werd gedeponeerd.
21 In handen van de auteurs.
22 Dit memo is handen van de auteurs.
23 Deze brief is in handen van de auteurs.
24 *Leeuwarder Courant*, 'Astronaut in Workum', 14 maart 2020.

7 DE DEAL

1 *NRC*, 'Groeiend verzet bij verpleeghuispersoneel', 10 april 2020.
2 *Follow the Money,* 'Tweets Sywert van Lienden waren vooropgezet plan om VWS tot miljoenendeal te bewegen', 16 oktober 2021.
3 Naam om privacyredenen verwijderd.
4 Dit blijkt uit een voorlopige versie van de presentatie.
5 *De Volkskrant*, 'Sywert van Lienden moet ministerie van VWS extra informatie geven over mondkapjesdeals', 16 mei 2021.
6 Dat meldt een woordvoerder van het ministerie van Financiën namens Van den Dungen aan de auteurs.
7 Deze passage is ontleend aan het boek *Code rood* van Thijs Broer en Peter Kee, p.112.
8 Idem.
9 *Code Rood*, p.115–116.
10 Rijksoverheid, 'Brief van de minister van VWS', 15 april 2020.
11 Handelingen Tweede Kamer, 'Debat over de ontwikkelingen rondom het coronavirus', 16 april 2020.
12 Grant Thornton, 'Onderzoek naar mogelijke onregelmatigheden in relatie tot het Landelijk Consortium Hulpmiddelen – Relief Goods Alliance', in opdracht van het ministerie van Volksgezondheid, Welzijn en Sport, 17 juni 2021, p.15.
13 Idem.
14 *Met het Oog op Morgen* (NOS), 8 juni 2021.
15 De inkooporders zijn in handen van de auteurs.

8 GEACHTE MINISTER-PRESIDENT, BESTE MARK

1 *Follow the Money*, 'Volksgezondheid gaf Sywert van Lienden vergaande voorkeursbehandeling', 4 juni 2021.

2 NRC, 'Minder hijgerigheid, meer tegendruk: ambtenaren en de komst van Rutte IV', 4 december 2021.

3 Wob-verzoek, 'Halix, mondkapjes en Hulptroepen.nu', 29 september 2021.

4 Sywert van Lienden zegt dit in filmopnamen die in juni 2020 zijn gemaakt door productiebedrijf TwentieFour voor een documentaire over de stichting Hulptroepen. Deze documentaire is nooit afgemaakt. *Follow the Money* heeft inzage gekregen in het ruwe beeldmateriaal.

5 *De Volkskrant*, 'Van Lienden probeerde via Pieter Omtzigt extra order te krijgen', 29 mei 2021.

9 DE FAÇADE

1 NRC, 'Kabinet ziet gebruik mondkapjes in ov als wassen neus', 15 mei 2020.

2 NRC, 'Jaap van Dissel: "Ik denk dat het virus vaak gaat terugkomen"', 8 mei 2020.

3 Nieuwsbrief Landelijk Consortium Hulpmiddelen, editie 14 mei 2020.

4 NRC, '"Chef mondkapjes" Sywert van Lienden: je moet in China ballen hebben en gewoon cash op tafel gooien', 29 mei 2020.

5 In handen van de auteurs.

6 *Follow the Money*, 'Hulptroepen van Sywert van Lienden noteerde in 2020 bijna negen ton winst', 16 november 2021.

7 Deze facturen zijn in handen van de auteurs.

8 *GeenStijl*, livestream met Sywert van Lienden, 19 juni 2020 (video).

9 *Follow the Money*, 'Ook bedrijven en zorginstellingen trapten in goededoelen-façade van Sywert van Lienden & co', 10 juli 2021.

10 DE TWEEDE GOLF

1 Dit rapport is in handen van de auteurs.

2 Dit blijkt uit interne gegevens die zijn ingezien door de auteurs.

3 *Follow the Money*, 'Ook bedrijven en zorginstellingen trapten in goededoelen-façade van Sywert van Lienden & co', 10 juli 2021.

4 NOS, 'Sywert van Lienden: er is geen nadeel geweest voor klanten', 10 juli 2021.
5 *Follow the Money,* 'Sywert van Lienden sluisde 9 miljoen euro naar persoonlijke holding', 31 mei 2021.
6 Deze cv was wel in voorbereiding, maar is uiteindelijk nooit opgericht, meldt Bernd Damme in mei 2021 aan *Follow the Money*: 'Door mogelijk veranderende wetgeving heb ik dat niet doorgezet.'
7 *Met het Oog op Morgen,* 'De rol van sneltesten bij het mogelijk versoepelen van maatregelen', 21 februari 2021 (audio).
8 *De Gooi- en Eemlander,* 'Hilversumse opiniemaker Sywert van Lienden over de komst van de corona-zelftest: "Eindelijk streven we naar het doel van een testsamenleving"', 1 april 2021.
9 Rijksoverheid, 'Beantwoording Kamervragen Slotwet 2020 VWS', 8 juni 2021.
10 Grant Thornton, 'Onderzoek naar mogelijke onregelmatigheden in relatie tot het Landelijk Consortium Hulpmiddelen – Relief Goods Alliance', in opdracht van het ministerie van Volksgezondheid, Welzijn en Sport, 17 juni 2021, p. 3.
11 Idem, p. 29.

11 DE ONTMASKERING

1 *De Volkskrant,* 'De geheime coronadeals van Sywert van Lienden', 15 mei 2021.
2 Zie daarvoor hoofdstuk 7.
3 Dit blijkt uit de oprichtingsakte.
4 Dat blijkt uit e-mails van Bernd aan de notaris, zie hoofdstuk 7.
5 *Follow the Money,* 'Mondkapjesdeal leverde Sywert van Lienden c.s. tot 30 miljoen euro op', 22 mei 2021.
6 *De Telegraaf,* 'KiKa, KWF en Máxima Centrum weigeren geld van Sywert van Lienden', 7 juni 2021.
7 RTL *Nieuws,* 'Minister De Jonge: "Niet betrokken geweest" bij Sywert-deal', 7 juni 2021 (video).
8 *AD,* 'Sywert was in de race voor plek op CDA-lijst, "maar hij werd afgewezen"', 8 juni 2021.
9 *De Volkskrant,* 'Ex-partners Van Lienden worstelen met erfenis mondkapjesaffaire', 12 juni 2021.

10 *De Volkskrant*, 'Brief vrijwilligers Hulptroepen: Sywert, Camille en Bernd, stort alle miljoenen winst terug', 18 juni 2012.
11 *De Volkskrant*, 'Mondkapjesstichting Van Lienden verwijdert beloftes over financiële transparantie en verantwoording', 12 oktober 2021.

12 EPILOOG

1 *Follow the Money*, 'Volksgezondheid gaf Sywert van Lienden vergaande voorkeursbehandeling', 4 juni 2021.
2 Algemene Rekenkamer, 'Verantwoordingsonderzoek Ministerie van Volksgezondheid, Welzijn en Sport (VWS)', 19 mei 2021.
3 *Follow the Money*, 'Top VWS wist dat Sywert van Lienden een luchtkasteel bouwde – toch kreeg hij zijn deal', 16 juni 2021.

REGISTER

In hoofdstukken waarvan de nummers vetgedrukt zijn komt iemand, of een instantie, uitgebreider aan de orde.